문제해결 과정에서 어림과 측정활동의 역할

문제해결 과정에서 어림과 측정활동의 역할

서 정 아

한국학술정보(주)

서 문

"선생님, 사람의 몸에는 세포가 몇 개 정도 있나요?"
"우주의 크기는 대체 얼마나 될까요?"

 과학을 가르치는 교사들을 당혹스럽게 하는 질문들이다. 얼핏 보면 단편적인 지식을 묻는 질문이라 과학과는 무관한 것처럼 보인다. 그러나 이런 질문은 과학적으로 무의미하지 않다. 오히려 이와 같은 질문을 해결하는 과정, 즉 어림에는 과학의 과정이 내재되어 있다. 어림을 하는 동안 가정을 세우고, 과학적 지식을 적용하는 등 다양한 사고가 일어나기 때문이다.

 어림은 대략적인 고려를 통하여 물리량의 크기가 어느 정도인지 판단하는 것을 의미한다. 예를 들어 측정 도구가 없이 "남산의 부피"를 대략 가늠하는 것이나, 1L의 물 부피가 어느 정도인지 머릿속으로 헤아리는 것 등을 뜻한다.

 어림과 측정은 정확히 구분하기 어렵다. 예를 들어 관측된 광도와 온도 등을 이용하여 우주의 별의 개수를 추정하는 것은 어림인가? 자로 물체의 길이를 측정할 때 물체의 끝 지점이 15.5cm 와 15.6cm 사이에 있다면 우리는 어림을 통하여 측정값을 정해야 한다. 이 경우 측정이라고만 할 수 있는가? 우주에 사는 지적인 문명의 수를 알아내는 것은 어림인가? 아니면 측정인가?

 어림과 측정은 과학의 발전에서 상보적인 관계이기도 하다. 1961년 드레이크라는 과학자가 방정식을 세웠다. 그 방정식은 우리 은하계에서 지적인 문명의 수를 구해내는 식이다. 그 방정식의 계수들은 어느 것 하나도 확실히 알려진 것이 없기 때문에 현재까지도 지적 문명의 수를 정확히 아는 사람은 없다. 다만 대략적으로 어림할 뿐이다. 그러나 미래에 과학 기술이 발달하여 계수들이 알려진다면 지적 문명의 정확한 수치가 측정되어 교과서에 기재될 것이다.

 과학의 역사를 보면 이와 비슷한 경우가 많다. 그 당시에는 도무지 알 수 없어 보이고, 측정하기 불가능해 보이는 값이었으나 현재 비교적 정확하게 측정된 물리량들이 많다. 빛의 속력, 인간의 유전자수 등은 처음 연구 당시에는 황당한 수치로 어림되어 있다. 그러나 처음에는 거칠게 어림되었던 수치가 점차 정교한 이론과 측정에 의해 참값으로 근사해 간다. 이런 의미에서 과학 지식이 발달한다는 것은 초창기 과학자들에 의한 어림값이 점점 참값에 가까워진다는 것과 다르지 않다.

과학교육분야에서 측정을 통한 실험은 강조되어 왔으나 어림은 그렇지 못하였다. 따라서 우리나라에서 과학을 배우는 중등 학생들의 경우 어림 능력이 매우 부족하다. 조사에 따르면 참외의 부피를 0.5mL, 100g, 20mL 라고 어림하는 학생들이 의외로 많다. 어림 능력의 부족은 학생의 과학 학습의 방해 요인으로 작용할 수 있다. 따라서 과학 시간에 측정활동뿐 아니라 그 물리량의 크기가 어느 정도인지 가늠할 수 있도록 돕는 어림활동이 필요하다.

본 서에서는 중학생들을 위한 어림활동 및 측정활동 자료가 개발되어 투입된 결과가 나와 있다. 중학교 교육과정에 나오는 정량적인 개념인 밀도, 속력, 에너지에 대하여 물리적인 감각을 가지도록 돕는 다양한 어림과 측정 활동이 학생들의 개념 이해나 문제해결 과정에 미치는 영향을 분석한 것이다. 학생들의 지필검사결과와 사례분석결과를 토대로 내린 결론은 어림활동이 물리 개념을 이해하는 것에 도움을 준다는 것이다. 또 개념과 관련된 관계식과 값 등을 경험적으로 이해하도록 하여 계산 문제의 해답을 예측하는 과정에 영향을 주었다.

어림은 매력적인 연구 주제이다. 어림은 단순작업을 통해 얻는 실기 기능부터 고차원적인 사고 기능까지 모두 관련이 된다. 또 어림은 실생활과도 밀접하여 어림 능력의 학습은 실생활에 직접적인 도움이 될 수 있다. 어림에 대한 연구는 지속되어야 하고 깊이 있게 확장되어야 한다. 본 서에서는 어림과 측정의 효과 중 개념적인 측면에 나타난 효과를 주로 탐색하였으나 그 외 다른 분야에 대한 계속적인 연구가 필요할 것이다. 과학교육계에서 그 분야에 대한 더 좋은 연구가 이루어지기를 희망하면서 글을 마친다.

아무쪼록 부족한 본 서의 출간을 제안해 주신 한국학술정보원과 박주선 선생님께 감사를 드린다.

차 례

표 차례

그림 차례

부록 차례

I. 서 론

1. 연구의 동기

18, 19세기 과학에서 측정활동은 과학 이론의 생성과 발전에 기여하였다 (Hacking, 1983). 예를 들어 빛의 속력 측정, 최소 전하량 측정 등의 실험을 통해 광속의 유한성이나 최소 전하의 존재를 입증한 것 등은 많은 과학 이론의 파생을 가져왔다(Hacking, 1983).

과학의 정량화는 새로운 측정 기술의 발달, 수학의 도입 등을 통하여 이루어졌다. 정상과학의 입장에서 측정은 새로 개발한 기술로 기존의 이론을 확증하는 역할을 하며 동시에 이에 대한 부산물로 기존 이론에 대한 반증과 새로운 이론의 출현을 도왔다(Hacking, 1983; Kuhn, 1995).

과학 학습 현장에서는 일부 개념에 대하여 이와 같은 측정이나 수식을 이용한 정량적인 수준의 학습이 이루어지고 있다. 그러나 정량적인 수준의 과학 학습을 하고 문제를 푸는 학생들 중에는 계산 문제에 관련된 물리 현상은 생각하지 않고 단순하게 기계적으로 계산 문제를 푸는 경우가 있다 (McMillan & Swadener, 1991; Fortgang, 1995). 예를 들어 포트르강 (Fortgang, 1995)은 "폭포수의 물이 떨어지면서 50%의 에너지가 내부 에너지로 바뀌었을 때 온도가 몇 ℃ 정도 증가할까?"라는 문제에 대하여 학생들이 비열을 잘못 대입하여 물의 온도가 500℃라는 결과가 나와도 이상한 것을 느끼지 못하는 경우가 있다고 밝힌 바 있다. 따라서 학생들이 정량적인 과학 학습을 할 때 수학적인 계산과정과 관련된 물리 현상을 생각하는 것이 쉬운 일이 아님을 예상할 수 있다.

본 연구에서 어림은 경험 세계를 정량화한다는 점에서 측정과 같으나 측정과 달리 도구가 없는 상태에서 대략적인 고려를 통하여 그 양이 얼마인지 판단하는 것을 의미한다(Bright, 1979; APU, 1989; Fortgang, 1995; Micklo, 1999). 측정은 정확하게 참값에 근사하는 것을 목적으로 한다. 이에 비해 어림은 목적에 따라 다르지만 어느 정도만 근사하면 충분하다 (Halliday and Resnick, 1988). 어림은 이론을 확증하거나 반증할 수 있을 정도의 정확한 결과를 주지는 못하나 상황에 따라 편리할 수 있다.

과학자들은 과학활동을 할 때 측정을 포함하는 실험을 통하여 이론을 검증하거나 생성해 내기도 한다. 그런데 이 과정은 단순한 눈금 읽기 즉, 측정 도구로 눈금을 읽고 기록하는 것만은 아니며 측정값이 자신의 예상하였던 값과 같은지 비교하거나 측정값에 대한 반성적 사고가 이루어지는 과정이다. 과학자들은 측정 이전에 어림을 하며 측정값에 대하여는 자신의 어림 결과에 비추어 반성을 한다. 따라서 과학 학습 현장에서도 측정과 어림은 함께 이루어져야 한다.

어림활동은 정량적인 개념을 학습하는 학생들이 수식 암기나 측정 기능 연습보다 측정값에 대한 고려를 통하여 개념의 정성적인 특징을 이해하는 것에 강조를 둔 활동이다. 예를 들어 부피나 질량을 측정 할 때 학생들이 측정 도구의 사용법이나 눈금 읽기에 중점을 두지만 어림을 할 때에는 그와 같은 과정이 생략되고 그 값에 대한 고려를 중요시한다. 즉 지우개의 부피를 측정하라고 하면 학생들은 측정 도구나 방법을 찾는 것에 중점을 두지만, 지우개의 부피를 어림하라고 하면 학생들은 부피가 무엇을 의미하며 1mL 등과 같은 부피의 기본 단위가 어느 정도의 크기인지에 더욱 관심을 가지게 될 수 있다. 또한 이는 부피가 무엇인지를 이해하는 것에도 도움을 줄 수 있다. 그 외에도 어림은 학생들이 실험실에서 측정 도구를 적절하게 선택할 때, 측정 단위를 정할 때, 눈금을 읽을 때 필요하며, 자신의 결과에 대한 반성과정에서도 필요하다.

현재까지 한국의 중학교 과학교육과정에 측정 교육은 주로 측정을 이용하여 물리 법칙을 보여주거나 밀도, 에너지의 값을 계산해 내는 것과 같은 유도량의 측정 등에 중점을 두어왔다. 그러나 실제 학생들은 기본적인 물리량에 해당하는 질량이 무엇을 의미하는지도 정확히 모르는 경우가 많았다(서정아 등, 2000).

제6차 교육과정에서 측정이나 어림 교육은 체계적으로 되어 있지 않다. 예를 들어 많은 수의 중학교 학생들이 메스실린더나 윗접시 저울을 이용하여 물리량을 정확하게 측정하지 못하는 상황에서 그 두 가지를 이용한 '밀도 측정'실험이 이루어지고 있다(서정아 등, 2000). 또한 실제 측정을 할 때 필요한 개념인 오차나 반복 측정에 대한 내용은 거의 없다. 어림은 교과서에서 간혹 원자의 크기, 전류의 세기 등을 설명하기 위해 도입되기는 하지만 어림 교육이 구체적으로 이루어지지는 않고 있다.

과학 학습을 할 때 어림활동을 하는 것이 학생들의 숫자에 대한 자신감이나 정성적인 이해를 하도록 도와준다는 직관에 의거하여 학생들에게 어림활동을 하도록 하고 그 예를 발표한 논문이나 학생들의 어림활동을 돕기 위해 만든 자료는 있으나 체계적으로 어떤 효과를 가져 왔는지를 밝힌 연구는 별로 없다(Fortgang, 1995; Ash, 1996; Micklo, 1999). 특히 어림활동이 개념이나 문제해결에 어떤 영향을 주는지를 밝힌 연구는 찾을 수 없었다.

중학교 교육과정에서 정량적으로 다루어지는 개념으로 밀도, 속력, 에너지 등이 있다. 이 개념들은 관계식을 도입하고 있으며, 계산 문제가 교과서에 제시되어 있고 측정활동이 포함되고 있다. 따라서 본 연구는 이와 같은 개념들을 연구 대상으로 하였다.

전통적인 실험실 활동은 학생들이 추상적인 개념을 구체적으로 경험하게 함으로써 이해를 돕는 것으로 여겨져 왔다. 그러나 실제로 그 목표가 이루어지고 있는지에 대하여 알 수 없다. 그것은 실험 활동이 단순한 기능의 연습에 불과하며 측정과정이나 데이터의 기록도 아무런 이해 없이 이루어지기 때문이다(Lazarowitz & Tamir, 1994). 그러므로 측정을 포함한 실험실 활동이 학생의 개념 이해를 돕는다는 것은 불확실하다. 따라서 이에 대하여도 연구를 통하여 조사해 보고자 한다.

본 연구에서는 과학 학습 현장에서 정량적으로 다루어지는 밀도, 속력, 에너지 등의 정량적인 개념에 대하여 어림활동과 측정활동을 실시하여 봄으로써 정량적인 값에 대한 경험적인 이해를 돕는 어림활동이 단편적인 암기나 기계적인 문제풀이 과정에 어떤 영향을 주는지 분석하였다. 이와 함께 중학교 학생에게 측정활동이 정량적 개념을 정성적으로 이해하도록 돕는지의 여부를 알아보고 이를 통해서 측정활동에 대한 시사점을 얻고자 하였다.

본 연구에서는 학생의 문제해결 과정 및 그 과정에 영향을 주는 요인들을 다음 그림 I-1과 같이 가정하였다.

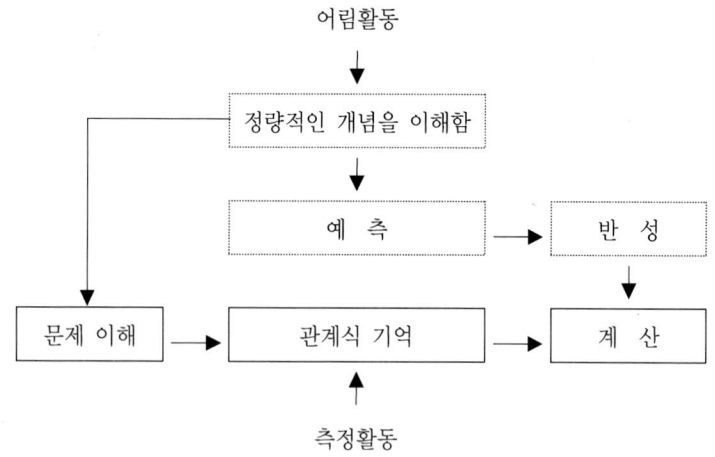

그림 I-1. 학생의 문제해결 과정

학생들은 문제를 풀기 위해 주어진 문제를 이해한 다음 관계식을 기억해 내고 계산을 한다. 이와 함께 계산 결과에 대한 반성을 하기도 하는데, 학생들이 지닌 개념 이해 정도나 예측 결과는 문제해결 과정에 영향을 줄 것으로 보았다. 개념 이해는 문제를 이해하거나 문제의 해답을 예측하는 것에 영향을 주고, 예측을 하는 것은 반성과정에 영향을 줄 것으로 보았다. 밀도, 속력, 에너지 등과 같은 정량적인 개념은 숫자와 분리되어서는 다룰 수 없다. 그렇지만 단순히 산술적으로 다루는 것은 개념을 이해하는 데에 도움을 주지 못한다. 어림활동은 개념과 관련되어 있는 숫자들을 실세계와 관련지어 이해하도록 하여 개념 이해에 도움을 주고 결과적으로 문제해결 과정에 영향을 줄 것으로 여겼다. 이에 비하여 측정활동은 개념의 이해보다는 관계식의 기억 등에 더 영향을 미칠 것으로 여겼다.

2. 연구 목적

정량적 물리 개념에 대하여 어림활동과 측정활동을 실시하고, 정량적 물리 개념에 관련된 문제해결 과정을 통해 그 효과를 분석하는 것이 본 연구의 목적이다.

구체적인 연구 목표는 다음과 같다.

(1) 어림활동과 측정활동이 어림 능력과 측정 능력에 미치는 영향을 분석한다.
(2) 어림활동과 측정활동이 정량적 물리 개념에 대한 이해에 미치는 영향을 분석한다.
(3) 어림활동과 측정활동을 통한 정량적 물리 개념의 이해가 그 개념과 관련된 문제를 해결하는 과정에 미치는 영향을 분석한다.

3. 연구 과정의 개요

중학교 1학년과 3학년이 본 연구에 참여하였으며 연구에서 다룬 개념은 중학교 과학교육과정 중에서 정량적으로 다루어지는 밀도, 속력, 에너지 개념이었다. 1차 평가를 실시 한 후 학생들을 '어림먼저반'과 '측정먼저반'의 두 집단으로 나누었다. 우선 어림먼저반에서는 어림활동을 하고 측정먼저반에서는 측정활동을 하였다. 어림활동은 두 차시로 구성되었는데 첫 번째에는 주어진 숫자가 얼마나 큰 양인지 감각을 익히도록 하는 '비교하기' 활동이었고 두 번째는 물체를 보고 물리량을 직접 어림하는 활동이었다. 측정활동 역시 두 차시로 구성되었는데 교과서에 제시된 것과 유사한 측정활동으로 구성되었다. 각 활동을 모두 마친 후 2차 평가를 실시하였으며 2차 평가 후에는 반대로 어림먼저반에서는 측정활동을, 측정먼저반에서는 어림활동을 하였다. 그리고 활동을 모두 마친 후에 3차 평가를 실시하였다. 1학년을 대상으로 한 밀도와 속력 수업은 평가 시간까지 모두 합하여서 총 14시간이며 대략 한 달간 진행이 되었다. 중학교 3학년 학생을 대상으로 역학적 에너지 수업을 총 7시간, 대략 15일간 실시하였다(부록 6). 면담은 밀도에 대한 활동에 참여하였던 1학년 학생 6명을 대상으로 투입 시기에 함께 실시하였다.

연구 과정을 도식화하면 다음 그림 Ⅰ-2와 같다.

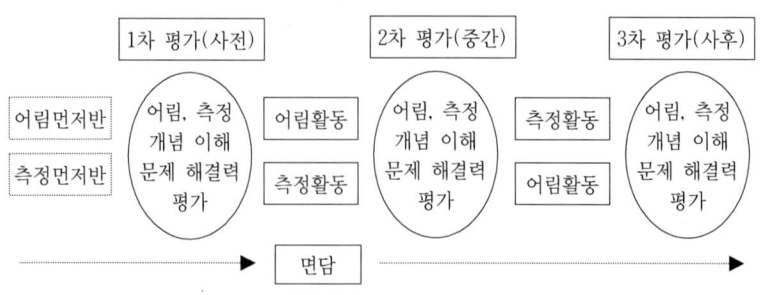

그림 Ⅰ-2. 연구과정의 개요

4. 용어의 정의

(1) 정량적 물리 개념(Quantitative concepts of physics)

정량적 물리 개념은 '객관적인 측정과정을 통하여 정의된 개념'을 의미한다. 예를 들어 로저스(Rogers, 1960)는 온도를 '뜨겁고 차가운 정도라는 감각의 정도를 미리 결정된 척도에 따라 측정한 것'이라고 조작적으로 정의하였다. 이와 같은 개념들의 예로서 밀도, 속력, 에너지 등을 들 수 있다. 물리량(physical quantity)도 이런 개념들을 지칭하는 용어이지만 본 연구에서는 그와 같은 물리량과 관련된 정성적인 뜻을 모두 포괄한다는 의미에서 '정량적 물리 개념'으로 정의하였다.

(2) 정성적 물리 개념(Qualitative concepts of physics)

쿤(Kuhn, 1995)은 "갈릴레이와 돌턴 등은 정량적인 결과(quantitative result)들로부터 정성적인 결론(qualitative conclusion) - 즉 정량적인 결과를 매우 단순하게 표현하는 법칙, 규칙 등을 의미함 - 을 얻어내기 위해 직관을 사용하였고……"라고 하며 법칙들을 '정성적'이라고 표현하였다. 또한 김준태(1993)는 정량적 물리 문제와 정성적 물리 문제의 차이를 숫자가 있는지 없는지에 따라 구분하였다. 예를 들어 "초기 속도가 30m/s 이며 연직 상방으로 던진 공이 최고점에 간 시간을 구하시오"라는 문제는 정량적인 문제이지만, "어떤 사람이 연직 상방으로 공을 던졌다. 이 공이 최고점에 도달하기 위해 걸린 시간을 구하기 위해 필요한 것은?"이라는 문제는 정성적인 문제라고 하였다. 이와 같은 선행 연구를 참고하여 정성적 물리 개념을 '측정과정보다는 현상의 관찰을 통하여 정의된 물리 개념'이라고 정의하였다. 예를 들면 관성의 법칙, 파동 현상, 수소 결합 등을 의미한다.

(3) 어림(Estimation)

본 연구에서는 어림을 '측정 도구 없이 물리량의 크기를 필요에 따라 대략적으로 알아내는 과정'으로 정의하였다(Bright, 1979; APU, 1989; Fortgang, 1995; Micklo, 1999). 또한 마이클로(Micklo, 1999)의 어림에 대한 정의를 참고하여 어림은 타당한 근거를 가지고 하는 것이며 아무 근거 없는 추측은 어림의 범주에서 제외하였다. 물체나 현상을 보고 측정값을 어림하는 경우가 있고 반대로 측정값을 보고 그 값이 어느 정도의 크기인지 생각해 보는 경우도 있는데, 본 연구에서는 모두 어림의 범주로 포함시켰다(APU, 1989).

(4) 측정(Measurement)

측정은 측정 도구를 이용하여 물리량의 값을 알아내는 것을 의미하며 측정의 본질은 판단 또는 양자택일(兩者擇一)이라고 할 수 있다(송인명 등, 1973; PSSC, 1987). 측정은 참값을 알아내기 위한 근사의 과정에 포함된다. 측정은 어떤 양의 크기를 정해진 단위를 기준으로 기계나 장치를 사용하여 재는 것인데, 과학의 이론을 검증하거나 정교화하는 역할을 해 왔다. 측정은 정상 과학에서 가장 중요시되는 패러다임을 확증하기 위해 많이 이용되어 왔는데 때로는 측정 결과가 반증의 사례로 작용하여 과학의 혁명을 일으키는 것에 이용되기도 하였다(Kuhn, 1995). 측정과 어림은 공통적으로 경험 세계에 대한 정량화 과정을 의미한다. 어림과 달리 측정은 측정 도구가 필요하며 정확할수록 바람직한 측정이다. 이에 반해 어림은 필요에 따라 단지 차수만 어림을 해도 충분할 때가 있다. 본 연구에서는 선행 연구자의 정의에 따라 측정을 어떤 양의 크기를 정해진 단위를 기준으로 기계나 장치를 사용하여 재는 것으로 정의하였다.

(5) 어림활동(Estimation activity)

본 연구에서 어림활동은 두 가지로 구분하였다. 첫 번째 활동은 측정값을 주고 그 값이 얼마나 큰가에 대하여 학생들이 이해할 수 있는 경험적인 현상과 관련지어 비교하는 활동이었다. 예를 들어 밀도에 대한 첫 번째 어림활동에서 학생들은 여러 물질의 밀도가 제시된 표를 보고 가로세로 높이가 30cm인 금이 있을 때 그 무게를 학생의 체중과 비교해 보았다. 또한 물의 밀도를 기준으로 물의 밀도보다 작은 물질이 물에 뜬다는 것을 수업을 통해 배웠다. 이와 같은 활동을 통하여 구체적인 물리량이 어떻게 현실세계와 관련되는지를 학생들이 자신의 경험과 관련지어 이해를 하도록 지도하였다.

두 번째 어림활동은 학생들이 실제로 물체를 보고 그 물리량이 얼마 정도인지를 어림해 보는 것이었다. 예를 들어 밀도에 대한 두 번째 어림활동에서는 학생들이 조별 토론을 통해 주어진 나무 도막, 쇠 등의 밀도를 어림해 보도록 하였다. 이것은 첫 번째 종류의 어림활동과 반대의 과정이다.

(6) 문제해결 과정(Problem solving procedure)

문제해결 과정에 대하여 폴야(Polya, 1945)는 4단계를 제시하였다: 문제를 이해하는 단계, 문제해결 방법을 계획하는 단계, 계획을 수행하는 단계, 되돌아보는 단계. 본 연구에서는 개념 중심적으로 학생의 문제해결 과정을 분석하였다. 우선 학생들이 문제와 관련된 개념을 이해하는지의 여부를 조사하였다. 그 다음 문제해결 과정을 보았는데, 문제해결 과정은 예측, 계산, 반성과정으로 나누었다. 먼저 예측과정에서 문제의 해답이 어떻게 될 것인지 예측을 하도록 하고 학생들이 예측과정에서 개념을 타당하게 적용하는지를 분석하였다. 그 다음 실제 문제를 푸는 과정을, 마지막으로 자신의 해답이 맞는지에 대하여 생각해 보는 과정을 조사하였다.

(7) 해답예측 과정에서 개념을 적용하는 능력
(Concept application in predicting answers)

해답 예측 능력은 숫자 정보가 완전히 주어지지 않은 계산 문제가 주어졌을 때 그 답에 어느 정도일지 예측할 수 있는 능력을 의미한다. 경험과 지식이 많을수록 정확한 예측을 할 수 있을 것이다. 과학활동이나 일상생활 중에서 흔히 접하게 되는 상황은 숫자 정보가 충분히 주어지지 않은 채로 자신에게 필요한 정보가 무엇인지를 스스로 생각해내고 합리적인 생각을 통하여 값을 대략적으로 예측하여야 하는 이와 유사한 상황이다. 해답 예측 과정에서 개념을 적용하는 능력은 이런 경우에 관련 개념이나 관계식을 타당하게 적용하고 자신이 기존에 알고 있는 지식을 적절히 적용하는 능력을 의미한다.

5. 연구의 한계

연구 대상 면에서 본 연구는 중학교 학생들만을 대상으로 하였으므로 인지수준이 낮은 초등학생들 혹은 인지 수준이 높은 대학생에게 어림활동이나 측정활동이 어떤 영향을 주는지 일반화하기에는 한계가 있다. 또한 연구에서 사용한 개념도 중학교에서 다루어지는 속력, 밀도, 에너지로 제한하였으므로 다른 정량적인 개념들의 경우에 대한 후속 연구가 필요하다.

모든 평가 문항이 지필형이었기 때문에 실제 상황에서 측정능력, 어림능력, 개념, 문제해결력이 어떤지 알 수는 없었다. 실제 상황에서 탐구를 할 때 어림활동과 측정활동을 통한 학습의 효과를 본 연구에서 밝히지는 못하였다.

또한 본 연구는 어림활동과 측정활동이 개념의 이해와 문제해결력, 즉

인지적인 측면에 미치는 영향을 주로 조사하였기 때문에 실기 기능을 향상
시키는 것에 도움을 미치는 측정활동의 효과를 분석하지 않았다. 그 결과
본 연구는 어림활동의 효과를 더 중요하게 부각을 시키게 되었으나 이것이
과학교육에서 측정활동의 중요성을 감소시키는 결과로 볼 수는 없다. 측정
활동은 그 자체만으로도 과학교육의 중요한 목적이기 때문이다.

Ⅱ. 문헌 조사와 이론적 논의

1. 학생의 과학 문제해결 과정

과학 학습에서 반성적 사고를 통한 문제해결은 듀이에 의하여 학교 과학교육의 방법이자 목적이 되어야 한다고 주장될 정도로 강조되어 왔다(Helgeson, 1988). 학습자는 배운 지식을 문제를 해결할 때 사용할 수 있어야 하며 그렇지 못한 지식은 산지식이 아니다(Gabel, 1988). 과학교육자들은 문제해결과 반성적인 사고는 아동이 과학 학습을 할 때 중요하게 다루어져야 한다는 것에 동의하고 있으며(Maloney, 1994) 일상생활이나 다른 분야의 학문으로 전이되어 사용할 수 있는 것은 단편적인 과학 지식이 아니라 문제를 해결하는 능력이라고 하였다(Barr, 1994; Maloney, 1994).

그런데 정작 문제를 무엇으로 정의해야 하는지는 쉽게 결정되지 않았다(Gabel, 1988). 가벨(Gabel, 1988)은 '15 + 23'과 같은 것을 문제로 취급해야 할지 아니면 연습으로 취급해야 할지를 말하는 것은 어려운 것이라고 하였다. 왜냐하면 어떤 사람에게는 단순한 연습에 불과한 것이 어린 학생들에게는 문제가 될 수 있기 때문이다.

크레인(Crane, 1969)은 현재 물리교육에서 학생들은 문제를 푸는 것이 아니라 피아노 연습과 같은 기계적인 연습을 하고 있다고 하였다. 그에 의하면, 본래 문제를 푸는 것은 학생들이 스스로 목표를 정하고 조건이나 방법을 선택하여 마치 물리학자와 같이 해결해 나가는 것을 의미하며, 문제 내용이나 해결 방법은 학생의 실세계와도 연결되어야 한다. 그러나 차수를 어림하도록 하거나 최적화를 하도록 하거나, 스스로 합리적인 가정을 세워 계산을 해야 하는 등의 잘 정리되지 않은 문제를 제시하면 학생들은 매우 당황해 하거나 문제가 잘못되었다고 생각한다(Crane, 1969). 그렇지만 이와 같이 정확한 숫자가 제시되어 있지 않고 방법이 여러 가지인 형태의 문제는 흔히 다루지 않는 형태의 문제이지만 더 바람직한 문제라고 그는 주장하였다(Crane, 1969).

헐버트(Herbert, 1982)는 대부분 일반 물리학을 배울 때 다음과 같은 문제들이 강조된다고 하였다: 물리적 상황이 매우 정확하게 기술되어서 학생들이 최소한의 해석만 해도 되는 문제, 문제를 풀기 위해 필요한 정보들이 모두 정확하게 주어진 문제, 법칙을 이용하여야 문제를 풀 수 있는 문제, 잘 정리되고 이상화가 되어 있어서 해답이 유일한 문제, 일반적인 원리들을 논리적이고 체계적으로 적용을 해야만 쉽게 풀리는 형태의 문제, 수학적 계산이 비교적 간단한 문제.

그러나 이와 같은 정형화된 문제들은 실제 물리학자들이 해결해야 하는 문제들과는 거리가 멀다. 물리학자들이 접하는 문제들은 이렇게 잘 정리된 것이 아니다(Herbert, 1982). 즉 물리교육계에서는 좀 더 실세계와 연관되면서 학생들에게 좀 더 사고를 요하는 문제들을 개발하여야 할 필요가 있으며 문제 자체도 실제 물리학자들이 접하는 상황처럼 필요한 숫자나 정보가 모두 다 정확하게 제시되기보다는 학생들이 논리적으로 오차 범위를 고려하여 생각하도록 돕는 새로운 형태의 문제들이 필요하다(Herbert, 1982). 본 연구에서 해답을 예측하는 과정에 대한 평가 문항이 이런 형태와 유사한 것이었다.

문제의 다양한 형태에 대한 논의 외에 문제해결에 대한 연구에서 많은 연구가 다루고 있는 영역 중에 하나가 인간이 어떤 방식으로 문제를 해결하는 가이다(Maloney, 1994). 문제해결 과정이나 인지구조의 영향과 관련된 연구들의 예는 다음과 같다.

과학교육자들은 탐구 문제의 해결에 있어서 암묵적 지식의 존재를 강조한 바 있다(Woolnough, 1989). 문제를 많이 해결해 본 사람일수록 암묵적 지식은 커질 수 있다. 이 암묵적 지식은 문제해결의 경험을 통해 이루어지는데, 이는 문제해결 경험을 통해 만들어진 직관적 지식이라고 볼 수 있고 관련 개념에 대한 친숙함이나 능숙함의 증가를 통하여 이루어질 수 있다고 보았다. 따라서 문제를 접하였을 때 전문가와 초보자가 해결하는 방법은 다를 것으로 예상할 수 있다.

국내에서 문제해결의 과정에 중점을 두어 연구한 예(박학규와 권재술, 1994)가 있는데, 물리 문제해결에 초보자인 고등학생들과 대학생들이 전기회로 문제를 해결하는 사고과정을 조사하였다. 연구에 의하면 학생들은 문제의 이해, 계획, 수행, 검증 단계를 전반적으로 사용하고 있으며 문제의 난이도가 낮을 때에 검증 단계를 생략한다. 검증 단계에서 학생들은 문제해결 과정 전반을 검토하기보다 단순히 계산과정상의 잘못을 확인하는 정도에 그칠 때가 많다.

또 다른 연구(홍미영과 박윤배, 1995)는 문제의 특성에 따른 문제해결 과정의 차이에 대하여 대학생 4명을 대상으로 발성 사고법을 이용하여 분석하였다. 이 연구의 분석 범주는 문제해결 단계, 각 단계별 소요 시간의 비율, 문제해결 전략, 오인이나 결여 개념 등이었다. 연구자들은 학생들이 구한 답이 자신들이 가지고 있는 선행지식에 비추어 화학적, 논리적으로 타당한가를 고려하고 계산과정을 훑어보는 메타 인지적 활동이 결여되어 있어서, 문제해결 단계 중 검증 단계를 거의 거치지 않았다고 하였다. 또한 선행 지식을 많이 갖춘 학생과 그렇지 못한 학생들이 나타내는 실수와 오인은 차이가 있었으나 성취도의 차이는 드러나지 않았다. 선행지식을 많이 갖춘 학생들은 계산을 실수하거나, 문제의 모든 조건을 고려하지 못하여 문제해결에 실패하였지만 그렇지 못한 학생들은 적절하지 못한 상황에 관계식을 적용시키는 것, 관계식에 사용되고 있는 변인들의 의미를 잘못 이해한 것, 부분적인 이해를 바탕으로 관련 없는 식들을 무리하게 연결한 것 등으로 인하여 문제해결에 실패하였다.

다른 한 연구(김익균과 황유정, 1993)는 고등학생의 탐구 사고력 평가 문제해결 과정에서 나타나는 탐구 사고력 요소와 물리 개념 적용 유무 또는 이들의 동시 적용 가능성, 문제해결 유형의 분석, 정답을 한 학생들과 오답을 한 학생들의 차이점에 대해 고찰하였다. 연구 결과에 따르면 학생들은 문제 개발자의 의도와는 다르게 과학 탐구 문제해결 과정에서 탐구 사고력을 적용하지 않고도 정답을 맞힐 수 있었으며, 탐구 사고력 요소의 종류에 따라서 문제해결 방식에 차이가 있었다.

외국의 경우를 예로 들면, 드종과 퍼거슨-헬러(de Jong & Ferguson-Heller, 1986)는 47명의 대학생과 4명의 전문가를 대상으로 초보자와 전문가가 문제를 해결하는 과정에서 사용하는 인지 구조의 차이를 보았다. 그들은 학생들에게 65개의 문제들을 제시하고 그 문제들이 다루고 있는 개념이나 지식을 구분하도록 요청하였다. 이 연구는 카이와 펠토비치(Chi & Feltovich, 1981)의 연구와도 유사하였다. 카이와 펠토비치는 초보자와 전문가들이 문제를 해결하기 위해 사용하는 인지 구조를 조사하기 위해, 초보자와 전문가가 다양한 문제를 분류하도록 과제를 주었다. 이 연구들의 결과, 초보자들은 주로 표면적인 분류(상황에 의존하여 문제 전면에 드러나는 물리적 용어를 근거로 하는 분류)를 하여 표면적인 인지 구조를 가진 것으로 드러난 반면, 전문가는 물리적 원리 혹은 깊이 있는 구조에 근거를 두고 있음을 보였다.

맥밀런과 스웨드너(McMillan, & Swadener, 1991)는 5명의 대학생을 대상으로 전자기학 강좌에서 문제를 푸는 학생들을 면담하였다. 그는 학생들이 실제 문제를 푼다고 해도 그 문제를 정성적으로 이해하는 것을 의미하지는 않는다고 하였다. 또한 문제해결에 있어서 전자기학 강좌는 정성적 이해를 포기하는 대가로 정량적 계산력만을 향상시킨다고 주장하였다.

바스카와 사이몬(Bhaskar & Simon, 1977)은 초보자와 전문가의 접근 방식을 구분하고 초보자의 방식을 수단 목표(means-end) 방식이라고 하였다. 이것은 목표를 확인하고 현재 상태를 목표와 비교하여 현재 상태와 목표 사이의 차이를 줄이기 위해 적절한 조치를 취하는 발견적인 과정인데, 주로 초보자들은 이런 방법을 따른다. 반면 전문가는 이와 같은 상황에 따른 방법보다는 일반적인 원칙에 근거를 두고 문제를 해결하는 방식을 따른다.

라킨과 라이프(Larkin & Reif, 1979)는 문제를 해결하는 과정에서 초보자는 문제를 읽은 후 곧바로 관계식을 도입하는 것에 반하여 전문가는 정성적인 사고를 더 많이 하며 부수적 항목을 모두 고려하고 대략적인 예측을 한 후에 관계식을 도입한다고 하였다. 이와 유사하게 리이프 등(Rief et. al., 1976)도 학생들이 문제해결을 할 때 우연한 방식으로 계산을 하기 시작하며 체계적인 전략이 부족하다고 지적 한 바 있다.

구체적으로 라킨(Larkin, 1980)은 초보자의 문제해결 과정은 수단 목표 접근법(means-end approach; ME)이라고 하였고, 전문가의 문제해결 과정은 지식 전개 접근법(knowledge-development; KD)이라고 하였다. 두 집단은 물리 법칙을 이용하는 순서가 달랐다. ME는 미지수로부터 주어진 정보로 거꾸로 되짚어 나간다. KD는 주어진 정보로부터 앞으로 나간다. KD는 문제에서 주어진 값이 반드시 관계식의 각 항과 연관되는 반면 ME는 그렇지 않을 수 있다.

해클링과 가넷(Hackling & Garnett, 1992)은 과학 탐구를 할 때에 전문가와 학생의 차이를 분석하였다. 전문가는 자신이 한 탐구의 한계를 잘 인지하고 있으나, 학생들과 같은 초보자들은 자신의 실험이 가진 방법론적 약점을 거의 인식하지 못하였으며 따라서 결론이 타당하지 않아도 자신감을 가지고 있음을 밝혔다. 반면 전문가는 과제 전반에 걸쳐 많은 가정을 하고 그로 인해 생기는 방법론적인 약점을 인식하는 등 자신의 탐구 절차 전반에 대하여 반성적인 사고를 하고 있었다.

학생들의 문제해결 과정에 대한 위의 연구 결과들은 초보자들은 주로 표면적인 인지구조를 바탕으로 문제를 시행착오식으로 접근하는 경향이 있고, 정성적인 이해를 잘하지 못한다는 것을 보여 주었다. 이에 반해 전문가는 깊이 있는 인지 구조를 가지고 있어서 문제를 해결할 때 대략 어떤 방법으로 해결해야 할지를 미리 알고 있었다. 또한 초보자들은 반성적인 사고 과정이 결여되어 있으나 전문가는 그렇지 않음을 보여주었다. 학생들은 문제해결 후 반성과정에서 주로 계산에 대한 반성을 하며 과학 문제를 풀었다고 하더라도 그 문제의 물리적인 의미에 대하여는 사고하지 않음을 관련 연구를 통해 알 수 있었다. 그리고 이와 같은 문제해결 과정의 차이에 대한 원인의 하나로 전문가에 비해 단편적이고 표면적인 구조로 연결된 학생의 인지 구조를 들 수가 있다.

본 연구는 어림활동이 학생들이 학습한 정량적인 개념을 학생이 이미 가지고 있는 경험들과 관련지어 이해하도록 도울 것으로 가정하였다. 즉 물리량의 값을 기존 경험과 비교하여 보고 머릿속으로 어림하여 보는 과정은 그 개념을 기존 경험과 연결이 되도록 돕는다. 그리고 이런 활동은 학생들이 정량적 개념과 관련된 문제를 접하였을 때, 해답을 예상하거나 문제에 개념을 적용하는 것에 도움을 줄 것이다. 그 근거로 윌슨(Wilson, 1973), 선더스와 예수나타다스(Saunders & Jesunathadas, 1988)의 연구를 예로 들 수 있다. 문제해결력을 신장시키기 위한 방법으로 윌슨(Wilson, 1973)은 예측하기 활동을 한 학생들은 좀 더 효과적인 문제해결자가 되었다고 발표한 바 있다. 또한 선더스와 예수나타다스(Saunders & Jesunathadas, 1988)는 학생들이 익숙하지 않은 내용보다 익숙한 내용에 대해서 비례 논리를 더욱 잘 사용한다고 밝혔다. 따라서 어림활동을 통해 정량적인 개념을 경험적으로 이해하도록 도와주는 것은 학생들이 그 개념을 친숙하게 생각할 수 있도록 도울 것이며, 이는 예측과정에도 영향을 주어 정량적 개념과 관련된 학생의 문제해결 과정에 영향을 줄 수 있을 것이라고 여겼다.

2. 어림과 측정의 특징과 역할

(1) 어림과 측정의 특징

선행 연구들은 어림의 근거, 어림의 분류, 어림의 대상 등 여러 각도에서 어림에 대한 논의를 하고 있다. 먼저 마이클로(Micklo, 1999)는 어림은 어림하는 사람의 지식이나 경험을 근거로 이루어진다라고 하였다. 어림은 단순한 짐작이나 직관과는 구별된다고 하였다. 실생활에서 어림은 모여 있는 것의 개수를 어림하기, 계산 결과를 대략적으로 어림하기, 측정값을 어림하기로 구분된다(Thompson, 1979). 본 연구에서는 어림활동을 주로 측정값 어림으로 한정하였다. 어림을 하는 방향에 따라 나누면, 물체나 현상을 보고 측정값을 어림하는 경우가 있고, 반대로 측정값을 보고 그 값이 어느 정도의 실물이나 현상의 크기인지를 어림하는 경우가 있다. APU(1989)에서는 전자를 '어림(estimation)', 후자를 '되돌리기(roundabout)'로 표현하였다. 예를 들어 운동장을 보면서 그 넓이를 생각하는 것이 전자에 해당하고, '10 평방미터의 땅'이라는 구절을 보고 그 넓이가 어느 정도인지 지적해 보는 것이 후자의 경우에 해당한다.

한국말에서 어림, 짐작, 추측, 예측은 혼용이 되는 경우가 있다. 대개 어림은 수(數)적인 대상에 대한 헤아림의 뜻으로 사용되며 예측은 좀 더 미래를 고려한 표현이다. 영어에서 'estimate'는 측정이나 정확한 계산 없이 사고과정을 통해 값을 알아내는 것을 의미한다. 이에 반하여 'guess'는 정확한 지식이 없이 견해를 피력하는 것이며 'estimation'과는 구분된다. 'predict'는 미리 하는 예견이다.

칸트(Kant, 1983)는 인간의 사고에서 직관의 역할을 논하고 있는데, 그는 직관을 직접적으로 사물을 파악하는 능력으로 보았다. 그에 의하면 사물의 무게, 부피, 시간에 대한 인지가 바로 직관에 해당한다. 이와 같은 직관은 어림, 즉 사물에 대한 양감(量感)을 통하여 형성되는 것으로, 분량의 개념 없이 직관은 불가능하다. 김주성(1996)은 칸트에 의한 직관의 정의는 직접적인 "분량의 개념"으로 시간, 공간에 대한 감각에 한정된다라고 하였는데, 이는 칸트가 의미하는 직관이 시간, 공간에 대한 어림 능력을 의미함을 뜻한다.

APU(1989) 평가틀에서 어림은 물체의 길이나 부피, 질량 등을 측정 도구 없이 생각해 내는 것인데 이 평가틀에서는 그 반대과정, 즉 100mL에 해당되는 물을 붓기 등과 같은 것도 어림의 평가 항목으로 넣었다. 이 평가틀에서는 밀도나 속력 등과 같은 물리량을 어림하는 것은 없었다.

어림을 수학과 관련시켜 고찰한 연구자들도 있다. 로바토(Lobato, 1993)

의 어림은 반올림 등을 의미한다. 수학 계산을 좀 더 빨리 할 수 있는 방법으로 그와 같은 어림을 이용하여 교수 학습의 효과를 보고자 하였다. 포르트강(Fortgang, 1995)은 어림의 범주로 물리단위의 크기를 자신이 쉽게 알 수 있는 양과 비교하는 것. 물리에서 수학을 적절하게 사용하는 것 등을 포괄하였다. 김옥경(1997)에 의한 어림은 분수계산에서 양적인 이해를 의미하는 것이다. 분수의 크기를 어림하는 것이 알고리듬의 교육에 선행되어야 한다고 주장하였다.

마이클로(Micklo, 1999)는 어림을 단순한 추측과 구분하였다. 그의 정의에 의하면 어림이란 빨리, 그리고 직접 재지 않고 논리적으로 물리량을 알아내는 것이다. 어림 능력은 어릴 때부터 학습되어야 하며 계속적으로 학교에서도 어림 학습을 해야 한다고 주장하였다.

브라이트(Bright, 1979)는 어림의 영역을 다음과 같이 나누었다. 그림 II-1과 같이 3가지 차원으로 나누었다. 측정값이 명시되었는지, 물체가 명시되었는지에 따라, 단위의 제공여부에 따라, 그리고 실물을 보고 어림하는지 아니면 보지 않고 하는지에 따라 총 $2 \times 2 \times 2$의 영역으로 구분하였다. 예를 들어 물체를 명시하고 단위를 제공하며 실물이 제시된 경우는 다음과 같다. "여러분이 앉아

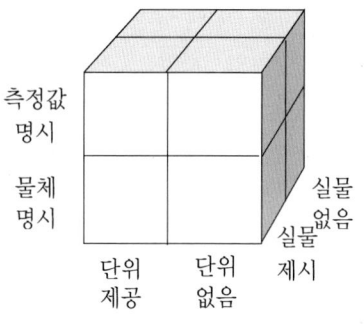

그림 II-1. 어림의 영역

있는 교실의 가로 길이를 어림하라. 단 1m는 대략 이 정도의 길이이다" 이와 대조적으로 측정값을 명시하고 단위를 제공하지 않으며 실물이 없는 경우를 예로 들면, "100g에 해당하는 물체를 교실 내에서 찾아라."이다. 전자의 경우가 후자의 경우보다 비교적 난이도가 낮다.

어림의 문제 중 하나로 페르미 문제가 있다. 예를 들면 "남산의 질량이 얼마일까", 혹은 "사람이 일생 동안 먹는 쌀알의 개수는?"과 같은 것이다. 이런 종류의 문제는 그 누구도 정확한 답을 모른다. 그러나 그 답이 대략 어느 범위에 있을지는 개략적으로 계산할 수가 있다. 이러한 문제는 정확

한 답보다 그 답의 대략적인 차수를 알아내는 것이 더 중요시된다. 그리고 그 정보는 다양하게 활용될 수가 있다(Halliday & Resnick, 1988).

이와 같이 어림은 다양한 사람들에 의해 다양한 방법으로 정의되었다. 본 연구에서는 선행 연구에 근거하여 어림을 '측정 도구 없이 물리량의 크기를 필요에 따라 대략적으로 알아내는 과정'으로 정의하였다(APU, 1989; Fortgang, 1995; Micklo, 1999; Bright, 1979). 또한 본 연구는 어림의 과정에 논리적인 사고가 필요하다고 보았으며, 다양한 어림 영역 중에서 특히 '측정값 어림'을 중점적으로 활동에 도입하고 평가하였다(Micklo, 1999; Thompson, 1979). 그리고 어림활동 중에는 측정값을 어림하는 것과 측정값을 보고 그 물리적인 크기를 생각하는 과정이 도입되었다. 반면 본 연구에서 수학적인 의미의 어림이나 페르미 문제와 같은 어림 문제는 다루지 않았다.

측정의 사전적인 의미는 도구를 이용하여 물리량의 값을 알아내는 과정이다. 측정의 기본적인 요소는 판단 또는 양자택일이라는 선택으로 볼 수 있다(PSSC, 1987; 송인명 등, 1973). 측정이 정밀할수록, 그리고 측정하고자 하는 물리량이 복잡할수록 필요한 선택의 수가 증가한다(PSSC, 1987).

물리실험에서 측정은 근본적으로 완전히 정확할 수는 없다. 판단을 할 때 인간의 지성과 감각에 제한이 있고 피측정물 자체도 시간에 따라 변할 수 있기 때문이다. 예를 들어 책상의 길이를 측정할 때 책상 끝의 톱자리가 무디어 자의 눈금을 어디까지 읽어야 할지 모르는 경우도 있고 아주 미시적으로 보았을 때 분자의 불규칙한 브라운 운동으로 인한 측정의 한계가 나타난다. 또한 측정은 피측정물과 측정 기구의 상호작용을 통하여 이루어지기 때문에 완전한 본래의 현상을 측정할 수는 없다. 거시세계에서 그 효과는 미미하지만 원자세계를 빛으로 탐색할 때 빛에 의해 전자가 교란되는 것을 고려하지 않을 수 없는 등의 예를 보면 알 수 있다. 이로 인해 측정 과정 자체에서도 어림이 필요하다(PSSC, 1987).

측정은 과학의 이론을 확증하고 정교화하거나 때로는 반증하는 역할을

해 왔다. 측정은 정상 과학에 가장 중요시되는 패러다임을 확증하기 위해
많이 이용되어 왔는데 때로는 측정 결과가 반증의 사례로 작용하여 과학의
혁명을 일으키는 데 이용되기도 하였다(Kuhn, 1995).

이와 같이 어림과 측정은 공통적으로 경험 세계에 대한 정량화 과정을
의미한다. 어림과 달리 측정은 도구가 필요하며 정확할수록 바람직한 측정
이다. 이에 반해 어림은 필요에 따라 단지 차수만 어림을 해도 충분할 때
가 있다.

(2) 과학활동에서의 어림과 측정의 역할

1) 어림의 역할

어림은 실제 가설을 검증하거나 반증하는 역할을 할 수는 없으나 실험
을 효율적으로 계획하여 수행하거나(Rogers, 1960), 자신감과 영감을 가지
고 실험에 임하도록 할 수 있으며(Morrison, 1963), 물리값을 경험적으로
이해하여 물리적 감각을 형성하도록 도울 수 있다(Kunz, 1971). 모리슨
(Morrison, 1963)은 실험실에서 실제로 촉망을 받는 초보 과학도들은 지식
을 많이 가진 사람보다는 어림 능력을 가진 사람이라고 하였다. 이처럼 어
림은 실험의 수행이나 이론의 생성에서 중요하게 역할을 할 수 있다.

과학 활동에서 어림이 어떤 역할을 하였는지 구체적으로 보기 위해 러
더포드가 원자핵을 발견하던 과정과 휴즈가 중성자를 발견하던 과정을 예
로 들고자 한다. 러더포드는 α입자의 산란 실험에서 산란각도가 대략 어
느 정도 범위에서 나올 것임을 예측하고 있었다. 그는 α입자가 매우 빠른
알맹이였고 그 운동에너지가 매우 컸기 때문에 산란각이 별로 크지 않을
것이라고 어림을 하였다. 그것은 그의 전기에 적힌 그의 마지막 강연문에
도 나타나 있다(Andrade, 1964. 130쪽).

"나도 역시 같은 생각을 가지고 있었기 때문에 α알맹이가 혹시 더 큰 각도로 산란되는 일이 없는지를 조사시켜 보라고 일렀습니다. 자신 있게 말하지만 나는 이런 현상이 일어나리라고는 생각하지 않았습니다. 그 이유는 α알맹이는 큰 에너지를 가지고 있는 속도가 빠른 무거운 알맹이라는 것이 알려져 있었기 때문에 만일 산란이 여러 번의 충돌 때문

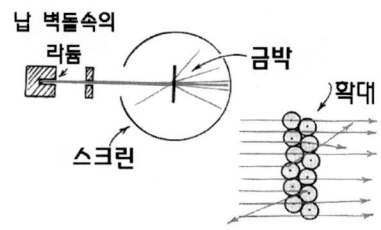

그림 Ⅱ-2. 러더포드의 알파 입자 산란 실험

에 일어나는 것이라면 α알맹이가 후방으로 산란될 확률은 극히 희박하다는 것을 증명할 수 있었기 때문입니다. 그런데 며칠 후에 가이거가 몹시 흥분해 가지고 와서 얼마간의 알맹이가 되돌아 나오는 것을 발견하였다고 보고한 것을 나는 기억합니다. 이것은 내 일생에 있어 가장 믿기 어려운 현상이었습니다. 그것은 마치 40cm포탄을 얇은 종이에 대고 쏘았더니 뒤로 튕겨 나와서 총을 쏜 사람을 맞추었다는 이야기와 비슷한 것이었지요."

러더포드의 α입자 산란각에 관련된 발견에 대한 일화나 강연 내용들을 통해 볼 때 만일 러더포드가 산란각을 대략 어림하지 않았다면 원자 구조의 발견이 어려웠을 것으로 보인다. 보통 사람들은 질량이 10^{-27}kg 정도로 작은 α입자의 운동을 쉽게 생각하기 어려울 것이나 러더포드는 마치 거시세계에서 총알의 운동을 예상하는 것처럼 느끼고 있었다. 즉 러더포드는 측정이나 자세한 계산 없이도 α입자의 운동이 어떠할지를 경험적으로 그리고 직관적으로 알고 있었다. 이런 능력은 실험 결과를 신속하게 그리고 정확하게 예상하도록 도왔으며 따라서 자신의 실험 결과가 얼마나 새롭고 이상한 것인지도 파악할 수 있었던 것이다.

러더포드의 α입자와 관련된 물리량에 대한 어림 능력은 α입자 산란 실험을 예측하고 해석하여 이론을 생성해 내는 것에 도움을 주었다.

러더포드의 전기를 저술한 앤드레이드(Andrade, 1964)는 다음과 같이 적었다.

그는 자신의 발견에 대해서 「1 m^3의 백금 덩어리가 차지하는 부피 중에서 그 입자가 차지하는 부피는 1 mm^3, 즉 전체의 불과 10억분의 1도 안되며 그 나머지는 전부가 빈 공간에 지나지 않는다」라고 설명하였다.

위의 글을 통해서 알 수 있듯이 러더포드는 원자세계를 기술할 때 다루어지는 숫자들을 거시세계에 대응시켜 생각하는 것이 원자세계에 대한 이해를 돕는 것으로 여겨 강연에도 그와 같은 어림의 과정을 도입하였다.

중성자의 1 발견과정도 이와 비슷하였다. 휴즈(Hughes, 1959. 27쪽.)는 중성자의 발견과정을 다음과 같이 적었다.

"그 다음에 더욱 놀라운 발견이 있었다. 파라핀과 같이 수소를 가진 엷은 물질 막을 가로놓고 이온화 장치로 이온화 세기를 재어 보니까 줄기는커녕 더 커졌다. 분명히 이 신기한 방사선이 수소 원자의 양성자를 이온화 장치 쪽으로 빠르게 떠밀고 있는 것이다. 관찰된 빠른 속도에서 양성자들을 스크린으로부터 튀어나오게 하기 위해서는 γ선이 약 5000만 볼트를 가져야 하는데 이것은 핵에서 나오는 어떤 알려진 γ선보다 높은 값이기 때문에 γ선이 아님은 분명하였다. 영국 물리학자 제임스 채드윅은 이 수수께끼를 풀었다. 양성자를 빨리 움직이게 하는 것은 그와 비슷한 질량을 가진 한 입자라고 생각하면 가장 논리적이라고 그는 지적하였다. 가령 당구공과 같이 동일 질량의 입자끼리 충돌할 때 최대로 에너지 교환을 할 수 있음은 초등역학에서 잘 알려진 사실이다. 따라서 이 신기한 방사선이 이 같은 입자라면 아주 큰 에너지를 갖고 있다는 가정이 불필요한 것이다. 더구나 만일 이 입자가 전하를 띠지 않았다면 그 큰 투과력도 잘 풀이할 수 있다."

위의 글에서 나와 있듯이 물리학자들은 양성자가 중성자에 의해 충돌되어 움직이는 것을 보고 그 현상이 동일 질량을 가진 입자의 충돌임을 직관적으로 알았다. 이는 과학자들이 동일 질량의 물체의 충돌 시 일어나는 속력의 변화와 에너지의 교환 등을 수량적으로 잘 알고 있었기 때문에 가능한 것이었다. 과학자들은 거시세계에서 일어나는 충돌 현상의 속력 변화나 에너지 교환 등을 복잡한 계산 없이도 어림을 하여 인지하고 있었고, 이는

눈에 보이지 않는 미시세계에서 입자들이 어떻게 운동하는지 설명할 수 있
는 가설을 세우는 데 기여하였다.

현대 물리학에서 중성자, 양성자, 전자 등이 원자 속에 어떤 구조로 존
재하는지를 이해하기 위해서는 아래와 같은 어림의 과정이 필요하였다
(Hughes, 1959).

"양성자와 전자의 기본 성질을 잘 알게 되자 전자가 작은 핵 안에 들어
가는 가능성은 없게 되었다. 그 까닭을 간단히 말하면 전자는 너무 커서
핵 속에 들어갈 수 없다는 것이다. ……파장은 입자의 속도에 달려 있으며
빠를수록 파장이 짧다. 전자가 핵 속에 들어가려면 파장이 핵 크기보다 작
아야 하며 그 속력이 지극히 커져야 한다. 위 이론에서 전자가 핵 속에 있
기 위한 전자 에너지는 2억 볼트 전압에 대응할 만큼 커져야 한다. 그러나
핵 속의 전자가 이같이 큰 에너지를 가질 수 없으므로 이 기본적 고찰은
핵 속의 전자가설을 여지없이 무너뜨릴 뿐이다."

위의 논의에서도 알 수 있듯이 과학자들은 핵 속에 전자가 들어갈 수
없다는 것을 실제 실험이나 숫자를 이용한 복잡한 계산을 하지 않아도 알
수 있었다. 물질파의 파장에 대한 어림과 원자 속의 전자의 에너지에 대한
어림만으로도 핵 속에 전자가 없다는 것을 알아내기에는 충분하였다. 어렵
고 오래 걸리는 실험이나 계산을 하기 전에 이와 같이 대략적인 결과를 알
고 있다면 그렇지 못한 경우보다 쉽게 실험 방법을 생각하고 계산할 수 있
을 것이다.

원자 구조나 중성자의 발견과 같은 새로운 사실의 발견뿐 아니라 일상
적인 실험 중에도 어림이 필요하였다. 예를 들면 현대 물리학자들이 실험
으로 1MeV 이상의 에너지를 주면 한 쌍의 양전자와 음전자가 발생함을
실험을 통해 알아낸 후, 완전한 수소 원자를 생성하기 위해서는 얼마의 에
너지가 필요할지를 어림하여 실험에 이용하였다고 한다(Rogers, 1960). 비
록 그 예측보다 훨씬 많은 에너지 혹은 적은 에너지가 필요한 경우도 있으
나 이와 같은 종류의 어림은 실험을 효율적으로 수행하기 위해 중요한 일

차적 판단의 근거이다.

어림은 이론 등에 의해 대략적으로 계산되는 것을 포함한다. 만델 (Mandell, 1980)은 문제해결에 대한 연구에서 성공적인 문제해결자들에 해당하는 전문가는 계산이 필요한 경우에 거친 표나 행렬을 이용하여 대략적으로 일단 풀어본다고 주장하였다. 이는 앞에서 본 과학사적인 예로 볼 때에도 알 수 있다.

추상적인 지식에 대한 직관을 가지기 위해서도 어림은 필요하다. 이론의 생성과정에서 직관은 중요한 역할을 하기도 한다(김주성, 1996; Fishbein, 1987). 추상적인 이론에 대하여 직관을 갖는 것이 이론의 생성을 돕는다는 것이다. 예를 들어 "원자를 운동장으로 생각하면 원자핵은 운동장 한가운데에 있는 모래 하나와 같다."처럼 원자세계를 이해하기 위해 거시세계로 대응시키기도 한다. 원자세계를 거시세계로 대응시키는 것은 사람들이 원자의 세계에서 일어나는 다양한 현상들을 이해하도록 도울 수 있다.

이처럼 과학활동에서 어림은 과학자들이 실험의 결과에 대한 예측을 하거나 실험을 효과적으로 수행하도록 도왔으며 보이지 않는 입자의 성질 등에 대하여 직관적으로 이해하도록 도와 새로운 이론을 생성하거나 기존의 이론을 반증하도록 도왔다.

과학의 발달과정뿐 아니라 일상생활에서 사람은 계속적으로 어림을 하며 살아간다. 예를 들어 약속을 하거나 계획을 세울 때 시간에 대한 어림이 필요하다. 또한 운전을 할 때나 걸어갈 때, 거리나 방향 등에 대하여 거의 무의식적으로 어림을 한다. 음식을 만들 때에도 양의 어림은 맛있는 음식을 만드는 중요한 한 가지 요소이다. 기업체나 연구소에서 사업이나 연구를 계획할 때에도 소요 비용의 어림은 결코 없어서는 안 되는 과정이라고 볼 수 있다. 이처럼 일반 사람들도 일상생활에서 매순간 어림을 하며 살아간다.

2) 측정의 역할

과학 이론의 생성과정에서 측정은 이론의 반증이나 확증에 중요한 역할을 해 왔다(PSSC, 1987). 특히 18, 19세기에는 과학 이론에 '정량화'가 도입되어 자연계의 여러 상수들을 만들어내고 이론을 발전시키는 것이 더욱 활발해 졌는데 쿤(Kuhn, 1995)은 이를 '과학혁명'이라고까지 표현하였다.

쿤(Kuhn, 1995)은 측정이 정상 과학에서 한 역할을 분류하여 다음과 같이 설명하였다. 첫째, 측정은 사물의 본성을 밝힘으로써 패러다임을 뒷받침하는 역할을 하였다. 별들의 위치와 광도 관계, 물질의 비중과 압축률 등과 같이 '사실'들을 밝히는 노력은 과학 문헌의 많은 부분을 차지하고 있는데, 이런 측정 결과들은 사물의 본성을 밝히는 것이며 패러다임을 뒷받침함과 동시에 패러다임으로 인해 더 가치가 있는 것으로 만들어진다는 것이다.

둘째, 측정은 패러다임을 확증하기 위하여 이루어지기도 하였다. 즉, 측정은 패러다임 이론으로 인해 예측할 수 있는 결과를 검증하기 위해 새롭게 고안되어지는 경우가 있다. 애트우드 기계는 '프린키피아' 이후 1세기 쯤 지나서 처음 발명되었는데 뉴턴의 제2법칙을 명백하게 확증해 주었다. 푸코의 장치는 빛의 속도가 물속에서보다 공기 중에서 더 빠르다는 것을 보여주었으며 섬광 계수기는 중성미자의 존재를 보여주기 위해 고안되었다. 이런 종류의 측정은 첫 번째 부류보다 패러다임에 더 뚜렷하게 의존한다.

셋째, 측정은 패러다임을 정교화하거나 명료화하기도 한다. 예를 들어 물리학의 상수를 결정하거나 법칙을 증명하는 실험들을 들 수 있다. 뉴턴의 만유인력 법칙은 만유인력 상수 없이도 많은 문제들을 해결할 수 있다. 따라서 프린키피아 이후 1세기 동안 상수를 결정하려는 시도를 하지 않았는데, 1세기 후 카벤디쉬(Cavendish, Henry, Lord)는 만유인력 상수를 결정하기 위해 노력하였고 그 이후에도 계속적으로 인력 상수의 값이 개정되었다. 이는 패러다임을 정교화하는 과정이다. 이런 종류의 측정은 또한 이론의 파생에 도움을 주었다. 예를 들어 광속의 측정은 빛이 유한 속력을 가졌음을 말해 주었고 자연계의 상수 c가 출현하였다. 밀리칸(Milikan,

1868~1953: 미국의 물리학자. 1909년 기름방울 실험을 통하여 전자의 전하량을 측정함)의 전자 전하량 실험을 통해 최소 전하량이 존재함이 밝혀졌고 그 상수 e의 출현이 이루어졌던 것이고 이를 통하여 수많은 이론이 파생되었다. 이런 종류의 측정들은 기존에 존재하는 이론을 이용하거나 계산에 근거한 측정이 아니었는데, 바로 이점으로 인하여 과학사적으로 새롭고 중요하다고 볼 수 있다(Kuhn, 1995; Hacking, 1983). 한편 물리법칙을 발견하는 실험은 패러다임을 명료화해주는 역할을 한다. 예를 들어 보일의 법칙 실험은 그것이 공기를 탄성 유체로 인정한다는 이론에 의해 정확하게 해석될 수 있으며 쿨롱의 점전하 인력 측정 실험도 전기 유체의 각 입자가 서로 떨어져 있어도 서로 작용한다는 패러다임을 인정했기 때문에 가능한 실험이었다.

쿤(Kuhn, 1995)은 대부분의 측정은 정상과학의 입장에서 새로운 기술로 기존의 이론을 확증하기 위해 이루어진다고 하였다. 이에 반하여 포퍼(Hacking, 1983)는 측정의 목적을 '이론의 반증'으로 보았다. 물론 측정이 이론을 반증하는 것에 사용될 수는 있지만 포퍼는 이것을 실험의 근본 목적이라고 한 것에 비해 쿤은 부산물이라고 하였다(Hacking, 1983).

이처럼 관점의 차이는 있으나 측정은 과학 이론의 확증과 정교화 및 반증에 공헌해왔다고 볼 수 있으며, 어림은 이와 같은 측정을 도와주었다. 예를 들어 측정 도구나 측정 단위를 선택할 때, 혹은 눈금을 읽을 때에 어림이 필요하며 측정을 한 후 보고서에 나온 정량적인 자료를 이해하기 위해 어림이 또한 요구된다. 측정과정에서는 어림과정이 항상 병행한다.

(3) 과학 학습 활동 중의 어림과 측정의 역할

어림은 일상생활 및 과학활동에서 끊임없이 사용되고 있다. 그럼에도 불구하고 어림 능력이 과학 학습에서 왜 필요한지에 대한 구체적이고 체계적인 연구가 적다.

학생들이 과학 학습을 할 때 어림하기의 필요함을 언급한 연구자로 스틴(Steen, 1997)을 들 수 있다. 그는 학생들이 광년, 시간, 마이크론 등의 단위들을 배우기는 하지만 관련된 상황에서 그 단위들을 적절히 사용할 수 있는지의 여부는 알 수 없다고 지적하였다. 즉 과학에서 정량적인 개념, 양, 단위 등을 추상적으로 학습한다고 해서 아동들이 과학적 탐구 활동을 하거나 일상생활을 할 때 그 개념을 적용시키지는 못할 수도 있다는 점이다. 단위가 형식적으로 가르쳐 질 때 학생들은 구체적인 상황에서 그 개념을 생각해 내지는 못할 것이다. 단위는 단순 암기로 학습되어서는 안 되며 각 단위의 크기가 어느 정도를 의미하는지에 대한 학생의 경험적인 이해가 필요하다는 것이다(Steen, 1997).

모리슨(Morrison, 1963)은 페르미 문제들(엔리코 페르미가 즐겨 하던 어림의 문제들)을 잘 해결하는 능력이 과학자에게 필요하기 때문에 과학을 배우는 학생들에게 가르쳐야 한다고 하였다. 그는 이와 같은 질문들을 묻고 답하는 것은 실험실에서 필요한 개념, 이론, 가설의 생성을 자극할 수 있다고 하였다. 이를테면, '산에 올라갈 때 시계가 얼마나 느려지는지, 혹은 빨라지는지'나, '시카고에는 얼마나 많은 피아노 조율사가 있을까'와 같은 문제들에 대하여 거칠게 근사를 하고, 직관을 통하여 짐작을 하거나, 통계적인 어림을 하는 것을 통해 자신감과 기술적인 능력이 생겨날 수 있다는 것이다.

쿤즈(Kunz, 1971)는 물리공부를 하는 학생들이 큰 숫자에 대하여 경험적으로 알고 있도록 도와야 한다고 하였다. 예를 들어 '십억 개'(10^9)라는 숫자가 어느 정도의 개수인지 알도록 돕기 위해서 미터자를 이용하였다. 미터자에는 밀리미터 눈금이 천 개(10^3) 있다. 미터자 네 개를 이용하여 정사각형을 만들면 그 속에는 한 변의 길이가 밀리미터인 정사각형이 백만 개(10^6) 있을 것이다. 그리고 미터자 여러 개를 이용하여 정육면체를 만들면 그 속에는 한 변의 길이가 밀리미터인 정육면체가 십억 개(10^9) 있을 것이다. 이와 같은 연습을 통해서 거대한 숫자에 대하여 감각을 가지도록 도울 수 있다라고 그는 주장하였다.

헐버트(Herbert, 1982)는 일반 물리학을 수강할 때 연습하는 문제들이 정형화되어 있으며 과학자들이 실제로 접하는 문제와 너무 차이가 난다고 하였다. 그리고 그는 과학자들이 흔히 접하는 실제적인 문제로 '차수를 어림하는 문제'를 들었으며 이를 과학 학습 현장에 도입하는 것이 필요하다고 하였다.

메모리와 젠킨스(Memory & Jenkins, 1977)는 신입생이거나 대학원생이거나 할 것 없이 물리를 배우는 학생들이 차수를 어림하는 능력이 부족하다는 것을 지적하였다. 정확한 숫자가 주어지지 않으면 불안해하는 습관을 버리고 물리적인 감각을 키우라고 주장하였다. 그는 어림 능력을 키우기 위해서 간단한 것부터 어림하는 습관을 가지는 것이 좋으며, 자신에게 친근하여 직관적으로 느낄 수 있는 단위를 가지는 것이 필요하다고 하였다.

크레인(Crane, 1969)은 많은 학생들이 물리를 생활과 관련된 것으로 여기지 않으며, 현실 세계가 물리학적으로 다룰 것이 많으나 교육 현장에서 생활과 학문이 유리되어 있다고 하였다. 그리고 이를 개선하기 위한 좋은 문제들이 필요하다고 하였다. 그는 좋은 문제의 예로 '차수를 대략적으로 계산해 내기'를 제시하였는데, 여기서 학생들은 자신들이 이미 가지고 있는 지식을 근거로 하고 '교육받은 짐작(educated guess)'을 해야 한다. 크레인은 그런 문제들이 수업시간에 배우는 정형화된 형태의 문제들은 아니지만, 매우 많은 과학자들이 이와 같은 형태의 문제를 해결하고 있다고 주장하였다.

포르트강(Fortgang, 1995)은 일선 학교에서 교사들이 자신의 학생들은 수학에서 계산을 배우면 물리에서도 당연히 적용할 수 있을 것이라는 가정을 하고 있는데, 이는 매우 잘못 되었음을 지적하고 자신의 첫 과학 수업 주간에 지도한 어림활동을 제시하였다. 그는 '과학의 삼각형'이라는 활동 속에서 어림활동을 지도하였고, 이를 통해 학생들이 현재 배우고 있는 과학은 얼마나 한정된 크기의 물리량에 대한 것인지를 이해하도록 도왔다. 그는 밀도를 이용하여 교실의 질량을 알아내기, 집의 질량을 알아내기, 산의 질량을 알아내기와 같은 일련의 활동을 하였는데, 학생들이 자연스럽게 그 문제를 궁금해 하였고 활동에 참여하였다고 보고하였다.

이상의 연구들은 과학 학습 과정 중에서 어림 능력의 향상을 위한 활동이 필요함을 주장하고 있으며 실제 어림활동의 예를 보여주고는 있으나, 과학 학습 목표의 특정 영역에 미치는 효과를 자세하고 근거 있게 보이지는 못하였다.

계산 능력의 향상을 위하여 어림 교육이 필요하다는 주장은 과학교육과 관련 깊은 수학교육 분야에서도 연구되고 있다. 마이클로(Micklo, 1999)는 수학교육에서 어림을 교육해야 하는 이유를 미국 국가 수학교사협의회의 수학교육 목적을 통해 다음과 같이 제시하였다: 수학의 가치를 알고, 그들의 능력에 자신감을 가지며, 수학 문제를 잘 풀게 되고, 수학적으로 의사소통하는 능력이 생기며, 논리적으로 생각하게 된다. 그리고 어림 능력의 향상을 위한 수업 방략을 소개하였는데, 예를 들어 추측이 아니라 어림하게 하기, 어림을 하도록 하기 위해 편안하며 생각할 수 있는 분위기 조성하기, 0.93보다는 1과 같이 어림하기에 쉬운 숫자로 만들기 등이다.

로바토(Lobato, 1993)는 수학교육자인데 반올림법을 이용하여 빨리 계산하기를 학생들에게 지도하였다. 그리고 그와 같은 활동이 일상생활에서 얼마나 편리한지 학생들에게 지도하였다.

김옥경(1997)은 초등학교에서 분수 개념을 효과적으로 가르치기 위하여 기계적인 알고리듬에 앞서 개략적인 어림을 할 수 있게 해야 한다고 주장하였다. 또한 이 어림활동이 충분히 이루어지고 난 후 계산과정을 교육하면 훨씬 효과적일 수 있다고 하였다. 이렇게 구체적인 상황이나 경험을 연산과 관련짓는 학습은 그 의미를 실제적으로 이해할 수 있게 하므로, 그 효과는 분수 연산에 국한된 것은 아니라고 주장하였다.

이상의 연구 결과들을 종합하여 볼 때 수학교육 분야에서는 김옥경(1997)과 같이 어림활동이 특정한 학습 목표(분수의 개념 이해)에 미치는 효과를 구체적으로 밝힌 연구가 있음을 알 수 있다. 과학교육 분야에서는 대부분 어림 능력이 과학활동을 하기 위해 필요한 능력이라고 인정하고 어림 능력 향상을 위한 수업을 개발하기는 하였지만, 그 효과를 특정 학습 목표에 대하여 자세히 살펴본 경우는 찾을 수 없었다.

과학 학습 평가 항목으로서 어림 능력은 크게 중요시되지는 못하였다.

몇 개의 과학 학습 평가 틀에서 어림 능력을 세부 항목으로 넣고 있는데, 그 예는 다음과 같다. TAPS(Bryce et.al., 1988)는 기본 탐구 기능으로 측정 기능을 들고 있고 그 하위 항목 중에 "눈대중으로 값을 어림하기" 등이 있으며, APU 평가 항목 중 측정 기능에서 어림 능력을 평가하고 있다(Schofield, 1989). 이들 평가틀에서 어림은 주로 직접 물체를 보고 물리량을 어림하는 것을 의미한다.

우종옥 등(1992)은 대학 수학 능력 시험의 자연 과학 탐구 능력 평가를 위한 행동 요소의 추출과 평가 목표의 세분화 연구에서 탐구 수행 기능 속에 "측정값을 예측할 수 있다", "실험 결과에 부합하는 적절한 정밀도 수준을 결정할 수 있다", "측정의 간격과 구간을 실험의 성격과 데이터 해석에 있어서의 편리성을 고려하여 적절히 결정할 수 있다"라는 어림과 관련된 능력을 포함시켰다. 과학교육에서는 어림을 주로 측정의 하위 항목으로 한정지어 평가하고 있다.

측정기능은 과학교육에서 기본 기능으로 중요시되므로 다양한 평가틀이나 교육과정에 측정기능이 포함되어 있다. 예를 들어 영국의 APU(1989) 평가틀은 탐구 기능을 그래프와 기호 표현, 측정, 관찰, 해석과 적용, 탐구 계획, 탐구 수행의 6가지로 나누어 평가하였다. SAPA(AAAS, 1968), 클로퍼(Klopfer, 1971), 허명(1984) 등의 탐구과정 요소에도 측정 기능이 포함되어 있다. 또한 미국의 PSSC 교육과정에서 실험은 결과를 확인하거나 정밀한 값을 알게 하기보다 학생이 과학자와 같이 미지세계에 부딪치는 경험을 가지게 하여 그것을 파헤치는 개척정신을 습득하게 하는 의도로 구성된 것이다(박승재, 1965). 이와 같은 실험을 수행하기 위해서 학생들이 기본적으로 자료 수집 기능, 즉 측정 기능을 가지고 있어야 할 것이다. 측정이 실험에 절대적으로 필요하고 정확한 것임은 분명하지만 측정은 어림과 함께 이루어져야 한다.

3. 제6차 교육과정에 포함된 어림교육과 측정교육

초등학교와 중학교의 과학 및 수학교과서 나타난 어림과 측정 교육의
실태를 조사하였다.

먼저 어림 교육의 실태를 보았을 때 어림 교육은 초등학교와 중학교에
서 거의 이루어지지 않는다. 초등학교 저학년의 경우에 어림 교육이 일부
이루어지지만 상급학교에서는 잘 이루어지지 않고 있다. 특히 수학교과에
서는 길이와 개수 등을 어림 후 측정하기나 물체의 무게를 손으로 비교하
기 등의 활동이 나오지만 자연 교과에서는 다루고 있지 않다.

표 Ⅱ-1. 초등학교 자연과 수학 교육과정에 나타난 어림활동

학년－학기	슬기로운 생활/자연	수학
1-1	없음	없음
1-2	없음	물리량 어림하기
2-1	없음	없음
2-2	없음	손으로 두 물체의 무게 비교 후 양팔 저울로 확인
3학년~6학년	없음	없음

중학교에도 어림 교육에 관
련된 내용은 거의 없다(표 Ⅱ
-2). 다만 중학교 2학년 단원에
서 원자나 분자의 개념을 설명
하는 과정에서 그 크기를 거시

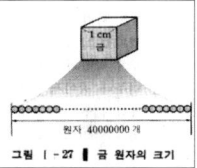

그림 Ⅱ-3. 중학교 교과서

세계에 대응시켜 생각하도록 도와주는 설명이 나온다(그림 Ⅱ-3). 전기 단
원에서 일부 교과서에 여러 전기 제품의 소비 전력이나 저항 값을 비교하
는 표가 제시되어 있지만 이와 관련된 직접적인 활동은 제시되지 않았다.

즉 초등학교나 중학교에서 직접적으로 어림을 교육하는 활동은 교과서에
제시되지 않고 있다.

표 Ⅱ-2. 중학교 과학 및 수학 교육과정에 나타난 어림활동

학년	과학	수학
중1	없음	없음
중2	(지학사) 원자의 크기 어림 분자의 크기 어림 전기저항(각 물질의 저항표) 소비전력(전기 기구의 전력표)	없음
중3	없음	없음

초등학교와 중학교 측정 교육의 실태는 다음과 같다. 6차 교육과정(교육
부, 1992)에서 제시한 것 중의 하나가 '관찰, 분류, 측정, 의사소통, 추리,
예상, 모형 사용, 자료 수집 및 처리, 가설 설정, 실험 설계, 변인 통제, 실
험 수행, 자료 해석 등의 탐구과정을 학습 내용과 적절히 관련시켜 지도함
으로써 탐구 방법을 체득할 수 있도록 한다'이다. 이것으로 보아 알 수 있
듯이 측정 기능은 과학 탐구의 수행 및 이를 통한 과학 지식의 이해와 자
연 현상에 대한 이해를 위해 학습되어야 한다. 먼저 초등학교 측정 교육의
실태를 다음 표 Ⅱ-3, Ⅱ-4와 그림 Ⅱ-4에 제시하였다.

표 Ⅱ-3, Ⅱ-4에서와 같이 측정 교육은 초등학교 때 기본적인 것이 거의
다루어진다. 다만 초등학교에서 질량, 힘 등의 용어는 나오지 않는다. 질량
의 경우는 질량을 측정하는 기구인 양팔 저울에 대하여 자세히 나와 있다.
힘의 경우도 용어는 도입이 안 되었으나 힘을 측정하는 기구인 용수철저울
의 사용법 등은 자세히 소개되었다.

표 Ⅱ-3. 초등학교 저학년 자연과 수학 교육과정에 나타난 측정활동

학년~ 학기	슬기로운 생활/자연	수 학
1-1	없음	없음
1-2	길이, 넓이, 부피의 측정과 비교	길이, 넓이, 부피의 상대적 크기 비교
2-1	크기 비교 몸의 성장	아날로그시계 눈금읽기 길이, 부피 비교 및 자로 재기, 단위 개념과 단위 읽기
2-2		책상의 길이 측정, 단위 환산과 읽기, 단위 환산, 눈금 읽기
3-1	양팔 저울을 이용한 측정 온도계 눈금 읽기와 측정	길이와 시간의 개념과 측정 단위의 소개와 환산
3-2	없음	부피와 무게의 개념과 단위, 측정 방법

표 Ⅱ-4. 초등학교 고학년 자연과 수학 교육과정에 나타난 측정활동

학년~ 학기	슬기로운 생활/자연	수학
4-1	각도 측정	시간과 각도의 개념과 실제 측정
4-2	온도의 측정 부피 측정	넓이 개념 소개와 단위 반올림, 올림과 버림
5-1	용수철저울의 제작과 무게측정, 힘 크기 측정 무게변화, 용수철저울 만들기, 무게 비교	없음
5-2	없음	넓이, 부피, 무게 단위, 개념
6-1	혼합 용액의 알갱이 크기 차에 따른 부피 차이 측정	없음
6-2	그림자 길이와 온도 측정통한 태양 고도의 변화	원뿔의 모선과 높이측정

예를 들어, 3학년 1학기 자연 교과에서 양팔 저울과 관련된 설명은 '수평잡기' 단원에 나온다. 이 단원에서는 양팔 저울의 원리와 함께 그림 II-4와 같이 무게가 표시된 추인 분동을 소개하고 있다.

표 II-3, II-4 및 그림 II-4를 통하여 초등학교의 초등 교육을 보았을 때 다음과 같은 문제점을 볼 수 있다. 서정아 등(2000)의 연구에 의하면 윗접시 저울을 이용한 질량 측정은 초등학생 및 중학생 모두에게 비교적 어려운 과제에 속해 있었다. 그 과제가 초등학교 3학년에 이미 도입이 되었다는 점과 부피의 측정이 전 학년에 걸쳐 비체계적으로 산만하게 다루어지고 있다는 점, 또한 무게를 측정하는 기구로 윗접시 저울과 용수철 저울을 함께 사용함으로써 중학생이 질

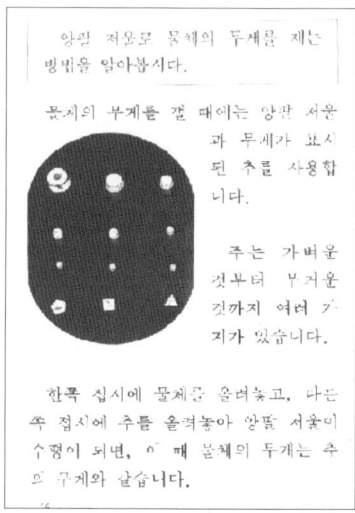

그림 II-4. 초등학교 교과서

량을 무게와 동일한 용어로 생각하게 한다는 점, 수학과에서의 단위 교육이 자연교과와 연계되어 있지 않다는 점 등의 문제점을 알 수 있었다.

중학교의 수학과 과학교육과정에서 나타난 측정 교육의 실태는 다음 표 II-5와 같다. 중학교 교육과정에서 질량이나 부피 측정법이 나온 것은 '밀도'를 측정하기 위한 것이다. 또 용수철저울 측정법이 설명된 이유도 '힘의 합성'을 하기 위한 것이었다. 그런데 실태 조사에 의하면(서정아 등, 2000) 측정을 한 학생 중에서 많은 학생들의 측정 오차가 매우 크다는 것을 알 수 있다. 이는 실험값이 이론값과 다르게 나올 확률이 높다는 점이다. 이로 인해 학생들은 실험의 결과를 해석하여 이론을 이해하는 과정에서 혼동을 겪을 수 있음을 알 수 있다. 또 이뿐만 아니라 학생들은 부피, 질량, 무게 등의 개념을 혼동하고 있다. 예를 들어 수레를 끌고 있는 용수철의 눈금이 '수레의 무게'라고 생각하는 학생들도 많다는 점이다.

　중학교 2학년은 복사 평형 실험과 전압 전류 측정실험, 중학교 3학년은 일과 에너지 등의 측정 실험이 나오는데, 학생들이 이와 같은 실험을 수행하면서 얻은 결과를 이해하고 해석할 만큼 측정을 잘하는지는 알 수 없다.

　중학교 과학 실험에서 필요한 오차, 근사값, 혹은 통계처리 등에 대하여는 수학과에서 다루어지고 있다. 그렇지만 과학 단원에서 이 개념을 도입하여 설명해 주지 않는다면 학생들이 실험을 할 때 반복 측정의 필요성이나 오차의 원인 등을 스스로 생각해 내기는 어렵다고 여겨진다.

표 Ⅱ-5. 중학교 과학 및 수학과 교육과정에 나타난 측정활동

학년	과학	수학
중1	(교학사: 송인명 외) 끓는점 측정, 어는점 측정 메스실린더를 이용한 부피측정 질량 측정, 밀도 측정 분별 증류 용수철저울을 이용한 힘의 크기 측정법 힘의 합성, 등속 운동, 진자의 주기	통계 (평균, 편차 등)
중2	(지학사) 올레산 분자의 크기 측정 복사평형 실험에서 온도측정 건습구 온도계 사용법 전류계 사용법, 전압계 사용법 전압, 전류의 관계, 저항의 연결 전류세기와 발열량	근사값과 오차
중3	(지학사) 마찰력에 대하여 하는 일 도구를 사용할 때의 힘과 일 에너지 측정, 일(힘, 길이) 측정법 태양의 지름 측정 지구 모형 반지름 측정	통계 (도수분포도 등)

4. 어림 능력과 측정 능력 실태 조사

국내에서는 어림 능력의 실태를 조사한 연구는 거의 찾아 볼 수가 없었다. 국외의 경우 APU 평가에서 측정의 하위 항목으로 어림 능력을 평가한 결과가 있다(Schofield, 1989). 이 연구는 다양한 물체의 길이, 소요 시간, 둘레, 면적, 힘, 온도, 질량, 부피 등에 대하여 어림하는 능력을 평가하였고, 이와 더불어 주어진 측정값만큼 물리량을 만들어내는 능력(예를 들면 11cm 의 선분을 그리기 등)도 평가하였다. 학생들의 어림값은 매우 근사, 중간, 차이남, 매우 차이남(50% 이상의 차이)의 네 등급으로 평가하였다. 그 결과 학생들은 다른 물리량보다 길이를 잘 어림하였다. 이 연구는 어림값과 참값의 차이가 큰 학생들이 매우 많음을 알려주었다. 그리고 어림을 매우 정확하게 하는 것이 실제 과학 수업의 성취도에 영향을 주지는 않는다고 하더라도 이와 같이 어림을 매우 못하는 학생이 많은 것은 문제가 있다고 지적하였다.

탐구과정 요소 중에서 측정기능은 기본적인 요소에 포함된다. 예를 들어 과정 기능 중심 교육과정의 일종인 SAPA(AAAS, 1968)는 8가지의 단순 탐구능력과 6가지의 복합 탐구능력을 구분하고 측정을 단순 탐구능력에 포함시키고 있다. 허명(1984)의 탐구과정 범주는 자료의 수집과 정리, 자료의 해석 및 분석, 자료의 종합 및 평가, 가설 설정 및 실험 설계로 나뉜다. 그리고 측정은 자료의 수집과 정리에 포함되며 그 하위 요소로 불연속적인 양의 측정과 연속적인 양의 측정으로 나뉜다. 그 외에도 TAPS(1988), 클로퍼(Klopfer, 1971)의 평가틀에서도 모두 측정을 기본 탐구 능력의 하나로 포함시키고 있다. 즉 측정기능은 탐구 과제를 수행하기 위해 기본적으로 필요한 기능이라고 할 수 있다. 그리고 측정의 세부 평가 항목에는 측정치를 바르게 읽기, 적절한 측정 단위 사용하기, 측정 도구를 선택하기 등이 포함된다(김미경 등, 1996; 우종옥 등, 1992). 이처럼 한국에서는 학생의 측정 기능이 주로 여러 가지 탐구과정 기능 속에 포함되어 평가되어 왔다

(우종옥 등, 1992; 김미경 등, 1996; 정완호 등, 1993).

측정 기능에 중점을 두어 평가한 국내 연구로 정귀향과 김범기(1997)의 연구를 들 수 있다. 그는 초등학생의 길이, 면적, 부피, 모눈 이용능력 등을 평가하였다. 연구 결과 정답률은 길이 과제에서 가장 높았고 면적, 부피 순이었다. 그리고 도구를 이용한 경우보다 사물들을 보고 물리량을 서로 비교하는 능력이 더 높았다. 그들은 학년별로 측정을 다른 방법으로 가르쳐야 한다고 주장하였다.

서정아 등(2000)은 초등학생 72명, 중1 학생 69명, 중3 학생 80명을 대상으로 측정 능력 평가를 실시하였다. 눈금 읽기 능력을 평가하기 위해서 개별 수행 평가를 실시하였는데, 이 연구에서 학생 개개인은 서류 봉투의 가로세로 길이, 물의 온도, 물의 부피 등을 실험실에서 주로 사용하는 주어진 측정 도구를 사용하여 측정하였다. 이 연구는 눈금 읽기뿐 아니라 측정 도구 및 단위와 관련된 개념을 평가하였는데 이를 위해 그림과 사진이 그려진 질문지를 사용하였다. 이 연구 결과 눈금 읽기 능력 면에서 각 학년마다 적어도 10% 이상의 학생들이 최소 눈금의 5배 이상의 측정오차를 내었고, 특히 질량이나 부피 측정의 경우 그 수가 더욱 증가하였다. 측정 도구에 대한 학생의 개념을 조사한 결과, 학생들은 물리량 개념이 정확하지 않아 측정 도구가 측정할 수 있는 물리량을 제대로 지적하지 못하였다. 또한 질량, 무게, 부피, 힘 등의 단위를 어려워하고 있음을 알 수 있었다.

APU 연구(Schofield, 1989)에서는 1982년(n=916명)과 1984년(n=842명)에 걸쳐 11, 13, 15 학년 아동들의 측정 능력에 대한 조사를 하였다. 842명을 대상으로 한 1984년 연구에서 측정 도구에 새겨진 최소 눈금만큼의 오차, 즉 ±1 최소 눈금의 오차를 기록한 학생의 백분율을 조사한 결과, 메스실린더, 용수철저울, 윗접시 저울, 자, 온도계, 초시계 중에서는 온도계(72%)를 가장 정확하게 읽었고, 그 다음으로 용수철저울(62%), 메스실린더(50%), 자(43%), 초시계(33%), 마지막이 윗접시 저울(29%) 순서이었다. 아동들이 눈금을 읽을 때 주로 범하는 오류 중의 하나로 근접한 곳에 숫자가 적힌 눈금이 있다면 숫자가 적힌 그 눈금을 읽는 오류, 실제 값의

$\frac{1}{10}$, ×10, ×100 등으로 읽는 오류, 작은 눈금이 2단위씩 증가할 때 이를 1단위로 읽는 오류, 작은 눈금을 거꾸로 된 방향으로 읽는 오류(예를 들어 48을 52로 읽음), 큰 눈금과 작은 눈금의 혼동(예를 들어 30.3을 33으로 읽음) 등이 있다. 이 연구는 그 외에도 학생들이 자, 힘 측정 기구, 메스실린더, 초시계를 이용하여 직접 조작하고 측정하는 능력과 단순히 눈금을 읽는 능력 사이에는 차이가 있음을 알아내었다.

이상의 문헌 조사 결과를 볼 때 학생들의 어림 능력이 높지 않으리라는 점을 예상할 수 있다. 또 일부 측정 도구의 경우 학생들이 측정을 잘못하여 측정값이 큰 오차를 내는 경우가 적지 않음을 알 수가 있다.

Ⅲ. 연구의 방법

1. 연구 대상과 시기

(1) 연구 대상

1) 사전 연구

차수어림 실태조사: 객관식 평가로서 실물 없이 물리량 어림하여 대략적인 차수를 맞추기

중학교 1학년 227명(남 129명, 여 98명), 중학교 3학년 221명(남 107명, 여 114명)이다. 남학생 236명, 여학생 212명이 연구로 전체 참여 학생 수는 448명이었다. 서울 시내에 있는 K 중학교 학생들이 참여하였다.

어림 실태조사: 주관식 평가로서 실물을 보고 물리량의 크기를 어림하기

이 연구의 대상으로 중학교 2학년 남학생 73명과 여학생 67명을 서울 시내 의 두 학교에서 추출하였다.

2) 본 연구

연구 대상은 서울 시내에 위치한 중학교의 1학년 학생 192명, 중학교 3학년 140명이었다. 모두 남학생이었다. 밀도 수업 참여 학생 수는 어림먼저반이 93명, 측정먼저반이 94명이었고, 속력 수업 학생 수는 어림먼저반이 89명, 측정먼저반이 93명, 에너지 수업의 경우 어림먼저반이 65명, 측정면

저반이 65명이었다. 그중 면담 분석을 실시한 학생들은 밀도 수업 참여 학생 중 6명이었는데, 어림먼저반에서 3명, 측정먼저반에서 3명을 대상으로 하였다.

종합적으로 연구 대상 학생을 표 Ⅲ-1에 제시하였다.

표 Ⅲ-1. 연구 대상

학년	개념	반 구분	학생 수(명)
1	속력	어림먼저반	89
		측정먼저반	93
1	밀도	어림먼저반	93(면담 3명)
		측정먼저반	94(면담 3명)
3	에너지	어림먼저반	65
		측정먼저반	65

(2) 연구 시기

1) 사전 연구

실물 없이 물리량을 어림하여 대략적인 차수를 맞추는 능력에 대한 실태조사(차수어림 실태조사)를 1997년 12월에 실시하였고, 물체를 보고 물리량을 어림하는 능력 및 어림하는 방법(어림 실태조사)에 대한 실태조사를 1998년 7월에 실시하였다.

2) 본 연구

본 연구의 수업을 1999년도 학년 말에 실시하였다. 1학년의 경우 11월 중순에 속력에 대하여 교실에서 이론 학습을 한 후 어림활동과 측정활동을 실시하였다. 기말 고사 후 12월 초에 밀도에 대하여 어림활동과 측정활동을 실시하였다. 3학년은 12월 초에 에너지에 대하여 어림활동 및 측정활동을 하였다. 정확한 실시 일자는 부록 1에 첨부하였다.

2. 본 연구의 수업 적용

(1) 수업과정

학생들을 어림먼저반과 측정먼저반으로 나누어 수업을 실시하였다. 어림먼저반은 어림활동을 한 다음 측정활동을 하는 반이었고, 측정먼저반은 측정활동을 한 후 어림활동을 하는 반이었다. 속력, 밀도, 에너지 개념 모두 이와 같이 나누어 실시하였는데 1학년은 속력과 밀도에 대한 어림과 측정활동에 참여하였고, 3학년은 에너지에 대한 어림과 측정활동에 참여하였다.

어림활동은 두 차시로 구성되었다. 첫 번째 시간에는 값을 비교하는 과정으로서 각 물리량의 값을 학생들이 흔히 경험할 수 있는 물체의 물리량과 비교할 수 있도록 자료를 제공하여 제시된 물리량의 값이 어느 정도의 크기를 지니는지 직관적으로 알도록 하였고, 해당 물리량의 기본 단위를 소개하는 자료를 제공하였다. 두 번째 시간에는 실제 물체를 보고 그 물리량의 크기를 어림하는 활동을 하였다.

측정활동 역시 두 차시로 나누어 실시하였다. 속력 개념에 대한 측정활동은 '친구가 걸어가는 속력 측정하기'와 '떨어지는 물체의 속력을 측정하기' 실험을 하였다. 밀도 측정활동에서는 고체와 액체인 물질의 밀도를 측정하는 실험을 실시하였으며 에너지 측정활동에서는 위치에너지와 운동에너지를 측정하는 실험을 하였다.

1학년의 밀도, 속력 수업과 3학년의 에너지 수업과정 및 평가 과정은 그림 Ⅲ-1, Ⅲ-2와 같다.

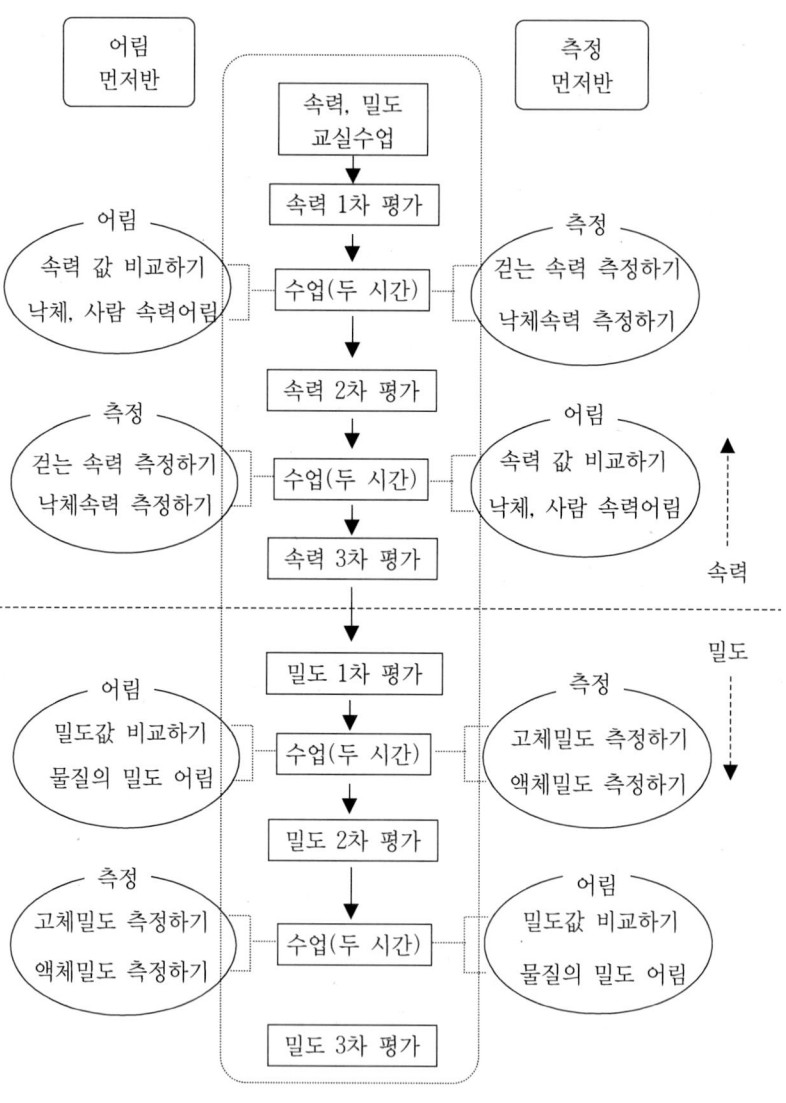

그림 Ⅲ-1. 밀도, 속력 수업과정

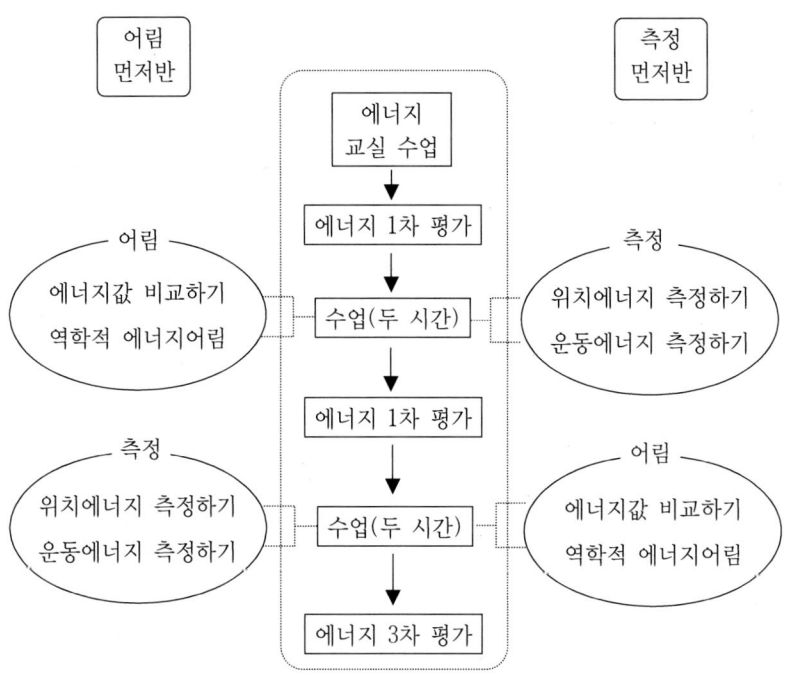

그림 Ⅲ-2. 에너지 수업과정

(2) 어림활동 내용

여기서는 각 활동의 내용을 개략적으로 설명하고 구체적인 활동지는 부록 2에 제시하였다.

1) 속력 어림활동의 내용

속력 어림활동 1에서는 제공받은 자료를 통하여 개미, 자동차, 지하철 등 다양한 물체의 속력을 km/h 단위와 m/s 단위로 비교하여 보고, km/h 와 m/s 단위의 크기에 대하여 비교하였다. 그리고 떨어지는 물체의 속력의 경우, 각 물체마다 속력이 공기 저항에 의해 달라진다는 것을 공부하였다. 마지막으로 학생들은 각 물체의 속력을 모눈종이에 그래프로 표현하여 소리나 비행기 등 빠른 물체와 거북이나 개미 등 느린 동물의 속력을 비교하였고 빛의 속력이 얼마나 빠른 것인지 비교하였다.

속력 어림활동 2에서는 친구가 걸어가는 속력을 어림하고 물체가 떨어지는 속력을 어림하는 활동을 하였다. 이 활동을 한 다음에는 각 조별로 그 값을 비교하였다.

2) 밀도 어림활동의 내용

밀도 어림활동 1에서는 금의 밀도값과 얼음의 밀도값을 통하여 그 값이 어떤 차이를 주는지에 대하여 토론하였다. 즉 가로, 세로, 높이가 각각 30cm인 금 덩어리의 무게는 성인 남자(몸무게 대략 70kg) 7명의 무게와 비슷하다는 것, 그리고 같은 크기의 얼음 덩어리는 그보다 훨씬 가벼워서 아이 한 명의 무게와 비슷하다는 것을 그림을 통해 보았다. 또한 태양이 지구보다 훨씬 무겁지만 태양 $1\ cm^3$의 질량은 지구 $1\ cm^3$의 질량보다 가볍다는 사실을 통하여 커다란 물체라도 밀도가 작을 수도 있음을 논의하였다.

밀도 어림활동 2에서는 사람, 쇠로 만든 추, 나무 도막을 가지고 밀도를 어림하였다. 또한 지구상에 있는 고체, 액체, 기체의 밀도가 대략 어느 정도의 범위인지 토론하도록 하였다.

3) 에너지 어림활동의 내용

에너지 어림활동 1에서 학생들은 에너지의 값을 비교하였다. 폭탄이 폭발할 때의 에너지, 원자폭탄의 에너지, 화산 폭발의 에너지 등의 값을 비교하였다. 그리고 10J~50J, 100J~500J, 1000J~5000J 정도의 에너지가 어느 정도의 일을 할 수 있는지에 대하여 비교해 보았다.

에너지 어림활동 2에서는 걷고 있는 교사의 운동에너지, 가방을 들고 있을 때 가방의 위치에너지 등을 어림하고 이와 함께 여러 가지 전기 기구의 전기에너지 소비량을 비교하는 과정이 있었다.

(3) 측정활동 내용

1) 속력 측정활동의 내용

속력 측정활동 1에서는 교실 바닥에 1m 간격의 테이프를 여러 개 붙이고 한 학생을 걸어가게 한 다음 각 테이프를 지나는 순간마다 시간을 측정하여 속력을 계산하였다. 그 결과를 그래프로 그려서 친구가 걸어가는 속력의 변화와 평균 속력을 측정하였다.

속력 측정활동 2에서는 추에 기록테이프를 붙여 시간기록계를 통과하게 하고 낙하하는 추의 속력을 측정하도록 하였는데, 학생들은 실험에서 바닥에 떨어지기 직전의 속력을 계산하였다. 이를 통해서 학생들은 물체가 낙하할 때 점점 속력이 빨라진다는 것과 시간기록계를 이용한 속력 계산법 등을 학습하였다.

2) 밀도 측정활동의 내용

밀도 측정활동 1에서 학생들은 동전의 밀도를 측정하였다. 동전의 밀도가 얼마인지 측정하고 동전의 성분이 무엇인지 토론하였다.

밀도 측정활동 2에서는 음료수(사이다)의 밀도를 측정하였다.

3) 에너지 측정활동의 내용

에너지 측정활동 1에서는 움직이는 수레를 통하여 속력과 운동에너지를 측정하였다. 기록 타이머를 이용하여 수레의 속력을 구하고 속력에 따라 한 일의 양 비교를 통하여 속력이 운동에너지와 어떤 관계가 있는지를 측정하였다.

에너지 측정활동 2에서는 추의 질량과 위치에너지를 측정함을 통하여 질량이 무거울수록 추의 위치에너지가 크다는 것을 알아내었다.

3. 검사 도구와 방법

(1) 사전 연구 검사 도구와 방법

본 연구를 실시하기 전에 중학교 학생들의 어림 능력을 조사하였다. 실태 조사는 두 번에 걸쳐 실시하였다.

첫 번째 실시한 차수어림 실태조사는 중학교 1학년과 3학년을 대상으로 하였는데, 실물이 없이 물체의 물리량을 어림하여 가장 근사한 값을 주어진 보기 중에서 선택하는 능력을 평가하였다. 보기의 값들은 차수를 서로 다르게 배치하여, 학생들이 대략적인 차수를 어림할 수는 있는지 평가하였다. 6지선다형 객관식 평가 문항이었고, 각 물리량, 즉 길이, 부피, 질량, 밀도, 속력에 대하여 3문항씩을 출제하였다. 예를 들면 다음과 같다.

---

1. 길이: 가장 해답에 가까운 답을 고르시오.
 (1) 10량짜리 2호선 지하철의 길이는 대략 얼마일까?
   ① 20000m   ② 5000m   ③ 200m
   ④ 10m   ⑤ 5m   ⑥ 0.2m

그림 Ⅲ-3. 사전연구 1의 어림 능력 평가 문항 예시

위 문제에서 10량짜리 지하철의 길이를 대략 170m 정도라고 볼 때 해답은 ③번, 즉 200m이다. 이때 해답에 가까운 순서대로 ④, ② 등의 답을 선택한 학생에게는 부분 점수 2점을 주었다 그 다음으로 ⑤, ①에 대해서는 1점을, 그리고 ⑥에 대해서는 점수를 주지 않았다.

두 번째 실시한 어림 실태조사는 2학년을 대상으로 주관식 평가를 실시하였는데, 실물을 제시하고 그 물체의 물리량을 어림하여 기록하도록 하였다. 그리고 평가 후에 일부 학생들을 선택하여 어떤 방법으로 어림을 하였는지 면담하여 분석하였다. 학생의 어림값이 정답의 10% 이내이면 3점, 20% 이내이면 2점, 50% 이내이면 1점을 주었다. 문제의 예를 들면 다음과 같다.

---

1. 여러분이 앉아 있는 교실의 가로 길이는 대략 얼마나 될까?
2. 참외의 질량은 대략 얼마일까?

그림 Ⅲ-4. 사전연구 2의 어림 능력 평가 문항 예시

실제로 사용한 사전 실태 조사의 평가 문항은 부록 4에 제시하였다.

(2) 본 연구의 검사 도구와 방법

각 검사 도구에 대한 개략적인 설명은 다음과 같다. 각 검사 도구는 부록 5부터 부록 13까지 제시하였다.

1) 어림 능력 검사 도구와 방법

어림 능력 검사 도구는 두 개의 평가 문항으로 되어 있다. 속력 어림 능

력 검사 도구에서 첫 번째 평가 문항은 걸어가는 선생님의 속력을 어림하는 것이고, 두 번째 평가 문항은 주어진 보기에 있는 여러 가지 물체 혹은 동물 중에서 그 속력이 대략 $10\,m/s$에서 $40\,m/s$인 것을 모두 고르는 것이었다.

밀도 어림 능력 검사 도구의 첫 번째 평가 문항은 플라스틱 자, 사과, 유리판 등의 밀도를 어림하는 것이었다. 두 번째 문제는 보기에 있는 여러 가지 물질 중에서 그 밀도가 주어진 범위에 속해 있는 물질을 모두 선택하는 문항이었다.

에너지 어림 능력 검사 도구의 첫 번째 평가 문항은 교탁 위에 가만히 놓여있는 물체의 위치에너지를 어림하는 것이었다. 두 번째 문항은 보기에 주어진 여러 가지 운동 상태 혹은 물체의 위치 중에서 역학적 에너지의 크기가 주어진 범위에 속해 있는 것을 선택하는 것이었다.

모든 어림 문항은 답을 쓰고 그 이유를 적는 형태였다.

어림 평가 문항의 예는 그림 III-5와 같다.

---

1. 다음 물질의 밀도를 어림하시오(단위도 쓰시오).
   플라스틱 자:
   어떤 방법으로 플라스틱 자의 밀도를 어림하였는가?

2. 다음 보기를 보고 물음에 답하시오.
   〈보기: 나무 도막, 사과, 순금반지, 스티로폼, 철, 알루미늄, 공기〉
   위의 보기 중에서 그 밀도가 대략 $0.5\,g/cm^3$에서 $1\,g/cm^3$ 사이의 물질을 모두 골라 적으시오:
   어떤 방법으로 답을 선택하였는가?

그림 III-5. 어림 능력 평가 문항 예시

2) 측정 능력 검사 도구와 방법

측정 능력은 지필로 평가하였다. 세 가지 영역으로 구분하여 평가하였는데 첫 번째 영역은 측정방법을 잘 계획하는지, 두 번째 영역은 측정 단위를 올바르게 선택하는지, 마지막 영역은 그림으로 제시된 눈금을 정확하게 읽는 지에 대한 것이었다. 측정 계획, 측정 단위, 측정 눈금 읽기 과제에 대한 평가 문항의 예시는 다음 그림 Ⅲ-6과 같다.

---

6. 친구가 걸어가는 평균적인 속력을 측정하고자 한다. 적절한 도구들을 선택하고 어떻게 측정할 것인지 계획하라.

보기: 5m 줄자, 스톱워치, 윗접시 저울, 메스실린더, 초침이 없고 분침만 있는 시계, 20cm 자, 10cm 자, 비커
(1) 어떤 측정 도구를 선택할 것인가?
(2) 어떻게 측정할 것인지 그 방법을 구체적으로 적으시오.

7. 속력의 단위를 골라서 모두 동그라미 하시오.
m/s, h/km, km/h, 초/분, 초/cm, g/cm^3, kg/m^3, kg중, $kg \cdot cm$, cm/s

8. 다음 그림에 나타난 물체의 길이와 시간을 단위까지 쓰시오.
(1) 길이:_____   (2) 시간:_____

그림 Ⅲ-6. 측정 능력 평가 문항 예시

속력 측정 능력의 평가 문항 중 측정 계획 영역에서는 걸어가는 사람의 속력을 측정하고자 할 때 필요한 측정 도구들을 주어진 보기에서 적절한 것으로 선택하고 그 방법을 구체적으로 적는 것이었다. 측정 단위 영역에서는 보기에 제시한 다양한 단위 중 속력 단위를 모두 고르도록 하였다.

눈금 읽기 영역에서는 그림으로 제시한 플라스틱 자와 초시계의 눈금을 읽고 기록하도록 하였다.

밀도 측정 능력의 평가 문항의 경우 측정 계획 영역에서는 물질의 밀도를 측정하기 위해 필요한 도구를 선택하여, 측정 방법을 적도록 하였고, 단위 영역에서는 보기의 단위 중에서 밀도의 단위를 모두 고르도록 하였다. 눈금 읽기 영역에서는 그림으로 제시된 분동의 질량을 합산하는 것과 메스실린더의 눈금을 읽는 것으로 구성하였다.

에너지 측정 능력 평가 문항의 측정 계획 영역에서는 문항에 주어진 물체의 운동에너지와 위치에너지를 측정하고자 할 때 필요한 도구를 선택하고 그 측정 방법을 서술하도록 하였다. 단위 영역에서는 보기에서 에너지의 단위를 모두 고르도록 하였고 눈금 읽기 영역에서는 부엌용 저울, 초시계, 플라스틱 자의 눈금을 읽도록 하였다.

3) 속력, 밀도, 에너지의 개념 이해와 문제해결 과정 검사 도구 및 방법

문제와 관련된 개념을 이해하고 있는지에 대한 평가 및 문제해결 과정 검사 도구는 다음과 같다. 문제해결 과정은 해답예측 과정에서 개념을 적용하는 과정, 문제의 계산과정, 그리고 반성과정에 대한 평가로 이루어졌다.

① 문제에 관련된 개념 이해 능력

속력에 대한 개념 이해 영역의 문항은 등속 직선 운동하는 물체를 0.1초 간격으로 찍은 사진들을 제시하고 속력을 비교하는 것과 한 학생이 다양한 장소에 도착한 거리와 시간을 제시하고 속력이 가장 빨랐던 구간을 선택하는 것으로 구성되었으며 선택한 이유를 적도록 하였다. 속력 개념 이해를 묻는 평가 문항은 아래 그림 III-7과 같다.

1. 움직이는 물체를 0.1초 간격으로 사진을 찍었더니 첫 번째와 같은 모습으로 사진이 찍혔다. 이번에 다른 물체를 동일한 0.1초 간격으로 사진을 찍었더니 두 번째와 같은 모습이 찍혔다.

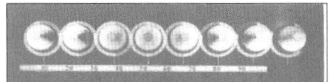   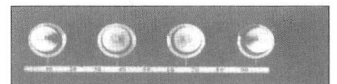

첫 번째 사진   두 번째 사진

(1) 첫 번째 물체의 속력이 5m/s라면 두 번째 물체의 속력은?
(2) 그렇게 생각한 이유를 자세히 적으시오.

그림 Ⅲ-7. 개념 이해 능력 평가 문항 예시

밀도 개념 이해 영역의 분항에서는 큰 물실의 일부를 떼어내었을 때, 떼어낸 작은 조각의 밀도가 큰 물질에 비해 어떠한지를 적도록 하고 그 이유를 쓰도록 하였다. 두 번째로, 동일한 부피이지만 서로 다른 물질의 질량을 비교하고 그 이유를 서술하는 문항으로 구성하였다.

에너지 개념 이해 영역은 단진자가 되돌아오다가 못에 걸렸을 때 어느 높이까지 올라가는지 선택하는 문항과 경로를 달리하여 높은 곳에 올라간 물체의 위치에너지를 비교하는 문항으로 구성되었다.

② 해답예측 과정에서 개념을 적용하는 능력

속력 문제에 대한 해답예측 과정에서 개념을 적용하는 능력은 두 가지의 평가 문항으로 구성되었다. 지하철(혹은 철도)이 주어진 시간 동안 얼마의 거리를 이동하는지와 높은 건물에서 떨어지는 물체가 얼마 후에 땅에 떨어지는지를 예측하도록 하는 문항이었다(그림 Ⅲ-8).

68

> 2. 어떤 사람이 그림에 있는 높은 건물에서 테니스공을 떨어뜨렸다. 이 사람
>   이 떨어뜨린 공이 바닥에 떨어질 때까지 걸리는 시간을 구하라.(빌딩의
>   높이는 대략 225m이다)
> 예측값:
>   어떻게 해서 떨어지는 데 걸리는 시간을 예측해 내었는가?

그림 Ⅲ-8. 해답예측 과정에서 개념을 적용하는 능력 평가 문항 예시

밀도 영역의 평가 문항은 부피가 동일한 두 물체를 제시하고 그 물체의
질량을 예측하도록 하는 문항과 질량이 다른 두 물체의 부피를 예측하는
문항으로 구성되었으며 두 문항 모두 그 이유를 서술하도록 하여 밀도 관
련 개념을 예측과정에서 타당하게 적용하는지를 평가하였다.

에너지 개념 적용 영역은 주어진 높이에 있는 사람의 역학적 에너지를
대략적으로 예측하도록 하는 문항과 높은 곳에서 낮은 곳으로 내려오는 물
체의 마찰에 의한 에너지 손실이 어느 정도나 될 지를 예측하도록 하는 문
항으로 구성되었다. 둘 다 예측과정에서 관련 개념을 타당하게 적용하는지
를 평가하였다.

③ 문제 계산 능력

문제 계산 영역의 문항에서는 제공된 정보를 이용하여 계산을 하는 능력
을 평가하였다. 예를 들어, 속력 1번 문항에서는 속력과 시간을 제시하여
거리를 계산하도록 하였고, 2번 문항에서는 거리와 속력을 제시하여 시간을
계산하도록 하였다. 아래의 예는 속력 계산 영역의 평가 문항 중 2번이다.

> 2. 어떤 사람이 그림에 있는 높은 건물에서 테니스공을 떨어뜨렸다. 이 사람
>   이 떨어뜨린 공이 바닥에 떨어질 때까지 걸리는 시간을 구하라.(빌딩의 높
>   이는 대략 225m이다)
>   아래에 제시된 정보를 이용하라.
>   ·3초가량 일정한 비율로 가속되어 30m/s가 됨.
>   ·3초가 지난 후엔 공기의 저항 때문에 테니스공의 속력은 30m/s 이상으로
>   증가하지는 않음.

그림 Ⅲ-9. 계산 능력 평가 문항 예시

밀도 계산 영역은 문항에서 제시한 밀도값과 부피값을 이용하여 질량을
계산하는 문항과 밀도값과 질량값을 이용하여 부피를 계산하는 문항으로
구성되었다.

에너지 계산 영역은 역학적 에너지를 계산하는 문항과 마찰에 의한 열
손실을 계산하는 문항으로 구성되어 문제의 해답을 식을 이용하여 계산해
내는 능력을 평가하였다.

④ 문제의 해답에 대한 반성 영역

반성 과정 영역은 "나의 해답이 옳다고 생각하는가 아니면 틀리다고 생
각하는가?", "왜 그렇게 생각하는가?"의 두 질문으로 구성되었다. 학생들이
자신의 해답을 옳다고 확신하는지를 스스로 판단하고 그 이유를 적도록 하
였다.

4. 자료 분석 방법

각 지필 평가지는 회수하여 미리 작성된 평가 점수표에 따라 점수를 매
겼다. 어림 능력, 측정 능력, 개념 이해력, 개념 적용력, 계산력 모두 최고

점을 10점으로 환산하였으며 부분 점수가 있었다.

(1) 어림 능력 분석 방법

각 개념당 두 문항으로 어림 능력을 평가하였는데, 한 문항당 10점을 주고 모두 합한 후 2로 나누어 어림 능력의 만점이 10점이 되도록 조정하였다. 첫 번째 형태의 어림 평가 문항, 즉 제시된 물체의 물리량을 어림하는 문제의 경우 참값의 10% 이내에 있으면 5점, 20% 이내에 있으면 4점, 50% 이내에 있으면 3점, 80% 이내에 있으면 1점을 주었다. 그리고 어림 방법도 타당하고 설명이 자세하면 5점, 설명이 부족하면 3점, 설명이 없으면 0점을 주었다.

두 번째 형태의 어림 평가 문항은 각 물리량의 크기에 해당하는 물체나 물질을 보기에서 선택하는 문항이었는데, 옳은 것을 모두 고르면 5점을 주고 그중 하나만 선택하면 3점을 주었다. 틀린 것이 하나 들어갈 때마다 2점을 감점하였으나 최하점은 0점으로 하였다. 이유 설명 유형을 평가하여 어림의 과정이 자세히 나오고 타당하면 5점, 설명이 좀 간략하고 부족하면 3점, 설명이 없으면 0점을 주었다. 전체적인 채점 기준을 표 Ⅲ-2에 제시하였다.

표 Ⅲ-2. 어림 능력 평가 문항에 대한 채점 기준표

어림 능력	점수	해당 답안
1번 답	5점	참값의 10% 미만
	4점	참값의 10% 이상 20% 미만
	3점	참값의 20% 이상 50% 미만
	1점	참값의 50% 이상 80% 미만
1번 이유 설명	5점	어림 방법이 타당. 설명이 자세함
	3점	설명이 부족함
	0점	설명이 없음
2번 답	5점	모두 옳은 답을 고름
	3점	옳은 답을 한 가지만 고름
	감점 2점씩	틀린 답을 택할 때마다
2번 이유 설명	5점	어림 방법이 타당. 설명이 자세함
	3점	설명이 부족함
	0점	설명이 없음

(2) 측정 능력 분석 방법

측정 능력 지필 평가 점수는 측정 계획 10점, 측정 단위 10점, 눈금 읽기 10점으로 총 30점인데, 이를 평균을 내어 만점이 10점이 되도록 환산하였다.

1) 측정 계획

측정 도구 선택 5점, 계획 작성 5점인데, 측정 도구는 정확하게 꼭 필요한 도구를 모두 선택하면 5점, 필요한 것 외에 불필요한 것이나 비효율적인 것이 더 들어가면 3점, 필요한 것을 모두 선택하지 못하였을 뿐만 아니라 불필요한 것까지 포함되면 1점을 주었다.

측정 방법 서술 역시 정확하면 5점을 주었는데, 비효율적이나 가능한 경우는 3점을 주었고 측정이 불가능한 경우 0점을 주었다.

2) 단위 선택

정확한 단위를 모두 선택한 경우 10점을 주었다. 그중 한 가지를 빠뜨린 경우 5점 감점을 하였고 다른 단위를 선택할 때마다 2점씩 더 감점하였다 (표 Ⅲ-3).

3) 눈금 읽기

눈금 읽기의 경우 측정값이 참값의 10% 이내에 있으면 10점, 20% 이내에 있으면 8점, 50% 이내에 있으면 6점, 80% 이내에 있으면 2점을 주었다. 측정 능력 평가 틀을 표로 나타낸 것은 다음 표 Ⅲ-3과 같다.

표 Ⅲ-3. 측정 능력 평가 문항에 대한 채점 기준표

측정능력		점수	해당 답안
측정 계획	도구선택	5점	필요하고 적절한 도구 선택
		3점	불필요한 도구가 포함됨
		1점	비효율적인 도구로만 측정 시
	계획서술	5점	정확
		3점	맞기는 하지만 비효율적임
		0점	틀림
단위 선택		10점	정확한 단위를 모두 고름
		5점	옳은 단위 중 한 가지를 못 고름
		감점 2점씩	틀린 답을 택할 때마다
눈금 읽기		10점	참값의 10% 미만
		8점	참값의 10% 이상 20% 미만
		6점	참값의 20% 이상 50% 미만
		2점	참값의 50% 이상 80% 미만

(3) 개념 이해력 분석 방법

개념 이해력에 대한 두 문항에서 각 평가 문항당 5점씩 배점하였으므로 총점이 10점이었다. 각 문항별로 정답이면 3점을, 이유 설명이 옳으면 2점을 주어 총 5점이며 정답이지만 이유 설명이 없으면 3점만 부여하였다(표 Ⅲ-4).

표 Ⅲ-4. 개념 능력 평가 문항에 대한 채점 기준표

개념 이해	점수	해당 답안
답	3점	정답을 선택함
이유 설명	2점	옳은 설명
	1점	불확실한 설명

(4) 해답예측 과정에서 개념을 적용하는 능력 분석 방법

연구자는 학생들의 예측 방법을 조사하여 분석하고 이를 점수화하였는데, 만일 학생이 근거도 없이 단순히 추측하여 답을 하였다면 점수를 주지 않았고, 관련 개념을 적용하여 근거 있게 자신의 답을 적은 경우에 점수를 주었다. 예를 들어, 슬로프를 내려가는 스키 선수가 20m 아래로 미끄러져 갔을 때 어느 정도의 에너지가 마찰에 의해 손실되었을지 예측하라고 한 경우, 만일 학생들이 스키와 눈의 마찰력이 그리 크지 않고, 경사가 높지 않다는 것 등을 언급하며 손실 에너지의 값을 근거 있게 추측하면 그 값이 비록 좋은 추정치가 아니었다고 하더라도 그 학생은 3점 이상의 점수를 받았다.

해답을 예측하는 과정에서 개념을 적용하여 타당하게 예측한 경우, 예측 값에 관계없이 5점, 예측과정은 타당하기는 하지만 설명이 너무 간단하여 개념 적용이 정확히 드러나지 않은 경우 3점, 설명이 없는 경우 0점으로 하였다. 예측과정에서 개념 적용력을 평가한 문항이 총 두 개이므로 총점은 10점이었다(표 Ⅲ-5).

표 Ⅲ-5. 해답예측 과정에서 개념을 적용하는 능력 평가 문항에 대한 채점 기준표

	점수	해당 답안
예측 과정에서의 개념적용	5점	개념을 적용하여 타당하게 예측
	3점	예측 과정은 비교적 타당하나 개념 적용에 대한 설명이 불확실
	0점	틀린 설명

(5) 계산 능력 분석 방법

각 문항마다 계산 결과가 옳은 경우 3점, 과정이 옳은 경우 2점을 주어 5점이 배점되었고 문항이 두 개이므로 총 10점 만점이었다(표 Ⅲ-6).

표 Ⅲ-6. 계산 능력 평가 문항에 대한 채점 기준표

계 산	점수	해당 답안
결 과	3점	계산 결과가 옳은 경우
이유 설명	2점	옳은 계산과정
	1점	불확실한 계산과정과 설명

(6) 면담과 활동 프로토콜의 분석 방법

면담자는 밀도 어림활동 참여 학생들로 제한하였다. 어림먼저반과 측정먼저반 각 3명씩 희망자를 구하여 선정하였다. 면담자는 어림활동이나 측정활동을 할 때 같은 조에서 활동을 함께 하도록 하였으며, 그 조의 활동 내용은 녹음을 하여 기록을 남겼다. 면담자를 활동 전후에 면담하였는데, 각 면담자는 우선 지필로 문제를 풀고 자신이 적은 답에 대하여 왜 그렇게 적었는지 연구자에게 설명하도록 하였다. 면담은 수업 외 시간을 활용하여 실시하였다.

Ⅳ. 연구 결과

1. 사전 연구 결과

(1) 차수어림 실태조사

실물 없이 물리량을 어림하여 대략적인 차수를 맞추기를 통하여 어림 능력에 대한 실태를 조사하였다. 학생들에게 지하철 등 일상생활에서 접하기 쉬운 물체의 물리량, 예를 들면 길이나 속력이 어느 정도인지 그 차수를 어림할 수 있는지에 대하여 객관식 평가를 한 결과는 다음 표 Ⅳ-1과 같다.

표 Ⅳ-1. 차수 어림 능력 실태 조사 결과:
점수별 학생 빈도수(괄호 안은 %)와 문항별 평균 점수

물리량	물체	0점 (매우 큰 오차)	1점 (큰 오차)	2점 (보통)	5점 (근사)	평균	표준 편차	응답자수 (명)
길이	지하철	$0^a(0)^b$	19(4.3)	97(21.9)	328(73.9)	4.17	1.40	444
	볼 펜	0(0)	43(9.8)	90(20.6)	305(69.6)	3.99	1.55	438
	교 실	0(0)	11(2.6)	99(23.0)	321(74.5)	4.21	1.36	431
부피	수 박	10(2.3)	245(56.3)	111(25.5)	69(15.9)	1.87	1.44	435
	쓰레기봉투	16(3.7)	66(15.4)	147(34.3)	200(46.6)	3.17	1.77	429
	마을버스	1(0.2)	25(5.9)	185(43.4)	215(50.5)	3.45	1.58	426
질량	실내화	5(1.1)	43(9.7)	112(25.2)	284(64)	3.80	1.63	444
	티 코	1(0.2)	17(3.9)	112(25.3)	312(70.6)	4.07	1.45	442
	의 자	4(0.9)	17(3.9)	138(31.6)	278(63.6)	3.85	1.54	437
밀도	쇠 못	10(2.3)	118(27)	185(42.3)	124(28.4)	2.54	1.62	437
	스티로폼	12(2.8)	130(30.0)	194(44.8)	97(22.4)	2.32	1.53	433
	귤	11(2.54)	92(21.3)	206(47.6)	124(28.6)	2.60	1.59	433
속력	걸 음	3(0.7)	52(12.1)	179(41.6)	196(45.6)	3.23	1.65	430
	개 미	10(2.4)	51(12.0)	249(58.7)	114(26.9)	2.64	1.49	424
	지하철	6(1.4)	39(9.4)	176(42.3)	195(46.9)	3.28	1.65	416

학생들은 물리량 중에서 길이 어림을 비교적 잘하였고 그 다음으로 질량 어림을 잘하였다. 반면 밀도 어림의 평균 점수가 가장 낮았고 부피와 속력 어림 점수도 낮았다. 동일한 물리량이라고 하더라도 물체의 형태에 따라 정답률이 크게 달라졌다. 학생들은 일반적으로 물리량이 작은 경우보다는 큰 경우 차수를 더 잘 어림하여 보기 중에서 선택하였다(표 Ⅳ-1).

각 문항에 대하여 점수별 학생 수를 보면, 정답률이 매우 높았던 길이 문항의 경우에도 25% 이상의 학생들이 참값과 차수가 다른 해답을 선택함을 알 수 있다. 지하철의 길이를 대략 10m 혹은 5000m라고 응답한 학생의 수가 25%를 넘는다. 부피 과제 1번, 즉 수박의 부피를 어림하라는 문항의 경우 참값과 차수가 크게 달랐던 응답(즉 ②번, 1000L이나 ③번, 500L)을 선택한 학생의 수가 56% 정도였다. 과학 시간에 부피를 배우고 측정을 하지만 과반수의 중학생들이 1L가 어느 정도인지도 모르는 채 과학 시간에 부피 계산을 하고 L단위를 사용함을 의미한다고 할 수 있다. 질량을 어림하는 문항에 대한 정답률은 부피 문항보다는 높았지만 질량도 역시 세 가지 물체 모두에 대하여 25% 이상의 학생이 참값과 큰 오차를 가진 보기를 선택하였다.

유도량인 밀도와 속력의 차수 어림은 학생들이 더욱 어려워하여 근사값을 선택한 학생 수가 적었다.

이 연구 결과, 물체의 길이와 질량을 어림하는 경우, 성취도가 물체의 크기 등에 따라 크게 달라지는 않았다. 그러나 부피, 밀도, 속력 등을 어림할 때에는 성취도가 물체에 따라 크게 변함을 볼 수 있었다. 즉 어림하기 어려운 물리량에 대해서 물체의 형태나 크기가 어림 능력에 영향을 주었으나, 단순한 문항의 경우에는 어림 능력에 별다른 영향을 주지 않았다.

학년별 차이는 부피 1번 문항, 즉 수박 한 개의 부피를 어림하는 경우 나타났는데, 3학년이 1학년에 비해 유의미하게 잘하였다(F = -2.42, p<.05). 질량 2번 문항, 즉 자동차의 질량을 어림하는 문제의 경우에는 오히려 1학년이 3학년보다 유의미하게 잘하였다(F = -2.56, p<.05).

성별 차이를 살펴볼 때, 전체적으로 큰 차이가 나지는 않았지만, 길이 어림에 관한 3문항 모두에 대하여 남학생이 여학생보다 더 잘하였다(1번 문항 F = 2.83, p<.01 ; 2번 문항 F = 3.06, p<.01 ; 3번 문항 F = 3.46, p<.01). 그런데 밀도 3번 문항, 즉 귤의 밀도를 어림하는 문제의 경우 여학생이 남학생보다 더 잘하였다(F = -2.21, p<.05).

(2) 어림 실태조사

1) 어림 능력

학생들에게 실물을 제시하고 그 물체의 물리량을 어림하도록 하였다. 학생들은 짧은 시간 어림하기를 잘하였다. 그 다음 길이어림을 잘하였고 가장 어려운 것은 사전 연구 1과 같이 밀도였다. 나머지 질량, 부피, 속력 어림도 3점 만점에 1점 이하로 학생들의 어림 능력이 낮음을 알 수 있었다 (표 IV-2, 그림 IV-1).

표 IV-2. 어림 실태조사 평가 결과

물리량	평 균	표준편차
길 이	1.28[a]	0.98
질 량	0.63	0.82
시 간	2.09	1.33
부 피	0.68	0.76
밀 도	0.12	0.24
속 력	0.60	0.72

[a]: 3점 만점

어림 실태조사 결과를 성별로 비교해 볼 때 밀도를 제외하면 남학생의 어림 능력이 여학생의 어림 능력보다 유의미하게 높았다(표 IV-3). 학생들이 물리량의 차수를 어림하는 능력을 비교해 본 차수 어림실태 조사에서 성별 차이가 길이를 제외하고 나타나지 않았으나 실제로 물체를 보여 주고 그 물리량을 어림하라고 하였을 때에는 밀도를 제외한 물리량에 대하여 성별 차이가 나타났다.

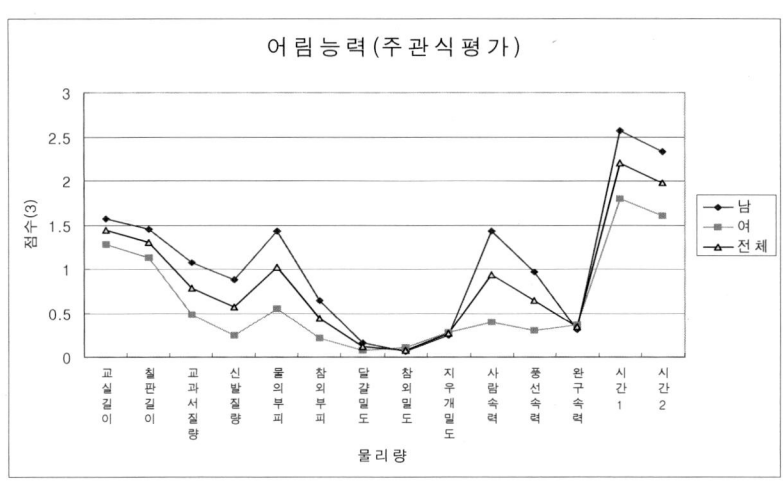

그림 Ⅳ-1. 어림 실태조사 평가 결과

표 Ⅳ-3. 어림 실태조사(성별차)

물리량	성별	학생 수(명)	평균	표준편차	F
길이	남	73	1.44	0.98	4.37*
	여	67	1.10	0.95	
시간	남	73	2.35	0.85	6.01*
	여	67	1.81	1.67	
질량	남	73	0.88	0.87	15.9**
	여	67	0.35	0.66	
부피	남	73	0.98	0.77	28.4**
	여	67	0.35	0.60	
속력	남	73	0.84	0.83	20.2**
	여	67	0.33	0.45	
밀도	남	73	0.11	0.23	0.14
	여	67	0.13	0.26	

* $p < .05$, ** $p < .01$

2) 학생들의 어림 방법조사

학생들이 어떤 방법으로 어림을 하는지, 그리고 어림을 할 때 왜 어려움을 겪는지 알아보기 위하여 면담을 실시하였다. 학생들이 어림을 한 물리량은 길이, 시간, 질량, 부피, 속력, 밀도 6가지였다. 연구자는 6가지의 물리량 중 길이, 시간, 질량, 부피 어림하는 것을 기본 어림이라고 하였고, 속력, 밀도를 어림하는 것은 유도량 어림이라고 하였다. 학생들 중 기본 어림을 가장 잘한 학생들을 선택하여 어림을 하는 방법을 조사하였다. 그 다음 기본 어림은 잘하고 속력(혹은 밀도) 관계식을 잘 아는 데도 불구하고 속력(혹은 밀도)을 어림하지 못하는 학생들을 뽑아 속력(혹은 밀도) 어림을 어려워하는 이유를 조사하였다.

① 기본 어림을 잘하는 학생들이 어림을 하는 방법

기본 물리량에 대한 어림 점수가 상위 10% 이내인 학생들 중 두 명을 대상으로 면담을 실시하였다. 길이, 부피, 질량, 시간 등에 대한 어림을 하게 하고 그 방법을 설명하도록 하였다. 호영이와 철영이는 모두 기본 어림을 잘하였다. 그들은 공통적으로 기본이 되는 단위를 염두에 두고 어림을 하였는데, 자신이 알고 있는 양을 기준으로 비교하였다. 예를 들어 사이다 캔의 부피를 알고 있는 경우 그 캔의 부피와 비교해서 눈으로 물체의 부피가 그보다 큰지, 작은지를 판가름하여 부피를 어림하였다.

따라서 어림을 잘했던 두 명의 학생 모두에게 과거의 경험이 중요한 역할을 하였다. 과거의 경험을 통해 각 물리량을 어림할 때 기준이 되는 물체를 가지고 있었다. 어림을 잘하기 위해서 학생은 부피, 질량이 무엇을 의미하는지를 알아야 했고, 기준이 되는 물체의 물리량을 알고 있어야 하였다.

구체적인 예는 다음과 같다. 길이를 어림할 때, 호영이는 1m를 마음속에 그릴 수 있었고 철영이는 한 팔의 길이가 얼마 정도라고 생각하고 그와 비교하여 길이를 어림하였다.

다음은 호영이가 길이를 어림하는 과정을 면담한 프로토콜이다.

면담자: 길이는 교실 길이를 어림했지요? 이 교실 길이는 한 어느 정도 될
　　　　것 같지요?
호　영: 이거요? 한 6m 정도요.
면담자: 어떻게 알아낸 거지요?
호　영: 그냥, 손이나 눈으로 대충 잡아서 몇 등분 나눈 다음에 생각해 보
　　　　면……
면담자: 손으로 어떻게 한다구요?
호　영: 짐작으로……
면담자: 어떻게 하는지 자세히 설명해 줄래요?
호　영: 대충 잡아서……똑같은 크기로 나누어 등분 나누어……한 등분을
　　　　1m로 잡아서……
면담자: 여기서 어디까지가 1m지요?
호　영: 저기 빨간색 물고기 그림 있는 데까지……
면담자: 그럼 등분은 무슨 말인가요?
호　영: 등분은요……거의 비슷한 거리까지 찍어서 간다구요.
(면담자는 등분을 나눈다는 것으로 처음에 알아들었지만 학생의 의도는
1m의 몇 배인지를 본다는 뜻인 줄 이즈음에서 파악함)

철영이는 교실의 길이를 어림하기 위해서 자기의 팔 벌이를 이용하였다.

면담자: 어떻게 어림했지요?
철　영: 팔 벌이가 약 1m 정도니까 팔 벌이 두 번 반 하면 약 2미터 5 정도.
　　　　……

그런데 이 철영이의 경우 팔 벌이를 1m라고 하였는데, 그 의미는 자신
의 팔 한쪽의 길이를 뜻한다.
질량을 어림하기 위해 호영이는 시장에서 과일을 샀던 기억을 떠올렸다.

면담자: 질량은 어떻게 어림하지요? 한번 들어봐요. 어떻게 질량을 알지요?
호　영: 매일 들어보니까요. 질량은 쪼금 알아요.

면담자: 어떻게 들어보았지요?

호　영: 그냥, 시장에 가보면 재잖아요. 몇 번 가보면서. 그냥 똑같이 생각
　　　　나는 대로……

면담자: 어떤 시장에서요?

호　영: 과일 살 때……

－중략－

면담자: 어떻게 알지요?

호　영: 1kg이 어느 정도인지 무게를 아니까요. 그것보다는 적으니까 뺀
　　　　건데……조금 느끼니까요.

　　호영이의 면담 예를 보면 알 수 있듯이 학생들이 어림을 할 때 사용한
개념은 과학 시간에 배운 것이 아니라 자신의 고유의 개인적인 경험에 의
한 것이었다. 학생 스스로가 생활을 하면서 경험한 것이 어림과정에 이용
되었다. 한국의 과학교육과정에서 어림을 다루는 과정이 거의 없다는 점이
그 원인 중의 하나라고 여겨진다.

　　철영이는 질량을 어림하기 위해 과거에 야구공을 전자저울에 올려놓았
던 기억을 떠올렸다.

면담자: 대충 어림을 해 봐요.

철　영: 500그램.

면담자: 어떻게 알았지요?

철　영: 들어보면요.

면담자: 기준이 있어요?

철　영: 예. 야구공이요.

면담자: 야구공이 몇 그램인데?

철　영: 이거랑 비슷해요.

면담자: 어떻게 알았어요?

철　영: 야구를 좀 했어요.

면담자: 그래서 그 공을 윗접시 저울로 재어 보았어요?

철　영: 그때 전자저울이 있었거든요. 거기다 재봤어요. ……

철영이가 질량을 대략 어림할 수 있었던 것도 예전에 야구공을 우연히 전자저울에 올려놓아 본 경험에 의한 것이다. 즉 어림을 잘하는 학생들이 어림 능력을 익힌 것은 생활 경험에 근거를 둔 것이며, 과학 실험실에서 하였던 측정이나 과학 수업시간의 교수 학습에 의한 것은 아니었다.

부피 어림을 하기 위해 호영이는 우유팩을 떠올렸다.

> 면담자: 부피는, 대략 몇 밀리 정도일까?
> 호 영: 400밀리.
> 면담자: 어떻게 알았지요?
> 호 영: 우유에 200미리 있잖아요. 이건 좀 크잖아요. 두 개 정도 될 것 같아요.

한편 부피 어림을 할 때 철영이는 비교의 과정이 없이 즉각적으로 어림을 하였고 면담자가 계속 물어 보아도 처음에는 그 기준이 되는 양을 떠올리지 못하였다.

> 면담자: 부피는 어느 정도일까요?
> 철 영: 그땐 대충 해서 잘 몰라요. 보고서 그냥 했어요.
> 면담자: 어느 정도일 것 같아요?
> 철 영: 한 200에서 300 정도
> 면담자: 어떻게 알았지요?
> 철 영: 그냥 보고서요.
> 면담자: 기준이 있어요?
> 철 영: 기준이 없고 느낌적으로……

그렇지만 나중에 철영이는 사이다 병의 부피를 외우고 있다는 점, 그리고 1mL가 어느 정도인지는 알고 있다는 것을 보여주었다. 비록 사이다 병의 부피를 이용하여 어림을 한 것은 아니었으나, 철영이는 기준이 되는 물체의 부피를 이미 알고 있었다.

면담자: 1mL는 어느 정도지요?
철영이: (손으로 표현함: 맞음)
철영이: 이거에 기준하면
면담자: 그게 한 100개 정도가 될까?
철영이: 사이다 병이 300밀리 정도이니깐……

이상의 면담 분석 결과, 학생들이 어림을 잘하게 된 것은 과거의 경험에 의한 학습 효과였으며 과학 실험수업을 통해 향상된 것으로 보이지는 않았다. 학생들이 어림을 할 때에는 과거 경험에 의해 학습한 기준이 되는 단위를 생각하고 있었다.

② 시간과 길이 어림도 잘하고 속력 관계식도 잘 알지만 속력 어림
   을 못하는 학생 면담 결과

기본 물리량에 대한 어림 점수가 높고 속력의 관계식도 잘 알고 있지만 속력 어림을 하지 못하는 학생 두 명을 추출하여 면담을 하였다. 이 면담은 각 학생들이 속력을 어림할 수 있는 기본적인 능력을 갖추었음에도 불구하고 속력 어림을 하지 못하였던 이유를 밝히고자 하는 것이었다.

추출된 두 명의 학생은 영수와 현수였다. 영수와 현수는 기본 어림, 즉 시간과 거리 어림을 잘하는 학생들이었고 속력 관계식도 잘 기억하고 있었다. 즉 속력을 어림할 수 있는 기본이 되는 능력을 가진 학생들이었다. 그런데 이 두 학생은 속력을 어림하지 못하였다.

다음은 영수의 면담 분석 결과이다. 영수는 면담을 시작하였을 때 거리와 시간 각각은 어림할 수 있었다. 또한 속력 관계식도 알고는 있었다.

면담자: 간 거리는 어느 정도일까요?
영 수: 15센티미터
면담자: 시간은?
영 수: 한 5~6초
면담자: 속력은요?

영   수: 한 3 정도……

그런데 영수에게 속력의 단위를 물어 보았을 때 혼동스러워하기 시작하였다.

면담자: 단위는?
영   수: 미터파 세크……헷갈리네. 킬로미터파 아워
면담자: 속력의 작은 단위로는 무엇이 있을까요?
영   수: 몰라요.
면담자: 그러면……미터파 세크 단위로는 얼마일까요?
영   수: ……(침묵)……잘 모르겠어요.
면담자: 센티미터파 세크 단위로는?
영   수: (침묵)……

위의 대화 내용을 보면 알 수 있듯이 영수는 속력을 계산하는 능력을 가지고 있으나, 자신이 어림한 거리와 시간을 이용하여 평균 속력을 말하라고 하였을 때에는 혼동스러워하였다. 영수는 거리와 시간을 각각 cm와 초 단위로 어림을 하였음에도 불구하고 속력의 단위를 m/s나 km/h로 하려고 하였고, 그로 인해 답을 말하기 어려워하였다. 위 학생은 수업시간에 학습한 과학 표준 단위인 m/s나 자동차의 속력 단위인 km/h 등의 단위는 친숙하게 여겼으나 cm/s 단위를 잘 모르고 있던 것이 어림을 어려워한 원인으로 생각된다.

현수도 역시 유사한 어려움을 가지고 있었다. 즉 속력의 계산은 하였지만 그 단위를 정할 때 어려움을 겪었다.

면담자: 속력을 다시 한번 어림해 보자. 속력이 얼마일까요?
현   수: ……
면담자: 전혀 모르겠어요?
현   수: 기억이 안나요.
면담자: 속력 공식은요?
현   수: 시간분의 거리.

면담자: 단위는요?

현 수: 미터 퍼 초요.

면담자: 다른 단위도 있어요?

현 수: 몰라요.

면담자: 속력 구할 수 있어요?

현 수: 구할 수 있을 것 같아요. 거리만 알면.

면담자: 대략 어림해 봐요.

현 수: 5초쯤 세었으니까 4m/s 거리가……

면담자: 단위는 무엇으로 할 거니?

현 수: 센티미터

학교에서 다루는 속력 단위는 주로 m/s나 km/h이기 때문에 학생들은 매우 느린 물체의 속력을 구하는 경우라도 먼저 m/s 단위나 km/h 단위를 떠올렸다. 학생들이 수업시간에 속력을 사용하여 문제를 푸는 것은 자동차 속력의 크기와 같은 매우 전형적인 상황에 한정되었던 것으로 보였다.

표 Ⅳ-4. 교과서에 나온 속력값의 범위

단위	범위	제시된 횟수(번)
cm/s	$90 \leq X < 190$	1
m/s	$0.1 \leq X < 1$	2
	$1 \leq X < 10$	3
	$10 \leq X < 20$	7*
	$20 \leq X < 30$	2
km/h	$1 \leq X < 20$	2
	$60 \leq X < 110$	8*
	$110 \leq X < 150$	3
	200 이상	2

*: 출현 빈도가 높은 속력값

위의 표 Ⅳ-4는 제6차 교육과정에 근거한 중학교 1학년 특정 교과서(교학사: 송인명 외)의 힘과 운동 단원에서 제시된 속력값들로, 본문이나 문제에서 사용한 속력값의 범위와 횟수가 나와 있다. 여기에서 볼 수 있듯이 대략 자동차 속력에 해당하는 숫자들이 가장 많이 제시되었고 cm/s 단위는 거의 나오지 않았다. 따라서 학생들은 cm/s 단위로 어림을 해야 하는 위 문제의 경우에 어려움을 겪었던 것으로 여겨진다.

학생들에게 속력의 어림을 왜 어려워하였는지를 다시 물어 보았을 때 단위의 어려움 외에도 다른 이유가 있음을 알 수가 있었다. 그것은 바로 암산의 어려움이었다. 학생들은 어림을 할 때 대략적으로 계산해도 되는 것임을 잘 알지 못하기 때문에, 소수점이 나올 수 있는 어려운 숫자를 머릿속으로 암산하는 것을 부담스러워하였다.

다음은 영수의 면담 내용이다.

면담자: 속력 공식은 알아요?
영　수: 시간분의 거리
면담자: 속력 어림하는 건 왜 어렵지요?
영　수: 수업 시간에 제대로 안 들어서요.
면담자: 공식은 잘 알잖아요. 시간과 거리는 어림할 줄 알잖아요.
영　수: 공부를 안 해서요.
면담자: 어떤 공부를 해야 하지요?
영　수: 수학을 해야 되요. 복잡해요.
면담자: 무엇이 복잡하다는 거지요?
영　수: 암산이 복잡해요.

현수의 면담 내용에서도 비슷한 내용을 볼 수 있다.

면담자: 속력 어림은 쉬워요?
현　수: 약간 어려워요.
면담자: 왜 어렵지요?

현　수: 힘들어요.
면담자: 왜요?
현　수: 계산이 어려워요.
면담자: 계산 문제는 다 맞았잖아요. 그런데?
현　수: 계산하는 게 약간 지겹고 그래서……

③ 질량, 부피 어림도 잘하고 밀도 관계식도 잘 알지만 밀도 어림을
　　못하는 학생 면담 결과

　질량과 부피 어림을 잘하며 밀도의 관계식도 잘 알고 있는 데도 불구하고 밀도를 어림하라고 하였을 때 그 점수가 낮은 학생 두 명을 추출하여 면담을 하였다. 그리고 밀도를 어림하기가 왜 어려웠는지 알아보고자 하였다. 두 학생은 우철이와 영철이인데 우철이는 밀도 어림을 매우 부담스러워하였지만 영철이는 좀 달랐다. 영철이의 경우 면담을 하였을 때 지필 평가를 하였을 때보다 밀도 어림을 비교적 잘하였다. 사실 영철이는 지필 평가에서 답을 틀리게 썼으므로 본 면담 대상자로 선정되기는 하였지만 면담을 하였을 때 밀도를 어림하는 능력이 좋은 것으로 밝혀져서 본 면담 결과에서 제외하여야 하였다. 그러나 영철이의 면담 결과는 밀도 어림을 어려워하는 우철이가 어떤 점에서 영철이와 다른지 보여줌으로써 왜 밀도 어림이 어려운지를 보다 명확하게 보여주므로 본 결과에 삽입하였다.
　우철이와 영철이는 밀도를 어림하는 방법 면에서 달랐다. 우철이는 밀도의 관계식은 알고 있지만 어림은 어려워하였다. 반면 영철이는 밀도 어림을 매우 쉽게 생각하였다.

　다음은 우철이의 면담 결과이다.

면담자: 밀도 어림을 어떻게 하였는지 말해 주겠니?
우　철: ……
면담자: 잘 모르겠어요?
우　철: ……

면담자: 밀도 공식은 무엇이지요?
우 철: 부피분의 질량.
면담자: 부피와 질량도 대략 알지요?
우 철: 네.
면담자: 그런데 어림은 잘 몰라요?
우 철: ……

이처럼 우철이는 어림을 하기 위한 지식을 모두 가지기는 하였으나 밀도를 어림하라고 하였을 때 주저하였다. 면담자가 질량과 부피를 어림하라고 하였을 때 이 학생은 앞의 면담 대상 학생들처럼 자신이 가진 기준에 근거를 두고 어림을 하였고 밀도 관계식을 잘 암기하고 있었으나 밀도 어림은 잘 못하였다.

면담자: 참외 부피가 어느 정도인지 말해 볼래요? 몇 mL인지 말해봐요.
우철이: 잠깐만요……
우철이: 한 0.4리터 정도……
면담자: 밀리리터 단위로는요?
우철이: (생각함)……종이컵이 200이니까……400에서 500 사이.
면담자: 그 다음 질량은 얼마지요?
우철이: 300~400그람.
면담자: 어떻게 알았어요?
우철이: 대충 생각해서요.
면담자: 경험이 있어요?
우철이: 그냥이요. 이것도요. 콜라가 1.5리터니까 그런 걸로 한건데……
면담자: 그램은 어떻게 알았어요?
우철이: 그램이요? 쌀 1킬로그램을 들어보고……
면담자: 쌀 1킬로그램을 들어 본 적이 있어요?
우철이: 집에서 들어봤어요.
면담자: 밀도는 얼마 정도일까?
우철이: 밀도요? ……(어려워 함)……그건 잘 모르겠어요.

면담자가 밀도를 어림하는 것이 왜 어려운지에 대하여 물어 보았을 때, 학생은 밀도에 직접적인 영향을 주지 않는 요인인 물체의 모양에 대하여 언급하였다. 학생이 밀도 계산을 한 경험은 실험실에서 정확한 측정 도구를 사용하여 전형적인 모양의 물체들, 예를 들면 정육면체의 금속 도막이나 직육면체의 플라스틱 자 등을 측정한 것이므로 둥글거나 특이한 형태의 물체에 대한 밀도를 어림하는 것이 생소하였던 것으로 여겨진다. 우철이도 영수나 철수처럼 밀도 계산과정에서 암산을 해야 한다는 것을 부담스러워하였다.

면담자: 왜 어려운지 말해봐요. 부피 분의 질량이니까……질량이 400이고 부피가 400~500.
우철이: 밀도는 1.5 정도요.
면담자: 밀도는 왜 어렵지요?
우철이: 물체가 반듯하지 않고 곡선이라서 기계로 재지 않고 머리로 하니까요.

한편 영철이는 우철이와는 밀도를 어림하는 방법이 달랐다. 이 학생은 밀도를 부피와 질량의 관계로 보고 부피에 비해 질량이 작으면 밀도가 1보다 작은 것으로 생각하고 있었다.

면담자: 밀도 어림해 보겠어요?
영 철: 밀도요?
면담자: 어려워요?
영 철: 아니요.
면담자: 들어봐도 되요.
영 철: (들어 봄)
면담자: 어느 정도일까?
영 철: 0.5 정도……
면담자: 어떻게 알았어요?
영 철: 이거요. 질량보다 부피가 좀 더 많을 것 같아요.
면담자: 질량이 몇 그램인데?
영 철: 500그램.
면담자: 부피는요?
영 철: 부피는 한 1리터 좀 안될 것 같아요.

그런데 이 학생은 지필 고사에서 쓴 답과 면담 답과 일치하지 않아서 밀도를 어림하는 것이 때에 따라 약간씩 달라질 수 있음을 보여주었다. 이 학생은 우철이와는 달리 밀도 어림을 쉽다고 생각하였으며 어림의 필요성을 잘 인식하였다.

> 면담자: 그때는 왜 2.5라고 하였지요?
> 영 철: 그때는 잘 모르겠어요.
> 면담자: 밀도 공식은 어떤 거지요?
> 영 철: 부피분의 질량
> 면담자: 너는 밀도 어림이 쉽니, 어렵니?
> 영 철: 쉬워요.
> 면담자: 어림이 필요하다고 생각하니, 안하니?
> 영 철: 필요해요. 어림해 가지구 그 값에 원래 값을 측정하려면요. 그 값을 기준해가지구요. 앞뒤를 알아볼 수 있구요.

이와 같은 면담을 통하여 학생들이 만일 밀도를 부피분의 질량이라는 관계식으로만 기억하고 있다면 어림을 어려워할 것이나, 밀도를 일정한 부피에 해당하는 질량으로 생각하고, 물에 뜨는 물체의 밀도가 어느 정도인지, 혹은 몇 가지 대표적인 고체의 밀도를 알고 있다면 어림을 좀 더 쉽게 할 것으로 알 수 있다. 다시 말해서 유도량에 해당하는 밀도를 부피와 질량을 이용하여 계산한 값으로만 이해할 경우 어림이 어렵지만 밀도라는 개념을 좀 더 정성적으로 이해하고 다양한 현상과 관련지어 알고 있다면 보다 쉽게 할 수 있을 것이다.

이상의 사전 연구 결과와 면담 결과를 종합하여 볼 때, 학생들의 어림 능력은 빈약하고 특히 부피, 밀도, 속력 등의 어림을 어려워하였다. 어림 능력은 동일한 물리량이라고 하더라도 물체의 모양이나 형태에 따라 달랐다. 그리고 전체적으로 남학생이 여학생보다 어림 능력이 높았다. 어림하는 방법은 과거에 겪은 생활 경험을 통해 학습한 물체의 물리량을 기준으로 어림하는 경우가 많았다. 어림 중에서도 속력이나 밀도와 같은 유도량의 경우에 학생들이 더 어려움을 겪었다. 그 이유로 속력의 경우는 단위에 대한 어려움과 암산의 부담이 컸고 밀도의 경우는 정확히 암산해야 한다는 부담감과 모양이 불규칙한 물체의 밀도는 왠지 어려울 것 같다는 생각 등이 어려움을 유발한 이유들이었다. 또한 밀도 개념에 대한 이해 정도가 어림하는 방법에 영향을 주었다.

이상의 사전 연구 결과는 본 연구 설계에 다음과 같이 영향을 주었다. 사전 연구에서 어림 능력은 동일한 물리량이라도 물체마다 약간씩 다름을 알 수 있었기 때문에, 본 연구에서는 어림 능력을 평가하는 물체를 생활에서 접하기 쉬운 물체로 한정지었다. 너무 작거나 너무 큰 물체는 어림 능력 평가 문제에서 제외하였다.

또한 평가 방법은 두 가지를 병행하였다. 하나는 주관식 평가로서, 물체의 밀도를 어림하는 과제였다. 채점 방식은 사전 연구 결과와 약간 달라서 사전 연구 결과보다 오차가 큰 경우에도 부분 점수를 주었다. 두 번째 종류의 문제는 문제에서 제시된 물리량의 범위에 해당하는 물체들을 보기 중에서 고르는 것이었다.

본 연구의 어림활동 중에는 학생들에게 기준이 되는 단위 물체에 대한 경험을 하도록 유도하여 어림 능력의 향상을 도왔다. 그리고 유도량 어림을 하는 방법에 있어서 계산에 의한 것보다는 현상이나 기준이 되는 값에 대한 기억을 할 수 있도록 도왔다. 예를 들어 물에 뜨는 물체의 밀도를 어림할 때 질량과 부피를 어림해서 계산하는 방법보다는 물의 밀도를 알려주고 물체를 물에 담가 보았을 때 얼마나 뜨는지를 보고 어림을 하도록 하는 등의 방법을 강조하였다.

2. 어림활동과 측정활동이 어림과 측정 능력의 향상에 미치는 효과

(1) 어림활동과 측정활동이 어림 능력 향상에 미치는 영향

본 연구에서 어림활동과 측정활동을 각각 실시하고 어림 능력 향상 정도를 비교한 결과는 다음 표 Ⅳ-5와 같다.

속력 어림 능력은 어림활동 후에만 유의미하게 증가하였고 측정활동은 어림 능력의 향상에 영향을 주지 않았다(어림활동 후 $t=-5.22$, p<.01). 밀도에 관련된 어림활동과 측정활동 모두 어림 능력 향상에 도움을 주었다(어림활동 후 $t=-10.70$, p<.01; 측성활동 후 $t=-6.67$, p<.01). 그러나 어림활동이 측정활동보다 더 효과적이었다(공변량 분석, $F=19.07$, p<.01). 에너지에 관련된 어림활동은 어림 능력 향상에 도움을 주었다(어림활동 후 $t=-1.12$, p<.01).

표 Ⅳ-5. 어림활동과 측정활동 후 학생들의 어림 능력 향상 정도

개념	반	대 상	1차 평가	2차 평가	t
속력	어림한반[a]	n=93명	2.45[b](2.11)[c]	3.60(2.40)	-5.22**[d]
	측정한반	n=94명	2.10(1.67)	2.44(1.82)	-1.56
밀도	어림한반	n=89명	1.69(1.68)	4.13(2.28)	-10.7**
	측정한반	n=93명	1.32(1.53)	2.63(2.08)	-6.67**
에너지	어림한반	n=65명	0.95(1.67)	2.06(1.67)	-4.44**
	측정한반	n=65명	1.23(1.72)	1.44(1.64)	-1.12

[a]: 어림한반은 어림먼저반에서 어림을 한 후의 상태를 의미한다.
　　측정한반은 측정먼저반에서 측정을 한 후의 상태를 의미한다.
[b]: 평균 점수(10점 만점)
[c]: 표준편차
[d]: * p<.05, ** p<.01

속력, 밀도, 에너지에 대한 어림활동은 어림 능력 향상에 도움을 주었다. 반면 측정활동은 밀도를 제외하면 나머지 개념에 대하여 어림 능력 향상에 도움을 주지는 못하였다. 밀도의 경우 어림 능력 향상에 도움을 주었으나 어림 능력 향상을 위해서는 어림활동이 측정활동보다 더 효과적이었다(그림 IV-2).

이 결과를 통해 알 수 있듯이 측정을 하면 항상 어림 능력이 향상되는 것은 아니었다. 중학생의 경우 물리량의 값의 크기에 대하여 경험과 관련지어 생각할 수 있도록 돕는 활동을 통해서 효과적으로 증진된다.

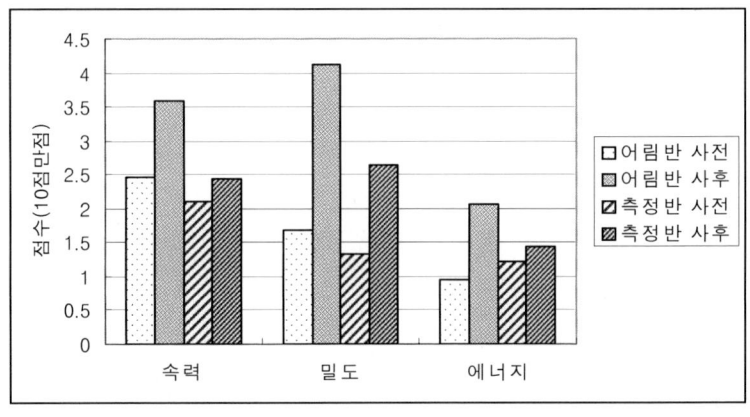

그림 IV-2. 어림활동과 측정활동 후 학생들의 어림 능력 향상 정도

(2) 어림활동과 측정활동이 측정 능력 향상에 미치는 영향

어림활동과 측정활동이 측정 능력 향상에 미치는 효과를 알아보기 위해 측정 능력은 먼저 총점으로 비교를 하고 하위범주인 측정 계획, 단위, 눈금 읽기로 나누어 영역별로 비교를 하였다. 어림이나 측정활동을 실시하고 난 후 속력과 밀도의 경우는 두 반 모두 유의미하게 측정능력 총점이 증가하였다(표 IV-6, IV-7). 그런데 에너지의 경우는 어림한반만 측정 능력이 유

의미하게 증가하였다(표 Ⅳ-8).

속력에 대한 측정 능력 평가 결과, 어림활동은 계획과 단위 영역에서 유의미한 효과가 있었고 측정활동은 계획 영역에서 유의미한 증가를 가져왔다(표 Ⅳ-6). 어림활동을 통하여 속력의 단위인 1km/h나 1m/s가 일상생활 중에서 어느 정도의 빠르기인지 학습하였기 때문에, 속력의 단위에 속하는 것이 무엇인지를 잘 판단하였던 것으로 생각된다.

표 Ⅳ-6. 속력 어림활동과 측정활동 후 학생들의 측정 능력 향상 정도

개념	영역	반	대 상	사 전	사 후	t
속 력	총점	어림한반[a]	n=93명	5.49[b](2.83)[c]	6.66(2.51)	-4.43**[d]
		측정한반	n=94명	5.98(2.74)	6.54(2.57)	-2.75*
	계획	이림한반	n=93명	5.74(4.63)	7.40(3.83)	-3.80**
		측정한반	n=94명	5.77(4.44)	6.55(4.15)	-2.37*
	단위	어림한반	n=93명	5.10(3.59)	6.41(3.14)	-3.49**
		측정한반	n=94명	6.03(3.72)	6.72(3.49)	-1.84
	눈금	어림한반	n=93명	5.65(3.39)	6.18(3.56)	-1.36
		측정한반	n=94명	6.14(3.50)	6.35(3.28)	-0.64

[a]: 어림한반은 어림먼저반에서 어림을 한 후의 상태를 의미한다.
　　측정한반은 측정먼저반에서 측정을 한 후의 상태를 의미한다.
[b]: 평균 점수(10점 만점)
[c]: 표준편차
[d]: * p<.05, ** p<.01

밀도 측정 능력 평가 결과, 어림활동은 속력에서와 같이 '단위' 능력을 향상시켰는데, 이는 어림활동의 특성상 비롯된 것이라고 본다. 어림활동 중에 각 물리량의 크기를 어림하는 과정에 기본 단위의 크기를 어림하는 과정이 포함되었기 때문이다. 어림활동을 통해 단위, 눈금 읽기 영역의 능력이 향상하였고 측정활동의 경우 눈금 읽기 능력만 향상하였다(표 Ⅳ-7).

98

표 Ⅳ-7. 밀도 어림활동과 측정활동 후 학생들의 측정 능력 향상 정도

개념	영역	반	대 상	사 전	사 후	t
밀도	총점	어림한반[a]	n=89명	4.88[b](2.42)[c]	5.91(2.31)	-4.23**[d]
		측정한반	n=93명	5.45(2.88)	6.41(2.40)	-3.73**
	계획	어림한반	n=89명	3.03(4.02)	2.89(3.11)	0.42
		측정한반	n=93명	3.42(4.15)	3.99(3.40)	-1.25
	단위	어림한반	n=89명	5.10(4.04)	6.76(3.65)	-3.51**
		측정한반	n=93명	6.19(4.13)	7.02(3.62)	-1.91
	눈금	어림한반	n=89명	6.49(3.05)	8.09(2.53)	-4.57**
		측정한반	n=93명	6.75(3.44)	8.26(2.83)	-4.55**

[a]: 어림한반은 어림먼저반에서 어림을 한 후의 상태를 의미한다.
　　측정한반은 측정먼저반에서 측정을 한 후의 상태를 의미한다.
[b]: 평균 점수(10점 만점)
[c]: 표준편차
[d]: * p<.05, ** p<.01

에너지 측정 능력 평가 결과, 계획, 단위 영역은 어림활동에서 더 긍정적인 영향을 받았다. 그러나 측정활동은 모든 분야에서 별다른 차이를 가져오지는 않았다. 이 결과는 측정활동의 내용에 기인한 것으로 보인다. 에너지에 대한 측정활동에서는 위치에너지나 운동에너지의 값을 계산하는 것보다는 각각의 에너지가 높이, 질량, 속력 등과 어떤 관계가 있는지 조사하는 것을 더 강조하였기 때문이다. 이는 에너지를 직접 측정을 통해 계산해 내는 방법을 학생들이 습득하도록 돕지는 못하였다.

표 Ⅳ-8. 에너지 어림활동과 측정활동 후 학생들의 측정 능력 향상 정도

개념	영역	반	대 상	사 전	사 후	t
에 너 지	총점	어림한반[a]	n=65명	4.00[b](1.86)[c]	5.38(2.28)	-5.56**[d]
		측정한반	n=65명	4.30(1.94)	4.49(2.07)	-0.67
	계획	어림한반	n=65명	2.79(3.13)	5.47(3.65)	-6.60**
		측정한반	n=65명	3.11(3.21)	3.89(3.54)	-1.88
	단위	어림한반	n=65명	2.00(2.34)	3.28(2.90)	-3.27**
		측정한반	n=65명	2.28(2.83)	2.63(3.06)	-0.84
	눈금	어림한반	n=65명	7.19(2.79)	7.44(3.13)	-0.61
		측정한반	n=65명	7.41(2.55)	6.99(2.56)	1.06

[a]: 어림한반은 어림먼저반에서 어림을 한 후의 상태를 의미한다.
　　 측정한반은 측정먼저반에서 측정을 한 후의 상태를 의미한다.
[b]: 평균 점수(10점 만점)
[c]: 표준편차
[d]: * $p < .05$, ** $p < .01$

　속력, 밀도, 에너지에 대한 어림활동이 측정 능력에 미치는 영향을 전체적으로 보았을 때, 속력, 밀도, 에너지 모두 단위영역의 점수가 어림활동을 통해 효과적으로 향상하였다. 따라서 물리량의 단위에 해당하는 크기가 어느 정도인지에 대하여 설명하는 것을 포함한 어림활동이 단위의 학습에 도움을 준 것이라고 생각된다.

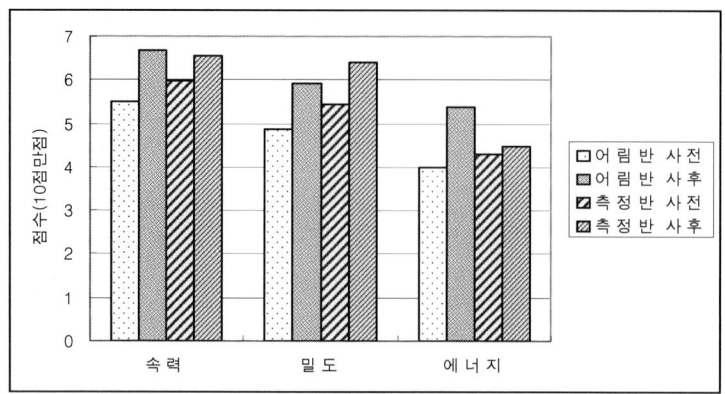

그림 Ⅳ-3. 어림활동과 측정활동 후 학생들의 측정 능력 향상 정도

3. 어림활동과 측정활동이 정량적 개념의 문제해결력에 미치는 효과

(1) 정량적인 개념에 대한 이해에 미치는 효과

1) 개념 이해 영역 점수의 변화

속력, 밀도에 대한 어림활동과 측정활동은 모두 정량적인 개념에 대한 이해 영역의 점수를 증가시켰다. 그러나 에너지의 경우는 다른 양상을 보였는데, 두 반 모두 감소하였다. 특히 측정한반은 개념 점수가 유의미하게 감소하였다(표 Ⅳ-9).

표 Ⅳ-9. 어림활동과 측정활동 후 학생들의 개념 이해 향상 정도

개념	반	대상	사전	사후	t
속력	어림한반[a]	n=93명	5.30[b](3.58)[c]	6.45(3.34)	-3.27**[d]
	측정한반	n=94명	6.04(3.18)	6.94(3.24)	-2.98**
밀도	어림한반	n=89명	4.36(3.53)	5.97(3.77)	-3.82**
	측정한반	n=93명	4.40(3.48)	6.03(3.31)	-4.43**
에너지	어림한반	n=65명	4.74(3.18)	4.26(2.67)	1.38
	측정한반	n=65명	5.21(2.84)	4.14(3.25)	2.83*

[a]: 어림한반은 어림먼저반에서 어림을 한 후의 상태를 의미한다.
  측정한반은 측정먼저반에서 측정을 한 후의 상태를 의미한다.
[b]: 평균 점수(10점 만점)
[c]: 표준편차
[d]: * $p < .05$, ** $p < .01$

2) 어림활동 및 측정활동 후 개념 이해 문항에 대한 설명 유형 분석

개념 이해 문항에 대한 답변과 그 이유에 대한 설명을 어림활동 전후와 측정활동 전후에 비교하여 보았다. 어림활동과 측정활동의 효과가 두드러지게 보이도록 하기 위해 어림활동에 충실히 참여하였다고 여겨지는 학생들, 즉 어림활동 후 어림 능력이 가장 많이 향상된 학생들 30명을 추출하였고, 측정한반에서도 역시 측정 능력이 사전에 비해 가장 많이 향상된 학생 30명을 추출하여 각 학생의 설명 유형에 차이가 있는지의 여부를 보았다. 즉 어림활동을 통해 어림 능력이 많이 향상되었을 때, 혹은 측정활동을 통해 측정 능력이 많이 향상되었을 때 이런 활동들이 개념의 이해에 영향을 주는지 살펴보았다.

① 속력

속력 개념 이해를 묻는 1번 문항은 움직이는 물체를 0.1초 간격으로 사진찍는 것과 관련된 것이다(그림 Ⅲ-7) 이 문항의 이유 설명 유형을 분석한 결과는 표 Ⅳ-10과 같다. 응답자 유형을 어림한반 사전 사후, 측정한반 사전 사후별로 조사하여 학생 수를 적었다.

응답 유형 중 물리적으로 옳은 설명을 한 학생의 수만 비교해 보았을 때 어림활동 전에는 17명이었지만 어림활동 후에는 22명으로 그 수가 증가하였다. 측정활동의 경우는 사전에 16명의 학생이 옳은 설명을 하였는데 측정활동 후에는 18명으로 증가하였다. 어림활동, 측정활동 모두 옳은 설명을 하는 학생 수를 증가하도록 하였으나 어림활동의 경우가 더 많이 증가하였다.

위의 문제에서 두 번째 사진의 물체의 속력이 더 느리다고 생각한 학생들의 수는 어림한반의 경우 사전에 5명, 사후에 4명이었고 측정한반은 사전 사후 모두 4명이었다. 이 학생들은 그림을 해석할 줄 모르는 학생들로서 추가 적게 찍히는 것은 느리게 움직이기 때문이라고 생각하였다. 이 문제에 나온 그림을 해석하는 방법은 시간기록계에 의해 나타난 타점 해석 방법과 동일한 것임에도 불구하고 이미 측정활동 중에 속력을 시간기록계로 측정하고 기록테이프로 속력을 계산한 경험이 있는 측정한반 학생들 중에 여전히 타점의 개수가 적은 것이 더 느린 것으로 생각하는 학생들이 남아 있었다. 측정 실험을 하면서 실험의 내용을 잘 이해하지 못하였기 때문에 이런 결과가 발생한 것으로 여겨진다.

표 Ⅳ-10. 개념 이해문항에 대한 학생의 설명 유형 - 속력 1번 문항

설 명 유 형			어림한반(명)		측정한반(명)	
			사전	사후	사전	사후
두 배 빠르다. (옳은 설명)	그림을 보고	두 번째 것 간격이 더 벌어져 있다.	7	11	5	6
		추의 개수가 더 적다.	2	1	2	1
	속력 용어 사용	동일한 시간(거리) 동안 많이(빨리) 갔다.	3	4	2	2
		두 번째 것의 간격이 더 벌어져 있다는 것은 속력이 더 빨랐다는 것이다.	4	2	1	1
		두 번째 것이 두 배 빠르다	1	4	6	8
더 느리거 나 같다. (틀린 설명)	그림을 보고	추의 개수가 더 많으므로 더 빠르다	4	2	2	3
		두 칸 뒤에 찍혔으므로 더 느리다	0	2	1	1
	속력 용어 사용	동일한 시간 동안 이동한 거리가 두 번째 것이 더 짧다(혹은 같다)	1	0	0	0
기 타			2	1	5	2
설 명 없음			6	3	6	6
합 계			30	30	30	30

속력 개념 2번 문항은 아래 그림 Ⅳ-4와 같다.

영수는 학교가 끝난 후 다음과 같은 곳엘 들러 본 후 집으로 갔다. 가장 속력이 빨랐던 구간을 고르고 그 이유를 적으시오.

학교 → 육교 → 편의점 → 우체국 → 집

시간	30분	10분	5분	15분
거리	500m	300m	100m	200m

그림 Ⅳ-4. 속력 개념 이해 2번 문항

이 문항에 대한 설명 유형은 아래 표 IV-11과 같다. 정답을 택한 학생 중 속력의 정의를 이용한 학생들의 수는 어림한반의 경우 10명에서 10명으로, 측정한반의 경우 9명에서 11명으로 약간 더 증가하였다. 속력을 잘못 알고 있는 학생 수는 어림한반에서 3명에서 1명으로 줄었고 측정한반에서는 1명이었는데 0명이 되었다. 어림활동과 측정활동 모두 학생들이 이 문항을 잘 풀도록 도와주었다. 다만 어림한반에서는 관계식을 이용하여 이 문제를 푼 경우보다 속력의 정의를 이용하여 문제를 푸는 학생들의 수가 더 크게 증가한 것에 비해 측정한반에서는 관계식을 이용하여 이 문제를 푼 학생 수가 많이 증가한 것을 알 수 있었다. 즉 어림활동을 한 학생들의 경우 속력 개념 이해 문항을 관계식을 이용하지 않고 정성적으로 푸는 경우가 더 많아진 것을 알 수 있었다.

표 IV-11. 개념 이해문항에 대한 학생의 설명 유형 - 속력 2번 문항

설 명 유 형			어림한반(명)		측정한반(명)	
			사전	사후	사전	사후
육교에서 편의점 (정답)	속력의 정의	기준 시간을 두고 거리 비교	6	10	6	9
		긴 거리인데 짧은 시간에 갔다	4	0	3	2
	기타	기준 거리를 두고 시간 비교	1	1	1	3
	관계식	거리/시간 계산	9	10	5	9
속력 잘못이해		가장 짧은 시간 선택	2	0	0	0
		거리도 짧고 시간도 짧은 것	1	1	1	0
기 타			1	5	2	3
설명 없음			6	3	12	4
합 계			30	30	30	30

속력 개념 문제의 설명 유형 계통도 분석 결과 첫 번째 문항의 경우 올바르게 설명을 하는 학생 수가 어림한반에서 더 증가하였다. 두 번째 문제의 경우 어림한반에서는 관계식보다는 정성적인 속력의 정의에 근거하여

문항의 답을 설명하는 학생의 수가 더 많아졌다. 이 분석의 결과를 통해서 통계적으로 유의한 것은 아니었으나 속력을 이해할 때 어림활동은 학생들이 관계식만을 암기하도록 하기보다 정성적으로 이해하도록 돕는 경향성이 있음을 알 수 있다.

② 밀도

밀도 개념을 묻는 첫 번째 문제의 내용은 그림 Ⅳ-5와 같다.

(사전) 금속 도막이 하나 있다. 이 도막을 한 조각 잘라내었다. 작은 금속 도막 A의 밀도는 큰 금속 도막과 비교하여 어떻게 되는지 다음 보기 중에서 고르시오.
작은 금속 도막은 큰 원래의 금속보다
① 밀도가 작아진다. ② 밀도가 커진다. ③ 밀도는 변화 없다.
그렇게 생각한 이유를 자세히 적으시오.

(사후) 물 1000g이 들어있는 그릇에서 10g의 물을 펐다. 이때 10g의 물의 밀도는 어떻게 될까?
① 1000g의 물의 밀도와 동일한 값이다.
② 1000g의 물의 밀도보다 작아진다.
③ 1000g의 물의 밀도보다 커진다.
그렇게 생각한 이유를 자세히 적으시오.

그림 Ⅳ-5. 밀도 개념 이해 1번 문항

이 문제에 대한 학생들의 이유 설명 유형 계통도 분석 결과는 표 Ⅳ-12와 같다. 설명 유형 분석 결과 밀도가 변하지 않는 이유에 대하여 설명하는 학생들의 수가 어림한반에서는 4명에서 11명으로, 측정한반에서는 6명에서 10명으로 증가하였다. 밀도가 항상 일정하다는 것을 마치 법칙처럼 응답한 학생의 수는 어림반에서는 10명에서 6명으로 줄었고 측정한반에서는 3명에서 4명으로 줄었다.

어림한반의 경우 이 개념 문항에서 정성적으로 밀도를 이해하고 있음을 보여주는 학생 수가 많아졌고 반면 밀도가 단순히 불변하는 것이라고 생각하던 학생들이 줄어들었음을 알 수 있었다. 측정한반의 경우 밀도를 정성적으로 설명할 수 있는 학생 수도 늘어났지만 밀도가 변하지 않음을 마치 법칙처럼 생각하고 응답한 학생 수는 그대로 유지되었다. 즉 어림활동은 측정활동에 비해 밀도 개념 문제에 대하여 응답 이유를 보다 자세하고 정성적으로 설명을 할 수 있는 학생의 수를 약간 더 증가시키는 경향을 보여주었다. 어림활동 과정에서 학생들은 '태양의 밀도가 지구보다 작은 이유'를 생각해 보는 등의 활동을 하였는데 그 과정에서 물질을 이루는 기본 입자들의 밀집 정도나 입자의 질량 등이 밀도에 영향을 미치는 것으로 이해하는 것에 도움을 받았던 것으로 보였다.

표 Ⅳ-12. 개념 이해문항에 대한 학생의 설명 유형 - 밀도 1번 문항

설 명 유 형			어림한반 (명)		측정한반 (명)	
			사전	사후	사전	사후
밀도는 변하지 않는다.	변하지 않는 이유 설명	부피와 질량이 함께 변하므로 그 비율(밀도)은 변하지 않음	3	6	4	5
		밀도가 고루 퍼져 있으므로	0	2	0	0
		그 물질의 밀도는……g/cm^3이다	0	1	0	0
		그 물질이 그대로 이동하였으므로	1	2	2	5
	불변법칙처럼	밀도는 불변한다(동일하다).	6	2	2	1
		부피(크기, 질량, 무게 등)와 무관하게 밀도는 같다.	4	4	1	3
	틀린 설명	질량이 같으므로 밀도가 같다	1	1	1	0
밀도가 변한다.	부피, 질량	부피가 줄어서 밀도가 작아짐	6	2	10	0
		원래 질량보다 작아져서 밀도가 작아짐	3	5	1	4
	기타	물(금속)을 덜어놓았으므로 (떼어냈으므로) 밀도가 작아짐	3	1	2	0
기 타			2	0	0	0
설 명 없음			1	4	7	12
합 계			30	30	30	30

밀도 개념을 묻는 두 번째 문항은 그림 Ⅳ-6과 같다.

```
(사전용)
같은 부피의 나무 도막과 물의 질량을 비교하면 어떤 결과가 나올까?

① 부피가 같으므로 질량은 동일하다.
② 부피가 동일할 때엔 나무 도막의 질량이 더 크다.
③ 부피가 동일할 때엔 물의 질량이 더 크다.

그렇게 생각한 이유를 밀도와 관련지어 설명하시오.

(사후용)
같은 부피의 알루미늄 캔과 철 캔의 질량을 비교하면 어떤 결과가 나올까?

① 부피가 같으므로 질량은 동일하다.
② 부피가 동일 할 때엔 알루미늄 캔의 질량이 더 크다.
③ 부피가 동일할 때엔 철 캔의 질량이 더 크다.

그렇게 생각한 이유를 밀도와 관련지어 설명하시오.
```

그림 Ⅳ-6. 밀도 개념 이해 2번 문항

이 문제들에 대한 설명 유형을 제시하면 표 Ⅳ-13과 같다. 설명 유형 분석 결과 어림한반에서 측정한반보다 밀도와 관련된 현상들을 이용하여 설명한 학생의 수가 더 많이 늘어남을 알 수 있었다. 예를 들어 나무가 물에 뜨므로, 혹은 알루미늄이 철보다 가벼우므로 등의 설명을 한 학생 수가 어림한반에서 5명에서 19명으로 증가한 반면, 측정한반에서는 14명에서 19명으로 증가하였다. 어림활동은 학생들이 밀도와 관련된 현상을 이해하고 알게 되도록 돕는 경향이 있는 것으로 보였다. 어림활동에서 물에 뜨는 물체의 밀도가 물의 밀도에 비해 작음을 가르친 것이나 알루미늄이 동일한 부피의 철에 비해 가볍다는 사실을 경험한 것이 이와 같은 결과를 내었다. 측정활동을 한 경우에도 개념 점수가 향상하기는 하였지만 설명을 자세히 하는 학생들의 수가 어림활동에 비해 적었다.

표 Ⅳ-13. 개념 이해문항에 대한 학생의 설명 유형 - 밀도 2번 문항

설 명 유 형			어림한반(명)		측정한반(명)	
			사전	사후	사전	사후
부피가 같아도 철(혹은 물)의 질량이 더 크다 (정답)	밀도 관련 설명	나무가 물에 뜨므로 밀도가 작다 (철의 밀도가 알루미늄보다 크다)	3	10	5	7
	질량 비교	나무가 물에 뜨므로 질량이 작다 (알루미늄이 철보다 무겁다)	2	9	9	12
	부피, 질량	부피가 같아도 질량(속)이 달라서	4	2	0	1
	관계식	밀도는 부피분의 질량이므로	0	1	0	1
그 외의 응답	관련 없는 설명	나무가 무겁다(혹은 단단하다, 혹은 알루미늄 캔 두께가 얇다)	5	2	2	0
	부피만 비교	같은 크기(부피)이므로	1	1	1	1
	계산	밀도를 계산하면 동일하다	1	0	0	0
기 타			1	2	0	1
무응답			13	3	13	7
합 계			30	30	30	30

③ 에너지

에너지 개념을 묻는 첫 번째 문항은 그림 Ⅳ-7과 같다.

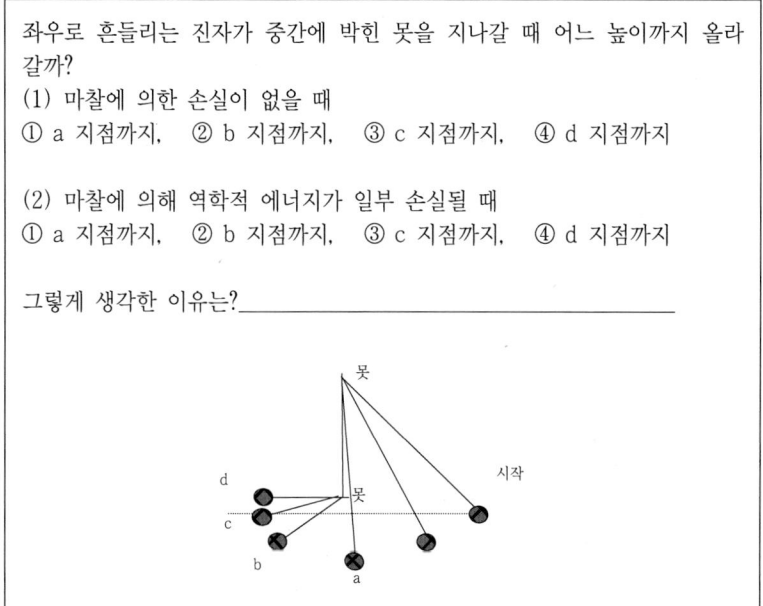

좌우로 흔들리는 진자가 중간에 박힌 못을 지나갈 때 어느 높이까지 올라
갈까?
(1) 마찰에 의한 손실이 없을 때
① a 지점까지,   ② b 지점까지,   ③ c 지점까지,   ④ d 지점까지

(2) 마찰에 의해 역학적 에너지가 일부 손실될 때
① a 지점까지,   ② b 지점까지,   ③ c 지점까지,   ④ d 지점까지

그렇게 생각한 이유는?_____

그림 Ⅳ-7. 에너지 개념 이해 1번 문항

이 문항에 대하여 학생들이 응답한 결과는 다음 표 Ⅳ-14와 같다. 이 문
항에 대한 계통도 분석 결과 어림한반 학생들의 경우 마찰력에 의한 에너
지 손실을 설명한 학생 수가 줄어드는 경향이 있었다. 그리고 오개념을 가
진 학생들이 약간 늘어났다. 이것은 어림활동이 에너지의 크기를 주로 다
루어 에너지 손실에 대한 학습이 이루어지지 않은 것에 기인한 결과이다.
반면 측정활동 중에는 마찰에 의해 에너지가 손실되는 과정이 실험에 나온
다. 그래서 결과적으로 오개념을 가진 학생이 줄어드는 경향을 보였다.

표 Ⅳ-14. 개념 이해문항에 대한 학생의 설명 유형 - 에너지 1번 문항

설명 유형			어림한반(명)		측정한반(명)	
			사전	사후	사전	사후
에너지 손실이해	마찰	마찰이 있으면 에너지가 감소함	12	9	19	19
		못에 의해 에너지가 손실	2	0	3	0
오개념		못 등의 방해(에너지 손실)가 없으면 최대한 많이 올라감	3	3	5	3
		추의 위치에 따라 에너지 손실의 유무가 결정됨	2	4	0	0
		못 때문에 위로 당겨짐	2	3	1	2
		에너지는 무조건 보존	1	0	0	1
기 타			6	4	1	4
무응답			2	7	1	1
합 계			30	30	30	30

에너지 개념 2번 문항은 그림 Ⅳ-8과 같다.

(사전) 경수가 바닥에 있는 무거운 물체를 끌어올린다. 높이는 동일한데 여러
　　　 가지 경사면을 따라서 물체를 끈으로 끌어올리려고 한다. 옳은 답을
　　　 고르시오(마찰은 무시함).
① (가)와 같은 경사면을 따라 물체를 끌어올릴 때 증가한 에너지가 가장 적다.
② (나)와 같은 경사면을 따라 물체를 끌어올릴 때 증가한 에너지가 가장 적다.
③ (다)와 같은 경사면을 따라 물체를 끌어올릴 때 증가한 에너지를 가장 적다.
④ 어떤 경우든지 물체를 끌어올리는 데 증가한 에너지는 모두 같다.

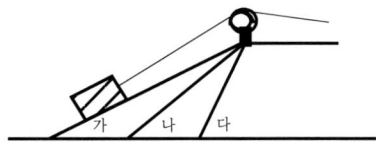

(사후) 마찰이 없는 세 개의 표면 A, B, C에서 질량이 같은 공 (가), (나),
　　　 (다)가 같은 높이에서 같은 속력으로 출발했다. 세 공이 각각 끝 부분
　　　 에 도착했을 때 각각의 공이 처음에 비해 위치에너지기 얼미나 감소했
　　　 는지 비교한 것으로 옳은 것은?
① 공(가)의 경우 위치에너지가 처음에 비해 가장 많이 감소했다.
② 공(다)의 경우 위치에너지가 처음에 비해 가장 많이 감소했다.
③ 공(가), (나)의 위치에너지가 동일한 만큼 감소했다.
④ 공(나), (다)의 위치에너지가 동일한 만큼 감소했다.

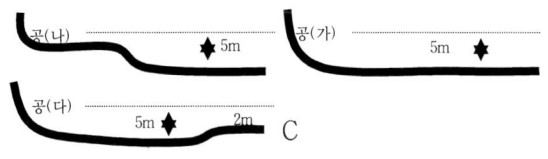

그림 Ⅳ-8. 에너지 개념 이해 2번 문항

　이 문제에 대한 계통도 분석은 아래 표 Ⅳ-15와 같다. 이 문제에서 에너
지에 대해 옳은 개념, 즉 이동 거리와 힘을 모두 고려하여 설명을 한 학생
의 수는 어림한반과 측정한반 각각 12명에서 6명으로, 12명에서 5명으로
줄어들었다. 이 경우 어림활동과 측정활동은 학생들이 일과 에너지의 관련
성에 대하여 명확히 이해하도록 돕지는 못하였다. 오개념 학생 수는 어림

한반의 경우 1명, 측정한반의 경우 5명이 증가하였다. 앞서 제시한 표 Ⅳ-9
에서도 일과 에너지 관련성에 대한 이해를 돕기 위한 측정활동이 오히려
오개념을 증가시킨 것으로 보였다.

표 Ⅳ-15. 개념 이해문항에 대한 학생의 설명 유형 - 에너지 2번 문항

설 명 유 형			어림한반(명)		측정한반(명)	
			사전	사후	사전	사후
일과 에너지 이해	비교적 정확	이동거리와 힘 모두 고려하거나 높이를 옳게 고려함	5	5	9	5
		한 일이 같다. 혹은 역학적 에너지 보존법칙	3	1	2	0
		경사각과 거리의 고려	4	0	1	0
	부정확	시간, 힘, 고정도르래 등을 언급	2	0	1	0
일과 에너지 관련 오개념		경로의 특성 혹은 힘만을 고려	12	9	13	18
		위치에너지에서 높이 잘못 고려	0	4	0	0
기 타			1	4	1	1
무응답			3	7	3	6
합 계			30	30	30	30

전체적으로 속력, 밀도, 에너지의 개념 이해 문항에 대한 설명 유형 분
석 결과, 어림한반 학생들은 측정한반에 비해서 각 개념을 옳게 설명하거
나 문항의 답을 선택한 이유를 올바르게 설명하는 경향이 늘어났다. 어림
활동은 관계식의 암기보다는 속력과 밀도를 정성적으로 이해하도록 도우며
역학적 에너지에 영향을 미치는 요인 등을 이해하도록 도와주었다. 한편
측정활동은 밀도와 속력의 관계식 등을 정확히 기억하도록 도왔다. 특히
에너지의 경우 에너지 손실 관련 문항에서 어림활동에 비해 오개념을 가진
학생 수를 더 줄게 하였다. 이는 측정 실험 과정에서 에너지 손실 현상을

직접 눈으로 확인하였기 때문이라고 생각된다.

(2) 해답예측 과정에서 개념을 적용하는 능력에 미치는 효과

1) 점수 비교

학생들에게 문제의 해답이 어느 정도로 나올 것인지 예측하게 하고 그 예측하는 과정을 적도록 하였는데, 그 과정에서 개념을 잘 적용하여 근거 있게 예측을 하였는지를 평가하였다. 예측과정에서 개념 적용력 점수는 표 Ⅳ-16과 같다. 어림활동 후 예측과정에서 나타난 학생들의 개념 적용 점수가 유의미하게 증가하였고 측정활동 후에는 유의미한 변화가 없었다. 답을 예측하라고 하였을 때 관련 개념을 타당하게 적용하여 해결하려고 한 학생들이 어림한반에서 더 증가하였다.

표 Ⅳ-16. 어림한반과 측정한반의 개념 적용력 향상 정도

개념	반	대상	사전	사후	t
속력	어림한반[a]	n=93명	$2.00^{b}(2.48)^{c}$	3.76(3.65)	-4.98^{**d}
	측정한반	n=94명	2.31(2.89)	2.91(3.27)	-1.73
밀도	어림한반	n=89명	2.93(2.22)	4.34(3.29)	-4.39^{**}
	측정한반	n=93명	2.71(2.18)	3.23(2.68)	-1.48
에너지	어림한반	n=65명	1.08(2.09)	1.88(2.58)	-2.28^{*}
	측정한반	n=65명	0.71(1.74)	1.00(2.05)	-0.99

[a]: 어림한반은 어림먼저반에서 어림을 한 후의 상태를 의미한다.
　　 측정한반은 측정먼저반에서 측정을 한 후의 상태를 의미한다.
[b]: 평균 점수(10점 만점)
[c]: 표준편차
[d]: * p<.05, ** p<.01

2) 어림활동과 측정활동 후 예측을 한 방법에 대한 학생들의 설명 유형 분석

어림활동 후 어림 능력이 향상된 학생 30명과 측정활동 후 측정 능력이 향상된 학생 30명에게 숫자나 값이 충분히 주어지지 않은 상태에서 자신의 지식을 이용하여 해답을 예측해 보라고 하고 그 방법을 적으라고 한 결과를 계통도 분석하였다. 그 결과는 다음과 같다.

① 속력

속력 1번 문항은 어떤 물체가 주어진 시간 동안 이동한 거리를 대략 계산하는 것인데 속력값은 주어지지 않았다. 해답을 평가할 때 이유 설명이 타당하면 높은 점수를 받았다(표 Ⅲ-5).

어림한반에서는 속력과 시간을 대략 어림하여 이동거리를 계산해 내거나 자신이 기존에 알고 있는 속력과 문제상황을 비교하는 방법 등으로 해답을 근거 있게 예측하는 학생 수가 측정한반 학생에 비해 더 많이 증가하였다(표 Ⅳ-17). 어림한반에서는 자신이 기존에 가지고 있는 지식과 속력 개념을 이용하여 대략적인 값을 예측해 낸 학생의 수가 큰 폭으로 증가했고, 그 과정이 타당한 학생 수도 많아졌다.

반면 관계식은 알지만 숫자 정보가 충분히 주어지지 않아서 예측을 못하겠다고 한 학생 수는 측정한반에서 더 증가하였다(표 Ⅳ-17). 즉 측정한반에서는 조건이 충분히 주어지지 않은 상황에서 문제의 값을 대략적으로 예측하라고 할 때, 자신의 지식과 개념을 적용하지 못하는 학생 수가 약간 증가하였다. 어림활동은 측정활동에 비하여 정확한 값을 몰라도 대략적으로 어림하여 계산하는 것에 더 익숙해지도록 돕는 것으로 여겨졌다.

표 Ⅳ-17. 예측과정에서의 개념 적용력 - 속력 1번 문항

설 명 유 형		어림한반(명)		측정한반(명)	
		사전	사후	사전	사후
근거확실	기준되는 속력과 비교하여 거리예측	0	2	1	0
	시간과 속력을 대략 어림하여 계산	5	16	4	11
근거 불확실	관계식만 언급	0	0	1	1
	속력이 없어서 못하겠다.	5	2	1	5
	과거 경험에 근거	5	3	4	2
기 타		1	0	3	2
무응답		14	7	16	9
합 계		30	30	30	30

속력 2번 문항은 물체가 높은 곳에서 떨어질 때 걸리는 시간을 대략 예측하는 것인데 문항에서 건물 높이는 제시되었으나 떨어지는 물체의 낙하 평균 속력은 제시하지 않았다. 표 Ⅳ-18에 따르면 어림한반 학생들 중 근

116

거를 정확하게 제시하고 예측을 한 학생의 수가 측정한반에 비해 더 많이 증가하였다.

이 결과는 이론적으로 속력을 배우고 직접 실험실에서 측정하였다고 하여도, 일상생활 속에서 평균적인 속력으로 달려가는 자동차가 20분 동안 간 거리를 예측하라고 하였을 때 속력 개념을 쉽게 적용하여 문제를 풀 수 있는 학생들이 그리 많지 않을 수 있다는 것을 보여주었다. 그리고 어림활동은 이와 같은 문제에 대한 해결 능력 향상에 도움을 준다는 것을 알 수 있었다. 어림활동은 조건이 충분히 제시되지 않은 문제 상황에서 해답이 어떻게 나올 것인지에 대하여 자신이 가진 기존의 지식과 관련 개념을 적용하여 학생들이 대략적으로 할 수 있도록 도왔다.

표 Ⅳ-18. 예측과정에서의 개념 적용력 - 속력 2번 문항

설 명 유 형		어림한반(명)		측정한반(명)	
		사전	사후	사전	사후
근거 확실	낙하 속력을 대략 어림하고 비교, 계산	2	10	1	5
	공기 저항, 가속을 고려	0	0	1	0
근거 불확실	가속이 붙어서	6	4	5	3
	속력, 거리가 없어서 못함	0	2	1	2
	과거 경험에 근거	2	2	0	2
	높이가 어느 정도이므로	1	1	2	0
기 타		6	1	3	3
무응답		13	10	17	15
합 계		30	30	30	30

② 밀도

밀도 1번 문항에서 동일한 부피의 물체 2개 중 어느 것의 질량이 더 클지를 예상하고 그 이유를 설명하라고 하였다. 학생들의 설명 유형은 표 Ⅳ

-19와 같다.

이 문항의 설명 유형에서 특별히 달라진 것은 측정활동 후 "……가……보다 무겁다"라는 응답을 한 학생 수가 비교적 크게 감소하였다는 점이다 (표 Ⅳ-19). 사전 사후에 문제는 같은 내용을 묻지만 다른 물질을 이용하였다. 즉 사전에는 부피가 같은 알루미늄 캔과 철 캔의 질량 비교에 관한 것이었고 사후에는 부피가 동일한 순금반지와 은이 섞인 18k 반지의 질량 비교에 대한 것이었다. 어림한반에서는 금과 은의 질량 비교가 가능하였던 학생 수가 측정한반보다 많았기 때문에 이와 같은 어림 능력은 개념을 적용하여 예측을 쉽게 하도록 도와주었다.

표 Ⅳ-19. 예측과정에서의 개념 적용력 – 밀도 1번 문항

설 명 유 형		어림한반(명)		측정한반(명)	
		사전	사후	사전	사후
근거확실	……가……보다 무겁다	23	22	20	13
	……보다……가 밀도가……다	0	1	1	2
	단위 부피당 질량 비교	1	2	0	0
	밀도 계산	0	0	1	0
근거 불확실	문제에 불필요한 특징 언급	4	0	1	1
	섞이면 질량이 증가한다.	0	1	0	0
기 타		0	3	2	9
무응답		2	1	5	5
합 계		30	30	30	30

밀도 2번 문항에 대한 계통도 분석 결과는 아래 표 Ⅳ-20과 같다. 질량이 동일한 두 물질의 부피를 예측하여 비교하도록 하였는데, 두 물질의 밀도값은 주어지지 않았고, 어림한 밀도값과 실제 밀도값의 차이를 점수에 반영하지는 않았다. 다만 자신이 어림한 밀도에 의거하여 타당하고 논리적

으로 부피를 예측한 학생들이 좋은 점수를 받았다(표 Ⅲ-5).

근거가 확실하며 옳은 설명(밀도가 작은 물질이 다른 물질과 그 질량이 같아지기 위해서는 부피가 커질 수밖에 없다고 생각)을 한 학생 수는 어림한반의 경우 증가하였으나 측정한반은 오히려 감소하였다. 표 Ⅳ-20에서와 같이 "질량이 같으려면 부피가 커져야 한다"라고 생각한 학생 수는 어림한반에서는 3명에서 8명으로 늘었지만 측정한반에서는 4명에서 2명으로 줄었다. 반면 "질량이 무거우므로 부피도 크다"라고 잘못 생각한 학생 수는 어림한반에서는 12명에서 3명으로 크게 줄었지만 측정한반에서는 6명에서 5명으로 1명만 줄었다. 부피와 밀도는 반비례관계이다. 이에 대하여 경험적으로 이해하도록 돕는 어림활동이 학생들에게 도움을 준 것으로 여겨졌다. 즉, 어림한반의 경우 밀도가 클 때 부피가 작아도 물체가 무겁다는 것을 경험적으로 이해하는 과정이 포함되었기 때문에 이와 같은 결과가 나온 것으로 예상된다.

표 Ⅳ-20. 예측과정에서의 개념 적용력 – 밀도 2번 문항

설 명 유 형		어림한반(명)		측정한반(명)	
		사전	사후	사전	사후
근거확실	질량이 무겁고 부피가 작다	0	0	2	0
	질량이 같으려면 부피가 커져야 함	3	8	4	2
근거 불확실	질량이 무거우므로 부피가 큼	12	3	6	5
	질량이 같으려면 부피가 작아져야 함	2	0	1	1
	관계없는 특징 서술	2	0	2	2
	틀린 계산과정/단순한 관계식	0	0	2	0
	섞으면 부피 변함	4	5	3	2
기 타		4	7	4	13
무응답		3	7	6	5
합 계		30	30	30	30

③ 에너지

에너지 1번 문항은 높은 곳에서 움직이는 사람의 역학적 에너지를 대략 예측하는 것이었다. 이 문항을 풀 때 위치에너지와 운동에너지의 합이 역학적 에너지라고 응답하고 대략적인 값을 넣어 예측을 한 학생들의 수가 어림한반의 경우 더 많이 증가하였다. 그러나 측정한반의 경우 아무런 근거 없이 숫자를 적은 학생들의 수가 더 증가하였다. 그리고 역학적 에너지 개념을 적용하여 문제를 해결하려 한 학생 수가 어림한반의 경우 더 많이 증가하였다(표 Ⅳ-21). 이와 같이 어림활동을 한 학생들은 예측하는 상황의 문제를 풀 때 어림활동을 하지 않은 학생들보다 개념을 적용하려는 경향을 보였다. 표 Ⅳ-21에서 "몸무게, 속력, 이동거리 등을 몰라서 못하겠다"라는 응답 유형의 학생 수가 어림한반과 측정한반에서 모두 감소하였다.

표 Ⅳ-21. 예측과정에서의 개념 적용력 - 에너지 1번 문항

설 명 유 형			어림한반(명)		측정한반(명)	
			사전	사후	사전	사후
근거 확실	위치에너지와 운동에너지의 합	관계식만 제시	0	0	0	1
		대략적인 값 넣음	2	12	0	6
근거 불확실	위치에너지만 고려	관계식만 제시	0	4	0	0
		대략적인 값 넣음	1	4	3	3
	몸무게, 속력, 이동거리 등을 몰라서 못하겠다.		8	0	7	1
	어림값은 있으나 계산과정 없음		3	3	2	8
	에너지값을 대략 비교하여 예측		1	1	0	0
기 타			2	2	6	1
무응답			13	4	12	10
합 계			30	30	30	30

에너지 2번 문항은 비탈면을 내려오는 사람 혹은 동물이 마찰에 의해 어느 정도의 역학적 에너지가 손실되는지 예측하는 것이었다. 이에 대하여 설명 유형을 분석해 본 결과는 아래 표 Ⅳ-22와 같다. 어림한반과 측정한 반에서 큰 차이가 나지는 않았는데 다른 문항에 비하여 기타와 무응답률이 높았고 점수도 낮았다(표 Ⅳ-16).

표 Ⅳ-22. 예측과정에서의 개념 적용력 - 에너지 2번 문항

설 명 유 형		어림한반(명)		측정한반(명)	
		사전	사후	사전	사후
근거확실	위치E - 운동E 계산	0	2	0	2
근거 불확실	전부 다 손실	0	1	0	0
	운동에너지만 고려	1	3	0	0
	위치에너지만 고려	2	2	2	4
	위치에너지 일부의 손실	2	2	0	2
	운동에너지+위치에너지	0	1	1	0
	마찰 적어 손실 거의 없다	4	0	1	0
기 타		14	10	10	4
무응답		7	9	16	18
합 계		30	30	30	30

전체적으로 문제를 해결하기 전에 문제의 해답이 어떻게 나올지를 예측하라고 한 경우 어림활동을 한 학생들은 측정활동을 한 학생들보다 개념을 적용하여 예측하거나 근거를 타당하게 생각하여 예측하는 경향성이 더 많았다. 어림의 경험은 관련 개념을 정성적으로 이해하도록 도와 예측과정에서 개념을 잘 적용하도록 도왔다. 그런데 에너지 중에서 마찰에 의한 역학적 에너지 손실 개념은 측정활동을 한 학생들이 어림한반 학생들에 비하여 더 쉽게 적용하였다. 측정 경험은 이와 같이 이상화되지 않은 실제 세계에 대한 경험을 제공하여 마찰이나 에너지 손실에 대하여 이해하도록 도왔다.

(3) 문제를 계산하는 능력에 미치는 효과

문제의 해답을 예측하는 과정에서 개념을 적용하는 능력 평가 문항과 동일한 내용을 다루지만, 이번에는 필요한 정보를 모두 제시한 문항을 학생들에게 제시하고, 계산을 하도록 하였다. 그리고 계산 문제에 대한 학생들의 능력을 평가한 결과가 표 Ⅳ-23에 제시되었다.

계산 문제를 푸는 능력은 속력이나 밀도의 경우 어림활동과 측정활동 간에 차이가 없었다. 속력의 경우 두 반 모두 변화가 없었고 밀도의 경우 두 반 모두 유의미하게 향상하였다. 다만 에너지 개념에 대하여는 어림한 반의 계산 능력이 유의미하게 증가하였다(표 Ⅳ-23).

표 Ⅳ-23. 어림한반과 측정한반의 문제 계산력 향상 정도

개 념	반	대 상	사 전	사 후	t
속 력	어림한반[a]	n＝93명	3.34[b](3.35)[c]	3.39(3.22)	-0.13
	측정한반	n＝94명	3.68(2.84)	3.13(3.09)	1.88
밀 도	어림한반	n＝89명	2.38(3.55)	4.17(4.21)	-4.62**[d]
	측정한반	n＝93명	2.82(3.54)	4.37(3.83)	-3.21**
에너지	어림한반	n＝65명	0.88(1.97)	2.43(0.43)	-3.54**
	측정한반	n＝65명	1.18(2.68)	0.94(2.40)	1.03

[a]: 어림한반은 어림먼저반에서 어림을 한 후의 상태를 의미한다.
    측정한반은 측정먼저반에서 측정을 한 후의 상태를 의미한다.
[b]: 평균 점수(10점 만점)
[c]: 표준편차
[d]: * $p < .05$, ** $p < .01$

(4) 문제에 대한 반성과정에 미치는 효과

어림한반과 측정한반 학생들이 반성을 하는 근거의 차이를 알아보기 위하여 계산 문제를 푼 다음 자신의 해답이 옳은지 틀리는지에 대하여 적고 그 이유를 쓰도록 하였다. 분석을 위하여 세 가지 개념 모두에 대하여 유사한 반성 유형 틀을 만들었다. 관계식이나 계산에 대한 검산 등을 한 유형, 계산 결과의 물리적 의미를 생각해 본 유형, 설명이 해석 불가능한 기타 유형으로 구분하였다. 관계식 계산에 대한 검산 유형은 다시 두 가지로 나뉘었다. 한 가지는 매우 자세한 검토과정이 답란에 적혀 있는 학생 유형이고, 두 번째 유형은 관계식이 기억이 나지 않아서 계산을 못한 유형을 의미한다. 예를 들어 "관계식이 기억나지 않아서"라는 설명은 두 번째 유형의 학생에 포함시켰다. 물리적 의미 유형의 학생들은 계산값이 물리적으로 의미 있는지를 논의한 학생들이다. 따라서 "나의 계산값이 실제와 비교하여 너무 큰 것 같다."라고 쓴 학생은 자신이 적은 값의 물리적 의미를 생각해 본 범주로 포함시켰다.

1) 속력

1번 문항에서 관계식 검산이나 계산 검산을 바탕으로 자신의 해답의 옳고 그름을 판단한 학생의 수가 어림한반은 8명에서 7명으로 줄었지만, 측정한반은 4명에서 9명으로 늘어났다. 측정한반 학생들은 관계식이나 계산을 더 강조하여 학습한 것으로 보였다(표 Ⅳ-24).

표 Ⅳ-24. 문제해결 후 반성 유형-속력 1번 문항

설 명 유 형		어림한반(명)		측정한반(명)	
		사전	사후	사전	사후
물리적 의미	숫자의 물리적 의미 분석	2	1	3	0
관계식	관계식 검산, 계산 검산에 근거함	8	7	4	9
	계산을 몰라서	5	13	4	11
기 타		1	0	0	0
무응답		14	9	19	10
합계(명)		30	30	30	30

2번 문항에 대한 반성 유형을 검토해 본 결과, 계산 결과의 물리적 의미에 대하여 분석한 학생들이 어림한반에서만 증가하였다(표 Ⅳ-25). 그런데, 관계식에 근거를 두고 검토한 학생들은 1번 문항의 결과와 같이 측정한반에서 더 증가하였다(표 Ⅳ-25).

표 Ⅳ-25. 문제해결 후 반성 유형-속력 2번 문항

설 명 유 형		어림한반(명)		측정한반(명)	
		사전	사후	사전	사후
물리적 의미	숫자의 물리적 의미 분석	1	5	2	2
관계식	관계식 검산, 계산 검산에 근거함	5	7	0	4
	계산을 몰라서	4	10	2	11
기 타		1	0	0	0
무응답		19	8	26	13
합계(명)		30	30	30	30

2) 밀도

밀도 문제를 풀게 한 후 그 문제에 대한 학생들의 반성과정을 분석하였다. 먼저 밀도 1번 문항에 대한 반성 유형을 검토해 본 결과, 계산 결과의 물리적 의미에 대하여 분석한 학생들이 어림한반의 경우 더 늘어났다. 그에 비해 관계식에 근거를 두고 검토한 학생들은 속력의 경우와 같이 측정한반은 증가 경향이, 어림한반은 감소 경향이 있었다(표 IV-26).

표 IV-26. 문제해결 후 반성 유형 - 밀도 1번 문항

설 명 유 형		어림한반(명)		측정한반(명)	
		사전	사후	사전	사후
물리적 의미	숫자의 물리적 의미 분석	0	2	0	0
관계식	관계식 검산, 계산 검산에 근거함	1	2	1	2
	계산을 몰라서	17	13	12	13
기 타		2	1	2	1
무응답		10	12	15	14
합계(명)		30	30	30	30

밀도 2번 문항에서도 1번 문항과 비슷한 경향이 나타났다. 물리적 의미에 대한 반성은 어림한반에서 약간 더 증가하였으나 계산과 관련된 반성 유형이 측정한반에서 약간 증가 경향이 있었다(표 IV-27).

어림활동은 물리적 의미를 생각하는 것에 도움을 준 반면 측정활동은 반성과정에서 관계식이나 검산을 하도록 유도한 것으로 보였다.

표 Ⅳ-27. 문제해결 후 반성 유형-밀도 2번 문항

설 명 유 형		어림한반(명)		측정한반(명)	
		사전	사후	사전	사후
물리적 의미	숫자의 물리적 의미 분석	0	3	1	0
관계식	관계식 검산, 계산 검산에 근거함	1	1	1	1
	계산을 몰라서	10	9	10	13
기 타		2	1	1	1
무응답		17	16	17	15
합계(명)		30	30	30	30

3) 에너지

에너지 문제를 풀고 반성을 하도록 하였을 때, 숫자의 물리적 의미를 논의하거나 관계식에 대해 정성적으로 해석하여 답을 적은 학생들의 수는 어림한반이 약간 더 증가하였다. 반면 관계식이나 계산에 근거를 두고 반성과정을 적은 학생 수는 측정한반에서 더 증가하였다(표 Ⅳ-28).

표 Ⅳ-28. 문제해결 후 반성 유형-에너지 1번 문항

설 명 유 형		어림한반(명)		측정한반(명)	
		사전	사후	사전	사후
물리적 의미	숫자의 물리적 의미 분석	0	2	0	0
관계식	관계식 검산, 계산 검산에 근거함	1	3	2	5
	계산을 몰라서	18	15	12	16
기 타		4	2	0	1
무응답		7	8	16	8
합계(명)		30	30	30	30

에너지 2번 문항에서도 숫자나 관계식에 대한 물리적 의미를 논의한 학생은 어림한반에서 증가하고 측정한반에서 감소된 반면, 관계식에 근거를 두고 설명한 학생들의 수는 측정한반은 거의 변화가 없으나 어림한반은 감소경향을 가졌다.

표 Ⅳ-29. 문제해결 후 반성 유형 - 에너지 2번 문항

설 명 유 형		어림한반(명)		측정한반(명)	
		사전	사후	사전	사후
물리적 의미	숫자의 물리적 의미 분석	1	3	3	2
관계식	관계식 검산, 계산 검산에 근거함	0	1	0	0
	계산을 몰라서	17	12	11	11
기 타		2	2	0	6
무응답		10	12	16	11
합계(명)		30	30	30	30

이와 같이 속력, 밀도, 에너지 계산 문제에 대한 반성 유형을 검토 한 결과 어림한반 학생들의 경우에 계산 결과의 물리를 따져보는 학생의 수가 약간 늘어났고, 측정한반 학생들의 경우에 관계식이나 계산을 근거로 설명하려 하는 학생이 약간 더 늘어났다. 즉 어림활동은 물리적 의미에 강조를 둔 반성 유형을 더 증가시켰던 반면 측정활동이 어림활동에 비해 관계식이나 계산에 더 강조를 두고 반성을 하도록 도왔다.

학생들의 문제해결 과정을 개념 이해 측면, 문제의 해답에 대한 예측과정에서 개념 적용, 문제의 계산, 문제해결 후 반성과정으로 나누어 어림한반과 측정한반을 비교한 결과를 요약하면 다음과 같다. 어림활동은 개념을 정성적으로 이해하여 자세하고 옳게 설명을 하는 학생 수를 증가시키는 경향이 있었다. 측정활동은 관계식을 기억하도록 돕거나 에너지의 손실을 잘 이해하도록 도와주었다. 어림활동은 또한 학생들이 문제의 해답을 예측하는 과정에서 학습한 개념을 근거 있고 타당하게 적용하도록 도왔으며, 측정활동에 비해 그 효과가 유의미하게 컸다. 예측과정은 문제의 조건이 모두 주어지지 않은 상황에서 이루어졌는데, 어림활동이 이와 같은 상황에 대처하는 능력을 증진시킨 것으로 보였다. 계산과정에서 어림활동과 측정활동의 차이는 별로 나타나지 않았다. 반성과정에서 어림활동은 물리적 의미에 치중한 반성 유형을 증가시켰던 반면, 측정활동은 관계식이나 계산에 근거를 두고 반성을 하도록 돕는 경우를 증가시켰다.

4. 어림활동과 측정활동이 문제해결 과정에 미치는 영향에 대한 사례적 분석

본 사례적 분석은 밀도와 관련된 어림활동과 측정활동에 참여하였던 학생들 중 일부를 선정하여 어림활동과 측정활동이 문제해결 과정에 미치는 영향을 면담 및 관찰을 통하여 조사하였다. 사례적 분석은 연구의 전체적인 목적하에서 아래 두 가지의 목표를 위하여 실행되었다.

첫째, 어림활동이나 측정활동을 한 후 학생들의 문제해결 과정에 생긴 변화를 조사한다.

둘째, 어림활동이나 측정활동 중에 학생들이 무엇을 학습하는지 분석한다.

이 목표를 달성하기 위하여 어림먼저반 학생 3명과 측정먼저반 학생 3명을 면담하였다. 그들은 중상위권의 학업 성취도를 가진 남학생들로서 면담 참여를 희망하는 학생들이었다. 각 활동에 참여한 학생들 중 2명은 지식적으로 개념을 알고 있으며 비교적 계산을 잘한 학생들이었고, 1명은 개념을 전혀 모르고 계산도 잘못한 학생이었다. 연구자는 그 학생들이 문제를 먼저 풀도록 한 다음 풀어낸 방법을 면담하였고, 수업 중 학생들이 서로 토론하는 과정을 녹음하였다. 문제를 어떻게 풀었는지에 대한 면담은 어림활동과 측정활동이 학생들의 문제해결 과정에 미치는 영향을 보기 위한 것이었고 수업과정 녹음은 각 활동이 학생들에게 직접적으로 무엇을 학습하도록 돕는지 알아보기 위한 것이었다.

어림먼저반의 세 학생의 이름은 진수, 철수, 창수였고, 측정먼저반의 학생 이름은 찬이, 현이, 선이였다. 이 이름들은 학생의 본명은 아니고 편의상 만든 가명이다. 면담한 학생들의 특징을 표 Ⅳ-30에 나타내었다.

표 Ⅳ-30. 면담 대상 학생의 특징

반	이름	특 징	
		활동 전	활동 후
어림 한반	진수	개념 이해가 불충분하여 해답 예측이나 계산력 부족	개념을 정성적으로 이해하고 이를 바탕으로 해답 예측을 잘하게 됨. 계산을 잘함
	철수	개념을 지식적으로 알고는 있으나 해답 예측력은 약간 부족함. 계산은 잘했음	개념을 명확히 이해하고 이를 바탕으로 해답 예측을 잘하게 됨. 그러나 계산 관계식 혼동
	창수	개념을 지식적으로 알고는 있으나 해답 예측력은 약간 부족함. 계산은 잘했음	개념 이해 정도가 불변. 해답 예측은 여전히 부족. 그러나 계산은 여전히 잘함
측정 한반	찬이	개념을 지식적으로 알고는 있으나 해답 예측력은 약간 부족함. 계산력 보통	용어 정확히 사용. 개념 이해 부족으로 예측 못함. 계산력 보통
	현이	개념을 지식적으로 알고는 있으나 해답 예측력은 약간 부족함. 계산력 보통	개념 이해 부족으로 해답 예측 못함. 계산력 보통.
	선이	개념 이해가 불충분하여 해답 예측이나 계산력 부족	개념 이해 부족하여 해답 예측 못함. 계산은 잘하게 됨

(1) 어림활동에 참여한 학생들의 문제해결 과정의 변화

1) 진수의 문제해결 과정의 변화

진수는 어림활동 후 문제해결 과정의 변화가 컸던 학생이다. 진수는 어림활동 후 대부분의 능력이 향상되었다(표 Ⅳ-31).

표 Ⅳ-31. 진수의 점수 변화

영 역	1차 평가(사전)	2차 평가(어림활동 후)
개념 이해	0점	10점
해답 예측과정에서 개념을 적용하는 능력	2점	10점
계 산	0점	10점

① 어림활동 전 진수의 문제해결 과정

어림활동 전 평가를 실시하고 면담을 하였을 때, 진수는 밀도 개념이 잘 형성되어 있지 않은 학생임을 알 수 있었다. 우선 진수에게 밀도가 무엇인지 물어보았을 때 진수는 다음과 같이 대답하였다.

면담자: 밀도를 무엇이라고 생각하지요?
진 수: 밀도요?
면담자: 잘 모르면 모르겠다고 하면 되요. 다만 어느 정도 알고 있는지……
진 수: 같은 양 있을 때 질량 같은 거……
면담자: 같은 양이란 것은 무엇을 말하는 거지요?
진 수: ……
면담자: 양이라는 것이 무엇을 뜻하는 것인가요?
진 수: 똑같은 양이 있을 때 물체의 무게 같은 거……그……그……

　진수는 어렴풋하게 밀도가 물체의 무게와 관련된다는 것을 알고는 있었다. 또한 밀도가 물질의 "양"을 통일시키고 무게를 비교하는 것이라고 알고 있었다. 그러나 진수는 밀도가 부피를 통일시키고 질량을 비교하는 것이라고 정확히 알지는 못하였다.

　따라서 진수는 밀도 개념 이해를 묻는 두 가지의 질문에서 모두 틀린 답을 선택하였다. 예를 들어 "큰 금속 도막에서 작은 금속 도막을 떼어 내었을 때 그 밀도의 변화를 말하시오"라는 문제에서 진수는 "밀도가 커진다"는 답을 선택하였다. 사실 진수는 '큰 물체의 밀도가 크다'라고 생각하고 있음을 후에 알 수 있었는데 문제지에 그와 같은 답을 쓴 것으로 보아 그는 혼동스러운 상태였다. 진수는 문제지에 이유를 다음과 같이 썼다.

　"내가 목욕탕에 들어 갈 때와 아기가 들어갈 때 물이 넘쳐 나오는 양이 틀려서."

　진수는 밀도가 물체의 크기와 비례한다고 생각하는 것으로 보였다. 이는 면담과정에서 좀 더 자세하게 드러났다.

　　면담자: 그 말이 무슨 뜻이지요?
　　진　수: 목욕탕에 들어갈 때요. 무게 있는 사람이……가벼운 사람이 들어갈 때 물이 조금 나온다……
　　면담자: 그럼. 여기 작은 도막하고 큰 도막이 있을 때 작은 도막이 밀도가 더 커지는 건가요?
　　진　수: ……
　　면담자: 여기에서 보면 무거운 사람이 들어가면 많이 넘친다……그래서?
　　진　수: 밀도가 커져……밀도가 커지는……
　　면담자: 큰 사람이 밀도가 더 큰 거예요, 작은 아기가 밀도가 더 큰 거예요?
　　진　수: 큰 사람이요.
　　진　수: 큰 사람 밀도는요……
　　면담자: 응.
　　진　수: 그거……그 물체의 양 같은 거니까요.

면담자: 응.

진 수: 여기서 작은 밀도는 그거…….그거……큰 밀도는……작은 도막은
      작으니까 밀도가 작구요. 큰 거는 크니까 밀도가 크고……

또 같은 부피의 나무 도막과 물의 질량을 비교하는 문제에서도 진수는

"나무가 더 무거울 것 같다"

라고 적었으며 면담과정에서는 밀도가 0보다 크고 1보다 작으면 물에 뜬다
는 지식과 나무가 더 무거울 것 같다는 경험적인 생각이 공존하여 "헷갈린
다"라고 말하였다.

그는 밀도가 부피 혹은 질량과 모두 비례한다고 생각하였다. 예를 들어
농일한 부피의 알루미늄 캔과 철 캔의 질량을 비교하는 문제에서 알루미늄
캔의 질량을 더 클 것으로 예상하였다. 그는 다음과 같이 그 이유를 적었다.

"금속 질량을 잴 때 알루미늄이 철보다 무겁기 때문에"

또한 순금덩어리와 질량이 동일한 은이 섞인 왕관의 부피를 비교하는
문제에서

'금이 은 섞인 것보다 무겁다'

라고 하면서 순금덩어리의 부피가 왕관보다 더 클 것이라고 예상하였다.
그는 밀도가 큰 물질, 혹은 질량이 큰 물질의 부피가 더 크다고 생각하고
있었다.

알루미늄 캔과 철 캔의 질량 비교를 할 때, 그는 관계식을 다음과 같이
적었다.

$$\text{``계산과정} = \frac{\text{질량}}{\text{동일한 부피}}\text{''}$$

위의 식은 질량을 구하는 직접적인 관계식은 아니었으나 진수는 이 관계식을 이용하여 질량을 계산해 내곤 하였다. 따라서 진수는 알루미늄의 밀도 $2.7\ g/cm^3$, 철의 밀도 $8\ g/cm^3$를 이용하여 실제 질량을 구하지는 않았으나

"알루미늄이 27일 때 철이 80이다"

라고 적었다. 그는 자신의 식을 보면서 서로 다른 물질을 동일한 부피로 비교하였을 때 질량이 얼마인지를 대략 계산해 낼 수 있었다. 따라서 "철의 질량이 더 크다"라고 적을 수가 있었다. 이것은 진수의 예측과 반대의 결과이다. 진수는 계산하기가 쉬운 이 문제에 대하여 예측과 관계없이 계산 결과를 내었다.

순금덩어리와 질량이 동일한 은이 섞인 왕관의 부피를 비교하는 두 번째 문제에서 진수는 식을 다음과 같이 적었다.

$$\text{``계산과정} = \frac{\text{동일한 질량 }1000L}{\text{밀도}}\text{''}$$

"따라서 답은 '은이 섞인 왕관: 66g, 순금의 밀도: 100g'"

진수는 이 식에서 질량의 단위를 L라고 보았으며 이 식에 의거한다면 결과는 진수가 적은 답과 반대, 즉 은 섞인 왕관이 100g, 순금이 66g이 나왔어야 하였다. 다시 말해서 진수의 계산 결과가 뒤바뀐 것이었다. 위에서 볼 수 있듯이 진수는 부피를 구하라는 문제를 풀 때 왕관의 부피를 66g이라고 표현하여 부피의 단위 대신 질량의 단위를 사용하였을 뿐 아니라 순

금의 부피를 순금의 밀도라고 표현하여 답을 적는 등 밀도, 질량, 부피 개념을 혼동하고 있음을 보여 주었다. 이처럼 진수는 밀도, 질량, 부피가 서로 비례하며 서로 유사한 용어라고 생각하는 것으로 보였다. 이 문제에서 진수는 관계식은 비교적 옳게 세웠지만 숫자를 틀리게 대입하였다. 그 결과 진수의 답은 진수가 원래 하였던 예측과 일치하였다. 관계식은 맞았지만 진수는 숫자를 거꾸로 대입하여 이런 계산 결과가 나왔다. 진수는 부피의 단위를 "g"이라고 썼고 계산과정에서 사용한 숫자는 서로 뒤바뀐 것이었다. 그렇지만 진수는 자신의 결과에 대해 의심을 안 하였으며 옳다고 생각하였다.

진수의 면담 결과를 분석한 결과 진수가 부피, 질량, 밀도에 대하여 잘 이해하지 못하고 있음을 알 수 있었다. 밀도 개념이 부정확하고, 질량과 부피의 관계를 몰라서 밀도 개념을 혼동하는 것이 드러났다. 이는 계산 문제의 해답을 예측하는 과정에도 영향을 미쳐서, 물리적으로 틀린 방법으로 답을 예측하였으며 계산과정도 올바르지 않았다. 또한 그 과정에서 부정확한 밀도 개념 때문에 문제에서 구하고자 하는 것이 무엇인지에 대하여 이해하지 못하고 혼동을 겪었다. 진수는 계산과정에서 관계식이나 방정식을 정확하게 풀지 못하였는데, 특히 두 번째 문제에서는 자신의 예측과 일치하는 방향으로 답을 억지로 꿰맞추었다.

② 어림활동 후 진수의 문제해결 과정

어림활동을 한 후 실시한 면담 결과를 통해서 밀도에 대한 진수의 이해가 달라졌음을 알 수 있었다. 우선 진수는 다음과 같이 밀도의 정의를 일 세제곱센티미터에 해당하는 질량이라고 말할 수 있었다.

면담자: 밀도를 무엇으로 생각하는지 다시 한번 이야기해줄래요?
진 수: 밀도는 일 세제곱센티미터당 질량이라는 거……

또한 개념 이해 정도를 묻는 문제에서 밀도의 개념이 형성이 되어 있어 옳은 답을 선택할 수가 있었다. 예를 들어 같은 부피의 알루미늄 캔과 철 캔의 질량을 비교하면 어떤 결과가 나올지를 선택하는 문제에서 선택의 근거를 "알루미늄과 철을 1 cm^3씩 잘라서 질량을 재면 철이 더 무겁기 때문에"라고 적었다.

진수가 어림활동 후 밀도 개념을 이해하게 된 이유로 어림활동 중에 친구들과 한 대화 내용을 보면 알 수 있었다. 진수의 조에 참여한 학생은 진수 외에도 철수와 창수가 있으며 세 명 모두 면담에 참여하였던 학생이었다. 다음의 대화 내용을 통해 알 수 있듯이 학생들은 밀도의 값이 거시세계에서 30 g/cm^3를 넘는 경우가 거의 없고 아무리 무거운 금이라고 하더라도 그 값이 19 g/cm^3 정도밖에 안 된다는 것을 발견하였는데, 이를 통해 밀도가 물체의 질량과는 다른 것이라는 생각을 가지게 되었으리라고 여겨진다. 또 어림활동 중에 학생들은 동일한 질량이더라도 그 부피가 밀도에 따라 달라질 수 있다는 사실을 배웠다. 벌새와 골프공의 비교를 통해 학생들은 밀도가 큰 물질의 경우 동일한 질량을 가진 다른 물질에 비해 그 부피가 작을 것이라는 생각을 가지게 된 것으로 보였다.

창수: 금의 밀도하고 얼음의 밀도하고 별로 차이가 안 나는 것 같아.
철수: 뭐가 차이가 않나.
창수: 별로 그 생각보다 많이 안 나잖아. 10밖에 안 나잖아.
철수: 어떻게 19지……
진수: 아이. 거기다 얼음은 물에 뜨는 거구.
철수: 얼음은……
창수: 밀도 모르는 사람하군 별로 안 된다구. 난 맨 처음 100몇 차이가 나는 줄 알았다구. ……
진수: 벌새 몇 마리가 골프공 하나의 질량에 해당하는가?
철수: 몇 마리일까? (세어봄.)
철수: 벌새가 너무 많지 않나? 골프공 하나에……

이와 같이 진수는 어림활동을 통해 밀도 개념을 형성해 나갔다. 어떤 물체의 질량이 매우 크더라도 밀도가 작을 수 있으며, 이 세상에서 그 밀도가 아주 큰 물질인 금의 밀도도 20 g/cm^3 이하라는 사실을 통해 질량과 밀도가 서로 다른 것임을 알게 되었다. 또 진수는 부피와 질량이 별개의 것이며 밀도가 큰 물질의 경우 같은 질량이라도 부피가 작을 것이라는 사실을 깨달았다.

이와 같은 과정을 거쳐 형성된 진수의 밀도 개념이 계산 문제를 예측하고 풀어 나가는 과정에 어떤 영향을 미쳤는지 살펴보았다. 우선 진수는 부피가 동일한 순금반지(24k 반지)와 은을 섞은 금반지의 질량(18k 반지)을 비교하는 문제에서 다음과 같은 근거를 가지고 예측을 하였다.

"24k 반지가 더 무겁다. 금의 밀도가 은이 섞여 있는 것의 밀도보다 크기 때문이다."

이 문제에 대한 계산을 할 때 진수는 관계식의 정확한 기억이나 적용은 여전히 잘 못하였다. 진수는 관계식을 아래와 같이 적었다.

" 18k반지 $= \dfrac{17}{2} = 34g$"

" 24k반지 $= \dfrac{19}{2} = 38g$"

하지만 진수는 이 이상한 식을 통해 정확한 답을 얻었고, 그 답은 진수의 예측과도 일치하였다.

두 번째 문제에서는 알루미늄청동(김익달 편, 1958: 알루미늄을 5~10% 포함한 청동)으로 만든 물체와 순수한 구리로 만든 물체가 동일한 질량일 때 부피를 예측하라고 하였다. 진수는 다음과 같이 적었다.

"구리의 밀도가 크기 때문에 같은 질량이라면 알루미늄청동의 부피가 더 클 것으로 생각한다."

그리고 계산 문제에서는 계산식을 아래와 같이 세웠다.

"구리 $750 \div 8 = 93.6 \ cm^3$, 알루미늄 $750 \div 7.5 = 100 \ cm^3$"

다음은 그가 두 번째 문제에 대한 계산을 한 과정에 대한 면담이다.

진　수: 밀도가 8이고 질량이 모두 750이니깐요……밀도가 클수록 부피가 작아지니까요.
면담자: 음
면담자: 예측과도 맞았어요?
진　수: 구리가 더 크다고 그랬는데요.
면담자: 구리가 더 컸다구?
진　수: 아니. 구리가 더 작았다구요.

위의 계산과정이나 면담을 통해 알 수 있듯이 진수는 밀도가 크면 동일한 질량일 때 부피가 작아진다고 생각하고 있었으며, 적절한 나눗셈을 통하여 정확한 답을 내었다. 그리고 이러한 진수의 생각은 계산 문제의 해답에 대한 예측이나 반성과정에 반영이 되었다.

전체적으로 어림활동 전후에 나타난 진수의 문제해결 과정을 살펴볼 때 가장 두드러진 점은 진수가 밀도와 부피, 질량에 대하여 가진 개념의 변화였다. 사전에 이 세 가지 물리량이 서로 비례관계라고 생각하고 혼용하였던 것에 비해, 어림활동 후에는 그렇지 않았다. 진수는 밀도값을 어림하고 비교하는 활동을 통해 밀도 개념을 형성해나갔고, 이는 계산 문제에서 답을 어느 정도 예측 할 수 있도록 도왔다. 그리고 그 예측에 부합하도록 답을 계산하였다. 진수가 사용한 관계식은 어림활동 전후에 크게 변하지 않았고 부정확하였다. 반면 진수의 예측은 어림활동 후 정확하게 바뀌었고 그 과정에서 개념도 정확하게 적용되었다.

진수의 경우에 문제해결 과정에서 어림활동 후 형성된 개념으로 인해 주어진 문제를 정확히 이해하였고 그 결과를 옳게 예측하였다. 그리고 관계식이 부정확함에도 불구하고 자신의 예측과 일치하도록 계산을 하여 옳은 답을 구하였다. 따라서 진수와 같이 방정식 계산에 서투른 학생들이 어림을 통하여 계산 결과를 적절히 예측할 수 있다면 물리 문제 풀이에 있어서 수학 능력 부족으로 인한 어려움이 어느 정도 극복될 것으로 보인다.

문제풀이과정에 대한 선행 연구는 문제해결 초보자들이 문제를 풀 때 시행착오적이며 수단목표 접근법적 성향(Bhaskar & Simon, 1977; Larkin, 1980)을 지녔다고 하였다. 전문가들이 자신의 지식의 구조에 기인하여 문제를 구조적으로 해결해 나가는 것과는 달리 초보자들은 목표를 선정하면 그것의 해결을 위해 시행착오적으로 숫자를 대입하여 결과를 낸다는 것이다 (Bhaskar & Simon, 1977; Larkin, 1980). 진수도 이와 같았다. 문제해결 과정에서 진수는 방정식을 푸는 능력이 부족하고 밀도 개념도 부정확한 초보자였다. 그는 자신이 예측한 결과대로 답이 나오기를 원하였고, 식을 자신의 방식대로 풀었다고 여겨진다. 면담에 참여하였던 6명의 학생 중에서 5명의 학생들이 자신이 예측한 결과대로 문제를 계산하는 특징을 보였는데 증거 평가 연구에서 생각기초반응(Kuhn, et.al., 1988)을 하는 것과 유사하였다.

이와 같은 결과를 일반화하기 위해 본 연구에서는 학생들이 계산 관계식을 풀 때 자신이 예측한 결과와 계산 결과가 일치하는 경우가 어느 정도인지 알아보았다. 밀도 평가에 참여한 전체 173명의 학생들을 대상으로 2번 문제(질량이 같으나 다른 물질-알루미늄청동과 구리-로 만든 두 물체의 부피 비교)에 대한 예측 결과와 계산 결과를 비교하여 보았다. 그 결과 예측 결과와 계산 결과가 일치하는 학생들이 그렇지 않은 경우보다 유의미하게 많은 것으로 나타났다(표 Ⅳ-32).

예측에서 알루미늄청동이라고 응답한 학생 55명 중에는 계산과정에서

식을 정확하게 세워 답을 그와 같이 내는 경우도 있었으나, 식이 틀렸음에도 불구하고 알루미늄청동이 답으로 나오도록 하는 경우가 있어, 예측과 계산 모두 알루미늄청동이 답이라고 한 학생 수가 44명이나 되었다. 예측을 알루미늄청동이라고 하였지만 계산을 구리라고 한 학생 수는 11명에 불과하였다. 예측을 구리라고 응답한 학생들 46명 중에 21명은 계산을 통하여 답이 알루미늄청동이 나오게 한 학생들인데, 이 학생들은 식을 잘 알고 있기는 하지만 예측을 잘못한 경우들이다. 그 외 25명은 예측도 잘못하였고 계산도 잘못한 학생들인데 그들은 나름대로 식을 세워 계산을 하였고 그 결과가 자신의 예측과 일치하는 결과인 구리가 나오도록 하였다.

이 표에서 알 수 있듯이 예측과 계산 결과가 일치하는 학생 수가 그렇지 않은 학생 수보다 많았다($p < .01$). 다만 예측을 구리라고 하였으나 알루미늄청동이라고 계산을 한 학생 수가 21명으로 비교적 많았던 이유는 예측은 잘못하였지만 관계식을 정확히 기억하고 방정식을 잘 푼 학생들이 많았기 때문이다. 따라서 이 표를 통해 관계식을 잘 모르는 학생들의 경우 주로 예측 결과가 계산 결과와 일치하며 계산과정에서 자신의 예측 결과가 반영되고 있음을 알 수 있었다.

표 Ⅳ-32. 동일한 질량이며 알루미늄청동과 구리로 각각 만든 물체의 부피 비교 문제

계산 \ 예측	알루미늄 청동	구리	계
알루미늄 청동	44명	21명	65명
구 리	11명	25명	36명
계	55명	46명	101명

(무응답: 72명. $\chi^2 = 12.88$, $p < .01$)

2) 철수의 문제해결 과정의 변화

표 Ⅳ-33은 철수의 점수 변화표이다. 철수는 진수와 같은 조원이었다. 철수의 점수는 어림활동 전에 상위권이었다. 개념 이해 관련 문제도 잘 풀었고 관계식을 정확하게 사용하여 계산하였으며 계산 결과도 정확하였다. 철수는 밀도 개념을 잘 이해하고 있는 학생으로 보였다.

표 Ⅳ-33. 철수의 점수 변화

영 역	1차 평가(사전)	2차 평가(어림활동 후)
개념 이해	10점	9점
해답 예측과정에서 개념을 적용하는 능력	6점	10점
계 산	10점	5점

① 어림활동 전 철수의 문제해결 과정

철수는 밀도를 물질의 고유한 양이라고 생각하고 있었다.

면담자: 그럼 철수. 우선 밀도를 무엇이라고 생각하지요?
철 수: 밀도요?
면담자: 음
철 수: 물체의 고유한 양이요. ……고유한 양.

따라서 철수는 큰 금속 도막에서 작은 금속 도막을 떼어내었을 때의 밀도가 변하지 않는 이유를 다음과 같이 적었다.

"밀도는 물체의 고유한 양이기 때문에 양이 다르더라도 밀도는 같다."

철수는 나무가 물에 뜨는 것을 보고 나무의 밀도가 물보다 작은 것을 생각해 내었고 따라서 "물의 질량이 더 크다"라고 응답하였다. 철수는 밀도와 질량이 비례한다고 생각하고 있었다. 나무와 물이 같은 부피만큼 있을 때 질량 비교하는 것을 물어보자 철수는 다음과 같이 말하였다.

면담자: 이 문제의 답은 어떻게 알아냈지요?
철　수: 나무 도막을요 물에다가 딱 넣어보면……뜨잖아요.

철수는 부피가 동일한 알루미늄 캔의 질량과 철 캔의 질량 비교 문제에서 예측을 잘하였다. 그렇지만 예측의 근거는 단순한 "짐작"이라고 하였다. 그리고 예측과정에서의 개념적용 2번 문제, 즉 질량이 동일한 순금덩어리와 은이 섞인 왕관의 부피를 비교하는 문제에서도 철수는 정답을 맞추었는데 다음과 같이 그 설명을 적었다.

"은이 금보다 가볍기 때문에 같은 양으로 하기 위해서는 왕관이 더 크다."

이와 같이 철수는 비교적 개념을 잘 가지고 있었다. 부피와 밀도, 질량의 관계가 이미 정성적으로 이해가 되어 있는 것으로 보였다. 또한 계산 문제를 풀어 갈 때 관계식을 정확하게 적용하여 올바른 답을 구하였다. 비록 철수가 사용하는 용어가 정확하지는 않았지만 부피와 밀도, 질량의 관계를 이해하고 있었고 관계식을 이용한 문제 풀이도 잘하였다.

② 어림활동 후 철수의 문제해결 과정

철수가 어림활동 전에 밀도와 관련된 개념 문항에 대한 답을 "밀도가 고유한 양이기 때문에"라고 단순하게 적었던 것에 비하여 어림활동 후에 설명에서 밀도가 단위부피에 해당하는 질량이라는 것이라는 생각을 가지게 된 것으로 보였다. 어림활동 후 철수는 개념 문제풀이 과정에서 1000g의 물에서 떠낸 10g의 물의 밀도가 어떤가라는 질문의 답을 다음과 같이 하였다.

'같은 양으로 칠 때 밀도는 같다.'

알루미늄청동과 구리의 부피를 비교하라는 예측 1번 문제를 통해 볼 때 철수는 밀도가 부피에 반비례한다는 것을 알고 있었다. 예측 문제에서 철수는 개념을 적용하여 비교적 잘 해내었다. 그리고 예측 근거도 1차 평가 때보다 자세하고 타당하였다.

"구리가 알루미늄보다 밀도가 클 것 같아서. 밀도는 부피가 적을수록 크기 때문에."

그런데 계산을 할 때 사전에 이루어진 1차 평가에서와는 다른 결과가 나왔다. 사전에 철수는 계산을 잘하였으나 2차 평가에서 질량을 잘못 구하였다. 철수는 식을 적을 때 밀도를 부피로 나누어 질량을 구하였다. 그는 이 과정을 통해서 18k 반지의 질량을 8.5g, 24k 반지의 질량을 9.5g으로 구하였는데 이 결과는 철수의 예측과 일치하였다. 그는 자신의 예측에 비추어 이 계산 결과를 옳다고 생각하였다. 진수의 경우와 같이 철수도 관계식을 새로 만들어 적용하였는데, 예상과 맞는 결과가 나오자 그 계산법이 수학적으로 틀렸음에도 불구하고 별로 의심하지 않고 옳다고 생각하였다.

면담자: 이 문제를 어떻게 풀었는지 설명해 주겠니?
철 수: 그러니까 여기서요 밀도 구하는 관계식은요. 부피분에 질량이니깐요. 질량을요 엑스로 놓았을 때요 부피분에 밀도로 하면은요, 구할 수 있어요.

전체적으로 살펴볼 때 철수의 경우는 어림활동 전에도 어느 정도 밀도 개념이나 계산력을 갖추고 있었다. 다만 철수는 어림활동 후에 밀도를 비교하기 위해 부피를 단위 부피로 통일시키고 질량을 비교해야 한다는 개념을 더 명확히 이해한 것으로 보였다. 어림활동 후에 철수는 계산 관계식을 잊어버린 것으로 보였는데 철수는 자신의 결과가 예측 결과와 동일하자, 잘못 기억해 낸 자신의 계산법이 옳다고 생각하였다. 철수의 문제해결 과정에서 어림활동을 통한 개념의 이해는 예측과정에 긍정적인 영향을 주었지만 계산 방법을 익히는 것에는 별로 효과적이지 않았다. 철수도 진수와 마찬가지로 예측과 일치하는 계산 결과에 대하여는 의심을 하지 않았다.

3) 창수의 문제해결 과정의 변화

① 어림활동 전 창수의 문제해결 과정

창수 역시 어림활동을 한 다음 측정활동을 한 학급의 학생이었다. 창수의 개념 점수는 보통 수준이었고 예측은 잘못하였으나 계산 문제는 정확하게 풀었다.

표 Ⅳ-34. 창수의 점수 변화

영 역	1차 평가(사전)	2차 평가(어림활동 후)
개념 이해	5점	10점
해답 예측과정에서 개념을 적용하는 능력	3점	3점
계 산	10점	10점

1차 면담에서 창수는 밀도를 부피 분의 질량으로 대답하였다. 같은 부피의 나무 도막과 물의 질량을 비교하는 개념 문제에서는 "부피가 동일할 때엔 나무 도막의 질량이 더 크다"라는 답을 택하였고 그 이유를 "잘 몰라서 찍었음"이라고 하였다.

밀도 개념 문제에서 답을 쓴 이유를 설명하라고 하였을 때, 밀도가 크기와 관계없이 일정하다는 언급을 하였는데, 그렇게 생각한 이유는 설명하지 못하고 단순히 '선생님의 말씀'이라고 이야기하였다.

면담자: 밀도에 대해서 물어보려고 해요.
면담자: 그럼 학생이 아는 대로 이야기해요.
면담자: 밀도를 뭐라고 생각하지요?
창　수: 부피 분에 질량
면담자: 작은 금속 도막. 큰 금속 도막. 작은 금속 도막 여기서 여길 떼어낸 거지요? 밀도의 변화가 없다고 했지요? 왜 그렇게 생각한 거지요?
창　수: 밀도는 크기에는 상관없으니까.
면담자: 크기에는 상관없어요? 그건 어떻게 알았어요?
창　수: 그건. 선생님께서 예전에 가르쳐 주셨는데요.

　창수는 밀도에 대한 올바른 개념이 잘 정립되지 않은 학생이었다. 따라서 창수는 예측도 잘못하였는데, 동일한 질량의 왕관과 순금덩어리의 부피를 비교하는 문제에서 금이 은보다 무겁다는 것을 설명하면서 순금덩어리의 부피를 더 크다고 예측하였다. 즉 창수는 밀도가 질량과 부피에 비례한다고 생각하였다.
　반면 창수는 계산에 능숙하였다. 계산 능력은 창수가 밀도 개념을 가지고 있는지 없는지에 별다른 영향을 받지 않았다. 창수에게 계산은 수학적 기능의 평가 영역이었으며 물리 개념의 이해와는 별개의 것이었다. 창수는 개념이 부족하였기 때문에 계산 결과가 물리적으로 옳은지에 대하여 생각하는 능력, 즉 반성과정에서 자신감이 부족하였다.

면담자: 그 다음……이건 어떻게 풀었니?
창　수: ……질량나누기 밀도……
면담자: 계산하면 얼마죠? ……
창　수: ……
면담자: 예측과 맞아요? ……예측과 틀리죠? ……어디가 잘못된 것 같아요?
창　수: 그냥 잘 모르겠어요……

　창수는 자신이 구한 답과 예측을 비교하고, 그 이유를 쓰라고 하였을 때, "나의 해답이 맞다. 식을 알고 있어서"라고 적었다. 이처럼 창수는 이 밀도 계산 문제에서 과학이 아니라 산술적인 계산을 한 것이었다.

② 어림활동 후 창수의 문제해결 과정

어림활동 후에 창수는 밀도 개념에 대하여 더 이해할 수 있었다. 밀도 개념 문제에 적어 놓은 설명 유형이 어림활동 후(2차 면담)에 1차 면담 때와 다르게 변하였다. 같은 부피의 알루미늄 캔과 철 캔의 질량 비교에서 창수는 "부피가 동일할 때엔 철 캔의 질량이 더 크다"라는 응답을 선택하였고, 그 이유를 "철 캔이 알루미늄 캔보다 밀도가 큰 걸로 알고 있어서"라고 적었다.

이처럼 어림활동 후 창수는 동일한 부피인 경우에 밀도가 큰 물질의 질량이 더 크다는 생각을 가지게 되었다.

또한 크기에 따라 밀도가 달라지지 않는 이유로, 부피 분의 질량은 어차피 나누어준다고 설명하였다. 1차 면담에서는 "선생님의 말씀"이라고 적은 것에 비해 어림활동 후에는 창수가 밀도를 정성적이면서 정확하게 이해하고 있음을 알 수 있었다.

면담자: 이건 무슨 말이야? 밀도가 크기와 상관없다구?
창 수: 밀도가 크기와 상관없어요. 부피 분의 질량은 어차피 나눠주니까.

그렇지만 창수는 밀도가 다르고 질량이 같은 두 물체의 부피를 비교하는 예측문제에서 1차 면담에서와 같이 밀도가 무거운 것이 그 부피도 크다라고 생각하였고 이유는 다음과 같이 적었다.

'알루미늄청동의 부피가 더 크다. 알루미늄이 구리보다 무겁다고 생각해서'

창수는 이와 같은 잘못된 생각 때문에 계산 문제의 해답을 예측하는 과정이나 반성을 하는 과정에서 혼란을 겪었다. 사실 창수는 계산을 잘하였다. 관계식을 정확하게 기억할 수 있었고 방정식을 잘 풀었다. 부피와 밀도를 이용하여 질량을 계산하거나 질량과 밀도를 이용하여 부피를 계산할 수 있었다. 그러나 그는 밀도가 순수한 구리보다 작은 알루미늄청동으로 만든 물체와 순수한 구리로만 만든 물체의 질량이 같을 때 부피를 비교하는 문제에서 예측을 할 때 "알루미늄이 구리보다 무거워서 알루미늄청동이 답이다"라고 적어서 그가 밀도가 큰 것의 부피가 크다라는 생각을 가지고 있음을 드러내었다. 사실 이 예측은 틀린 것이었으나 그 결과는 계산값과 일치하였다. 창수는 계산을 통하여 알루미늄청동의 부피를 약 100mL, 구리의 부피를 93mL라고 하였고(정답) 그 결과가 예측과 같다고 하여 답이 옳다고 생각하였다.

창수는 문제에서 알루미늄청동과 구리의 밀도가 나왔고 계산을 할 때에 그 밀도값을 이용하였음에도 불구하고 여전히 알루미늄청동이 구리보다 더 무겁다고 생각하고 있었다. 따라서 자신의 생각에서 모순점을 발견하지 못하였다. 그리고 자신의 예측과 계산 결과가 일치하자 자신의 해답이 옳다고 생각하였다. 그런데 면담 결과를 통해 창수가 자신의 주장에 모순이 있음을 발견하였다.

    면담자: 이 문제는 어떻게 풀었지요?
    창 수: 밀도분에 질량이 부피니까.
    면담자: 예측과 같니?
    창 수: 예.
    면담자: 예측이 이게(알루미늄청동의 부피) 왜 더 크다고 하였어?(구리의
            부피보다)
    창 수: 구리보다 좀 더 무겁다고 생각해서.
    면담자: 밀도가 커 알루미늄이? 문제를 봐요. 알루미늄청동이 더 밀도가
            작은데?
    창 수: 잘못 풀었어요. 예측하고 틀린 것 같아요.

창수는 문제에서 알루미늄청동과 구리의 밀도가 제시되어 있지만 잘 보지 않았던 것이다. 따라서 문제를 다시 보여주었을 때 대화내용과 같이 혼동스러워하였다.

즉 창수는 밀도와 부피 관계를 정확히 이해하지는 못하였다. 이는 문제해결을 할 때 문제에 대한 올바른 이해를 하지 못하는 결과를 초래하였다. 창

수는 수학적인 능력은 있지만 그 문제를 정성적으로 이해하는 능력이 부족하였으며, 어림활동을 통하여 부족한 부분을 완전히 학습하지는 못하였다.

위의 결과들을 종합하여 보면, 어림활동을 통한 개념의 이해는 진수와 철수의 경우 문제를 이해하거나 예측을 하는 것에 영향을 주었으나 세 명 모두에게 계산방법의 연습에는 큰 영향을 주지 않음을 알 수 있었다. 그리고 대부분의 계산 결과는 학생 자신이 예측한 것과 일치하였다.

(2) 측정활동에 참여한 학생들의 문제해결 과정의 변화

1) 찬이의 문제해결 과정의 변화

① 측정활동 전 찬이의 문제해결 과정

측정먼저반에 있었던 찬이의 점수는 표 Ⅳ-35와 같았다. 개념 이해 문항을 잘 풀었으나 해답예측 과정에서 개념을 적용하는 능력은 보통이었고 계산도 절반 정도만 맞았다. 그런데 찬이는 측정활동 후에 변화가 거의 없었다.

표 Ⅳ-35. 찬이의 점수 변화

영 역	1차 평가(사전)	2차 평가(어림활동 후)
개념 이해	9점	10점
해답 예측과정에서 개념을 적용하는 능력	4점	3점
계 산	5점	5점

그러나 구체적으로 면담을 통해 살펴보면 찬이는 밀도의 관계식을 알기는 하였지만 정확하게 용어를 사용하지는 못하였다. 따라서 밀도를 설명하

라고 하였을 때 찬이는 다음과 같이 관계식으로 설명하였다.

> 면담자: 잘 알겠어요……그 다음……너는 밀도가 무엇이라고 생각하는 거야?
> 찬 이: 부피 분의 질량 아닌가요?
> 면담자: 그것에 덧붙일 것은 없니? 알기 쉽게 밀도를……
> 찬 이: 밀도를……밀도는 부피분의 질량……

큰 금속에서 작은 금속 도막을 떼어내면 그 밀도가 어떻게 될 것인지를 설명하라고 하였을 때 찬이는 다음과 같이 질량 대신에 "밀도"라는 용어를 사용하였다. 이는 찬이가 밀도와 무게를 혼동하고 있음을 드러낸 것이다.

"부피도 작아지고 밀도도 작아지니까 $\dfrac{2}{2} = \dfrac{1}{1}$ 이 되는 셈이다."

찬이는 밀도를 무게에 밀접한 어떤 것으로 여겼다. 다음은 같은 부피의 나무와 물의 질량을 비교하는 문제에 대한 면담과정인데 여기서도 이와 같은 찬이의 생각이 드러난다.

> 면담자: 이 말을 선생님에게 설명을 좀 해주겠니?
> 찬 이: 부피 분의 질량이잖아요. 부피는……어……질량……부피……질량……
>   모르겠어요.
> 면담자: 설명을 제대로 해봐.
> 찬 이: 부피가요. 나무하고 물하고 똑같다고 하였잖아요.
> 면담자: 부피가?
> 찬 이: 부피가……어……이것과 이것하고 똑같으니까……그렇게 하고 계산
>   했어요.
> 면담자: 음……
> 찬 이: 질량인데……나무 도막이 아무리 무거워도요. 물보단 안 무거울 것
>   같은데요. 물이 더 무겁거든요.

148

문제의 해답을 예측하는 과정에서 찬이가 밀도가 큰 물질의 질량이나 부피가 크다는 생각을 가지고 있음이 드러났다. 찬이는 '동일한 부피이면 밀도가 큰 물질의 질량이 더 크다'라는 개념을 가지고 있었기 때문에 예측을 할 때에도 그 개념에 의거하여 하였다. 예를 들어 같은 부피의 알루미늄 캔과 철 캔의 질량 비교를 할 때에도 "철이 무거우니까"라고 적었다. 또한 동일한 질량이면서 밀도가 다를 때 부피가 어떻게 될 것인지에 대한 예측 문제에서는 "밀도가 높으면 부피가 높다"고 적었는데 은의 밀도가 크기 때문에 은이 섞인 왕관의 부피가 같은 질량의 순금덩어리보다 더 크다고 생각하였다.

> 면담자: 그러고 2번은? 이건 어떻게 알았지요?
> 찬　이: 들어본 것 같아요. 어떤 왕이 왕관을 만들려고 했는데 은이 섞인걸 어떤 사람이……물에 담은 걸……밀도를 계산해 가지구……밀도를 계산해 가지구……
> 면담자: 어떻게 계산했는데요?
> 찬　이: 물을 넣어보니까. 얼만큼 늘어나는가. 어.
> 찬　이: 은하고 섞인 걸 넣어보니까 더 많이 늘어나는……
> 면담자: 근데 그게 왜 더 늘어나요?
> 찬　이: 밀도가 높으니까.

찬이는 부분적으로 개념을 혼동하고 있었지만 밀도의 관계식을 정확하게 알고 있었기 때문에 밀도와 부피를 이용하여 질량을 계산하는 것은 잘 하였다.

> 찬　이: 아. 이거 잘못 계산했는데요. 이게 부피잖아요. 부피분의 질량하면 은 부피가 200이고 이게……5400(정답)
> 면담자: 아 이거 곱한 거야?
> 찬　이: 아, 이거 잘못 계산했어요……그니까. 200분에 엑스는 2.70이니까……
> 면담자: 그러면 얼마나 와요? 말로 해봐요.
> 찬　이: 이게 부피잖아요……질량. 밀도 2.70이니까……한……잠깐만요. 540 (정답)

면담자: 단위는?

찬　이: 질량이니까. 그럼

면담자: 그다음. 이게 철이예요, 알루미늄이예요?

찬　이: 알루미늄이요.

면담자: 그럼 철은?

찬　이: 200분에 엑스는 8이니까. 1600

찬　이: 그람.

면담자: 알루미늄은 아까 540. 철은 1600그램?

면담자: 맞다고 생각해요?

찬　이: 맞다고 생각하는데요.

　　그러나 찬이가 용어를 혼동하고 개념을 부분적으로 밖에 이해하지 못함으로 인해 2번 문제의 계산과정에서 어려움이 생겼다. 2번 계산 문제(아르키메데스의 일화 문제: 은 섞인 왕관, 순금덩어리의 부피 비교)에서 찬이는 관계식을 적용하여 문제를 풀기는 하였지만 은의 부피가 크다라는 것을 은의 무게가 더 나간다고 표현하거나 부피와 질량을 혼동하여 사용하는 등 혼란을 보였다. 그리고 그 결과에 대하여 반성하라고 하였을 때 "문제의 뜻을 모르겠다"라고 적었다. 즉 찬이는 계산은 하였지만 개념이 정확하게 형성되어 있는 것은 아니었고, 따라서 문제에 대하여 잘 이해하지도 못하였다. 찬이가 부피와 질량을 혼동하고 있음은 면담과정에서도 드러났다.

면담자: 부피를 계산하는거야.

찬　이: 질량은. 질량……일 킬로그램……분에……킬로그램이니까……

면담자: 단위는?

찬　이: 부피니까. 세제곱센티미터

면담자: 순금덩어리의 부피는? 이게 아까 얼마였어?

찬　이: 66.6

면담자: 그럼 이것은?

찬　이: 1000나누기 밀도니까. 20

면담자: 20?

찬　이: 은이 더 무겁잖아요.(찬이는 은이 무거우므로 부피가 크다라고 생각하였다.)

전체적으로 사전(1차 면담)에 찬이는 계산 문제를 풀 수 있었지만 밀도 관련 용어를 정확히 구사하지는 못하였고 개념이 정확하게 형성되어 있지 않았다. 이는 결국 문제를 잘 이해하지 못하게 하였을 뿐만 아니라 계산 후 반성과정에서 부정확한 설명을 하게 되는 원인으로 작용하였다.

② 측정활동 후 찬이의 문제해결 과정

측정활동 후 2차 면담에서 찬이는 밀도를 단순히 관계식만을 언급하던 방식에서 조금 더 자세히 "밀도는 그 물체를 부피와 질량에 따라 계산한 것.(부피는 얼마이고 질량은 얼마이다)."라고 설명하였다. 아울러 찬이는 밀도 관련 용어를 비교적 1차 평가 때보다 정확하게 구사하였다. 다음과 같은 설명을 보면 알 수 있다.

'부피가 같을 때는 질량이 커질수록 밀도가 커지는데 철 캔이 더 무거워 보이므로'

찬이는 동일한 부피일 때 밀도가 질량과 비례한다는 것을 아는 것으로 보였지만 밀도와 질량, 부피의 전체적인 관계에 대하여 어려워하였다. 찬이 는 질량이 같은 경우 밀도가 작으면 크기가 작다고 생각하여 밀도와 부피 관계를 잘 모르고 있음을 드러내었다. 다음은 이러한 찬이의 생각을 보여 주는 답안의 일부이다.

'청동보다는 구리가 더 가볍기 때문에 질량이 같다면 크기가 더 작을 것 같다'

찬이는 밀도와 부피를 가지고 질량을 계산하는 문제에서 방정식을 세우 고 잘 계산해 내었다.
그런데 부피 계산은 어려워하였고 답도 틀렸다. 찬이는 부피를 계산하는 관계식을 "질량×밀도"로 세웠다. 찬이는 밀도가 큰 구리의 부피가 청동보다 더 크다고 하였는데 이 결과는 찬이의 예측과도 일치하였다. 진수, 철수, 창수와 마찬가지로 찬이도 역시 방정식을 잘 모를 때 계산 관계식을 스스로 만들어 하였는데 그 결과는 찬이의 예측과 일치하였다. 찬이가 만든 관계식을 통해 계산하였더니 그 결과는 찬이의 예측과 일치하였고 그로 인해 찬이는 관계식의 진위를 전혀 의심하지 않았던 것이다. 다음 내용은 밀도와 부피가 제시된 문제에서 질량을 계산하는 과정이다. 참고로 찬이는 답안지에 "750×7.5 = 청동의 부피, 750×8 = 구리의 부피"라고 적었다.

면담자: 2번은 어떻게 풀었어?
찬　이: 질량이 750이니까요. 엑스분의 750해서.
면담자: 그래서 누구의 부피가 더 크게 나왔어요?
찬　이: 알루미늄청동하구 구리하고……구리였던 것 같은데요?(찬이는 예측을 구리하고 하였다. 찬이의 답은 예측과 일치하였다.)

어림활동 후 진수와 철수는 비록 관계식은 부정확하였지만 밀도가 큰 물질이 부피가 작아질 것을 예상할 수 있었다. 어림활동 중 아무리 그 부피가 거대한 물체라도 구성 물질의 밀도가 작은 경우 질량이 작을 수 있고 아무리 부피가 작아도 밀도가 크다면 그 질량이 클 수 있다는 사실을 직관적으로 경험해 본 학생들은 밀도와 부피와 같은 반비례관계를 쉽게 이해할 수 있었다. 그러나 그런 사실을 경험해 보지 못한 측정활동반의 찬이는 이에 대하여 이해하지 못하였다. 학생들에게 어려운 반비례관계를 수학적으로만 이해하는 것보다 어림활동을 통해 직관적으로 이해하게 한다면 수학적인 능력이 부족한 학생에게 도움이 될 것이다. 그렇지만 측정활동 중에는 이와 같은 경험이 없었다. 이는 찬이가 자신의 개념을 이용하여 예측을 정확하게 하지 못한 결과를 초래하였다.

2) 현이의 문제해결 과정의 변화

① 측정활동 전 현이의 문제해결 과정

현이의 점수 변화는 다음 표 Ⅳ-36과 같다. 개념 이해나 개념을 적용하는 능력 점수는 별로 변하지 않았고 계산 능력만 향상되었다.

표 Ⅳ-36. 현이의 점수 변화

영 역	1차 평가(사전)	2차 평가(어림활동 후)
개념 이해	9점	10점
해답 예측과정에서 개념을 적용하는 능력	5점	3점
계 산	5점	6점

1차 면담에서 현이는 밀도에 대하여 부분적으로 올바른 개념을 가지고 있음을 보여 주었다. 현이는 밀도를 재질이 같으면 동일한 어떤 것으로 생각하고 있었으며, 나무 도막이 물에 뜨면 물보다 나무 도막의 질량이 가볍다고 생각하고 있었다.

> 면담자: 먼저 밀도가 무엇인지 이야기해보겠니?
> 현　이: 밀도요?
> 면담자: 왜 모른다고 썼어요?
> 현　이: 그대로예요.
> 면담자: 그럼, 이 문제는 어떻게 풀었어요?
> 현　이: 예?
> 면담자: 이 문제에서 밀도가 작아진다, 커진다라는 말이 나오는데 이건 어떻게 알았어요?
> 현　이: 그런데요, 밀도가 어떤 내용인지는 모르는데요, 밀도는 그 재질이나 그 성격이 같으면요, 크기나 크기에 따라 아니 작거나 크거나 그거에 따라 밀도가 변하지 않는 그런 거 같아요.

면담자: 이거는(1번 문제: 같은 부피의 나무 도막과 물의 질량 비교) 어떻게 풀었지요?

현 이: 물의 밀도가 1이니까 나무 도막이 물에 뜨고 그러니까

또한 동일 부피의 알루미늄 캔과 철 캔 중에서 질량이 큰 것을 예측하라고 할 때, 현이는 질량을 밀도와 비례한다고 생각하고 "답은 철 캔. 밀도가 더 크기 때문에."라고 적었다. 그러나 현이는 순금덩어리와 은이 섞인 왕관의 질량이 동일할 때 어느 것의 부피가 더 큰지 예측을 하는 사전 문제에서 왕관의 부피가 줄어드는 것으로 생각하였다. 현이는 처음부터 독특한 생각을 가지고 있었다. 즉, 두 종류 이상의 물질이 섞이면 섞기 전의 총 부피에 비해 전체 부피가 줄어든다고 생각하였다. 이 연구에서는 이런 현이의 생각을 '혼합 알갱이 생각'이라고 명명하여 다루겠다.

현 이: 은하구요, 금하구요, 아니, 내가 잘못하였나? 아이. 은을 크게 놓았을 수도 있잖아요.

면담자: 그래서?

현 이: 아, 그 원소가요, 금은요, 크고 은은 금보다 작아서요. 이렇게 막 말하자면 요만한 상자에 야구공, 야구공이, 야구공만 들은 거랑 야구공하고 골프공하고 들은 거랑 하면은 더 줄어들잖아요.

야구공과 골프공이 각각 10부피만큼 있을 때 둘을 섞으면 총 부피가 20보다는 작다는 것이 현이의 생각이었다. 그런데 현이의 이와 같은 생각은 잘 변하지 않았고, 이와 같은 현이의 생각은 부피를 예측하는 문제에서 계속 영향을 미쳤다.

현이는 밀도와 부피를 가지고 질량을 비교적 정확하게 계산하였다. 예측과 비교하였고 그 결과가 옳은지 틀린지는 "$\frac{질량}{부피}$이 밀도이므로 $\frac{x}{부피}$ = 밀도"라는 식을 근거로 하여 판단하였다. 그런데 현이의 경우 관계식은 옳았지만 값을 잘못 대입하여 결과가 알루미늄 캔의 질량이 철 캔

의 질량보다 더 무겁게 나왔다. 이 결과는 현이가 처음에 예측한 것과도 달랐으나 현이는 자신의 예측보다는 계산을 신뢰하였다.

> 면담자: 이거를 어떻게 풀었는지 말해줄래요? 이거는 어떻게 풀었니?
> 현　이: 이거는 부피분의 질량해서요. 부피가 200밀리고 질량이 안나와 있으니깐 엑스로 둔 다음에요. 2.7……
> 면담자: 아아, 곱한 거구?
> 현　이: 예.
> 면담자: 넌 예상은 어떤 것이 더 무겁다고 했니? 철이 더 무겁다고 했니, 아니면 알루미늄이 더 무겁다고 했니?
> 현　이: 철이 무겁다고 했는데요(웃음).
> 면담자: 근데 이렇게 결과가 나왔는데 별 불만은 없니?
> 현　이: 알루미늄……헤……알루미늄이 더 무겁다구…….
> 면담자: 이 결과가 맞는 것 같니, 예측이 맞는 것 같니?
> 현　이: 이게 맞는 것 같아요.

그러나 현이는 계산 결과값이 너무 작게 나오면 의심을 하였다. 왕관의 부피가 0.015mL가 나왔는데 현이는 이 답을 보고 자신의 계산이 이상하다고 생각하였다.

> 현　이: 아주 이상해요.
> 면담자: 왜 그렇지요?
> 현　이: 분수로 나왔거든요.
> 면담자: 어.
> 현　이: 어, 왜 이렇게 나오지?
> 면담자: 그럼 소수점으로 계산하면 되잖아……왜? 보여주고 설명해 봐요.
> 현　이: 모양이 이건 틀렸다.
> 면담자: 어떻게 나왔는데?
> 현　이: 어……
> 면담자: 이거 어떻게 나온 숫자야?
> 현　이: 예?
> 현　이: 이런 것 같아요. 부피분에 질량해서요. 1000씩 나누어 줘서 이거. 1000으로 나누어 주면 이렇게 나와요. 근데 이게 좀 이상한 것 같다.

면담자: 이건 왕관. 순금의 부피 계산할 수 있니?
현   이: 부피요?
현   이: 아이. 계산이 잘못 된 것 같은데요.
면담자: 그래 알았어. 수고했어요.

이상의 면담을 통해 측정활동 전에 현이는 밀도 개념을 부분적으로 이해하고 있었으나 서로 다른 두 물질을 혼합하면 무조건 부피가 작아진다는 오개념을 함께 가지고 있음을 알 수 있었다. 그리고 이와 같은 오개념 때문에 문제의 해답을 틀리게 예측하였다. 현이는 첫 번째 문제에서 자신이 예측한 결과와 계산 결과가 일치하지 않을 때 계산 결과를 신뢰하였는데, 이는 현이가 문제를 정성적으로 충분히 이해하고 어떤 결과가 나올지 잘 모르고 있기 때문에 발생한 결과였다. 두 번째 문제에서 계산 미숙으로 인하여 너무 작은 숫자가 나왔을 때에야 비로소 자신이 계산 결과를 의심하였다.

② 측정활동 후 현이의 문제해결 과정

현이는 측정활동 후에도 밀도를 부피분의 질량의 비라고 여겼다. "물 1000g이 들어있는 그릇에서 10g의 물을 펐다. 이때 10g의 물의 밀도는 어떻게 될까?"에 대한 응답을 보면 그의 생각을 알 수 있다.

"모든 게 $\frac{1}{100}$로 줄었을 것이다. 그러므로 만약 $\frac{1000}{1000}$이라면 $\frac{10}{10}$이 되고 그래도 1은 똑같다."

현이가 가진 혼합 알갱이 생각은 측정활동 후에도 계속적으로 예측과 계산과정에 영향을 주었다. 18k 반지와 24k 반지 중에서 질량이 큰 것이 무엇인지 설명하라고 하였을 때, "순금만으로 된 것은 원소 분자의 크기가 크고 순금과 은으로 된 것은 원소 분자가 작아서"라고 설명하였다. 이 설명으로는 현이의 생각이 명확하게 드러나지는 않으나 면담과정에서 드러나

는 현이의 혼합 알갱이 생각을 고려해 보면 이 설명이 그 모형과 관계있다
는 것을 알 수 있었다. 또한 알루미늄청동으로 만든 부속품과 순수한 구리
로 만든 부속품의 부피를 비교하는 예상 문제에서도 이 모형에 근거를 두
고 순수한 구리의 부피가 더 클 것으로 생각하였다.

　현이는 계산을 할 때에 관계식은 옳게 적었으나 계산과정에서 틀려서 결과가 잘
못 나왔다. 그는 " 알루미늄청동 $= \dfrac{750}{7.5} = 1 cm^3$, 구리 $= \dfrac{750}{8} = 93.7\ldots cm^3$ "
라고 적었으며, 그 결과에 대해 의심을 하지 않았다. 또한 현이의 이 계산 결
과는 예측과 일치하였다. 면담과정에서 다시 한번 계산을 하게 하였을 때 현
이는 예전에 자신이 작성한 답안지를 보고 여전히 구리의 부피가 더 크다고
하였다. 이는 면담 학생들에게서 공통적으로 나타난 특징으로서 자신의 결과
와 예측이 일치하였다.

　　면담자: 2번은 어땠어요? 식만 이야기해주세요.
　　현　이: 부피요?
　　면담자: 음
　　현　이: 부피 구하려면 밀도 분의 질량……
　　면담자: 그래서 알루미늄청동의 부피는?
　　현　이: 7.5이구……구리는……8……100……93.7……
　　면담자: 예측과 비교했을 때 맞았니? 예측에서 누가 더 크다고 했어요?
　　현　이: 구리……

　그러나 잠시 후 현이는 자신의 계산 결과가 잘못 된 것을 알았다. 그리
고 그 결과 알루미늄이 더 크게 나왔다. 그때 현이는 계산 결과에 더 신뢰
를 두고 자신의 예측에 쓴 자신의 답을 바꾸려고 하였다.

　　현　이: 아. 아 편집……
　　현　이: 편집하구요, 알루미늄이라고 하지요.
　　면담자: 왜?
　　현　이: 계산대로.
　　면담자: 계산대로?

　현　이: 예.

　현이는 기본적인 계산 능력은 가진 것으로 보였다. 그러나 현이는 자주 숫자를 잘못 대입하여 엉뚱한 결과를 내었다. 예를 들어 밀도를 뒤바꾸어 넣어서 결과를 잘못 낸다든지, 소수점 계산을 틀리게 하였다. 그러나 이런 실수 때문에 계산 결과가 잘못 나왔을 때라도, 그 결과가 예측과 일치하면 계산에 대한 어떤 의심도 품지 않았다. 그리고 면담과정에서 계산을 옳게 다시 하였을 때 자신의 예측을 주저하지 않고 바꾸었다. 즉 현이의 예측은 별로 근거가 없이 이루어져서 현이 자신도 신뢰하지 못하였다.

　전체적으로 면담과정을 분석해 볼 때, 현이는 혼합 알갱이 생각 때문에 전반적으로 혼란스러워하였다. 또한 이것은 현이가 문제에 대하여 올바르게 이해하는 것을 방해하였다. 그리고 문제의 해답에 대한 잘못된 예측을 유도하였다. 이는 측정활동에 의해 변화되지 않는 개념이었다.

　면담과정을 통해 다른 학생들에 비하여 현이는 뚜렷한 오개념을 가지고 있는 것으로 드러났다. 그리고 측정활동은 오개념 변화에 별다른 영향을 주지는 못하였다. 따라서 현이의 경우 측정활동 후에 변하지 않았던 이와 같은 오개념이 어림활동에 의해 변화하는지를 보았다. 연구자는 어림활동이 측정활동에 비해 밀도, 부피, 질량의 관계를 더욱 구체적으로 경험해 볼 수 있도록 도와 이는 오개념에 어떤 변화를 가져올 것으로 예상하였다. 현이는 어림활동 후 질량은 같지만 밀도가 작은 함석과 밀도가 큰 철 제품의 부피를 비교하라고 하였을 때, 여전히 혼합 알갱이 생각을 따라서 "철과 아연을 합친 것은 부피가 적다. 철과 아연의 부피가 다르기 때문이다."라고 답하였다.

　그러나 면담 결과를 보면 '혼합 알갱이 생각'과 '질량이 같은 경우 밀도가 작은 물질의 부피가 크다'라는 두 가지 생각이 갈등을 하고 있음을 알 수가 있었다.

현　이: 이런 문제 풀 때는 그 생각이 나거든요. 있잖아요. 작고 크고 해서 구체적으로……

면담자: 그래서?

현　이: 그게 아닌 것 같은데……

면담자: 작고 크고가 무엇인데요?

현　이: 이게요, 농구공과 야구공이 있을 때 농구공 사이에 야구공이 있다면 그 생각이 나거든요……그래서……

면담자: 밀도가 작은 함석과 밀도가 큰 철이 있다면 누가 더 부피가 클 것 같지요?

현　이: 함석.

면담자: 함석이 더 부피가 커요? 왜지요?

현　이: 근데……밀도가 작으면 작을수록요, 질량이 똑같으면 부피가 커지잖아요……

현이의 경우 밀도가 작을 때 질량이 동일하면 부피가 커진다는 생각을 가지게 된 이유는 어림활동에 의한 것이다. 이것은 어림활동 중 현이와 조원들의 대화를 보면 알 수가 있다. 어림활동을 통해 학생들은 밀도, 부피, 질량 사이의 관계를 정성적으로 이해하는 활동을 하였고, 어림활동은 밀도, 부피, 질량 사이의 관계에 대한 이해에 도움을 주었다.

현이: 태양의 밀도가 지구의 밀도보다 작은 이유는? 태양이 폭발하니까……가스……가스……가스가 모인 거니까, 지구는 거기서 한조각 떠어져 나온 거지만……아무튼 가스……가스만으로 이루어진 건 아니니까……지구는……

찬이: 한마디만 말할게. 부피는 태양이 더 커. 부피가 클수록 밀도는 더 작아져.

현이: 응, 찬이. 너 정말 똑똑하다.

찬이: 질량이 태양이 더 크지만 밀도차보다는 떨어진다는 거지.

선이: 그니깐 한마디로 말해서

현이: 부피곱하기 밀도가 질량이니까……

현이: 아니 문제를 잘 봐봐. 1세제곱센티미터씩 떼어냈잖아. 조금씩. 조금씩. 그니까 그 부피는 똑같아.

선이: 부피는 똑같다구?

찬이: 부피가 같을 때, 부피가 같을 때 태양은 더 가볍잖아……

3) 선이의 문제해결 과정의 변화에 대한 사례적 분석

선이는 처음에 밀도 개념을 잘 몰랐고 예측이나 계산은 거의 못하였다. 그러나 측정활동 후 개념 이해 점수가 높아졌고 계산력도 향상하였다(표 Ⅳ-37).

표 Ⅳ-37. 선이의 점수 변화

영 역	1차 평가(사전)	2차 평가(어림활동 후)
개념 이해	4점	10점
해답 예측과정에서 개념을 적용하는 능력	0점	3점
계 산	0점	5점

① 1차 평가 때 선이의 문제해결 과정

측정먼저반의 선이는 처음 면담에서 밀도가 무엇인지 몰랐다. 면담과정이나 선이가 쓴 답안지를 분석해 보면, 선이가 "부피가 작은 것이 밀도가 작다"라고 생각하고 있음을 알 수 있었다.

면담자: 먼저 이 문제이거든. 금속 도막 문제……이거 답을 1번이라고 했지. 왜 그렇게 했는지 설명해 줄래요? 선생님이 네가 쓴 말만 보면은 확실히 무슨 말인지 모르거든요?
선 이: ……
면담자: 그럼 선생님이 네가 쓴 것처럼 그대로 읽어볼께.
면담자: 처음에 있던 것보다 부피가 작기 때문이다? 그러니까. 이것이 부피가 더 작으니까 밀도도 작다? 그렇게 쓴 거니?
선 이: ……예.

면담자: 그 다음
면담자: 나의 생각에는 나무 도막이 물보다 가벼워서 물의 질량이 더 크다?
면담자: 밀도가 뭐라고 생각하니?
선 이: 밀도요?
선 이: 아……한숨
선 이: 가서 공부 좀 해 올께요.
선 이: 아. 괜히 한다고 했어요. 잘 모르겠어요.

또한 같은 재질의 큰 물체와 작은 물체를 그림으로 제시하고 어느 물체의 밀도가 더 큰지 물어보는 문제에서, 선이는 큰 물체를 택하였다. 이는 선이가 부피가 큰 물체일수록 밀도가 크다는 생각을 가지고 있음을 드러낸다.

선이가 밀도를 잘 몰라서, 문제 해답을 예측하는 과정이나 계산하는 과정이 잘 이루어지지 못하였다. 그러나 선이는 부피나 질량이 무엇을 의미하는지는 대략 알고 있었다.

면담자: 그랬을 때 부피가 어느 게 더 클까? 부피가 무엇이라고 생각하지요?
선 이: 부피요? 부피란……어……크기.
면담자: 그럼 질량은?
선 이: 질량이요?
선 이: 무게 아니에요?

그러나 선이는 밀도가 무엇인지 몰랐기 때문에 문제에 대한 예측을 잘할 수 없었고 계산도 못하였다.

② 측정활동 후 선이의 문제해결 과정

선이는 측정활동 후에 있었던 면담에서 밀도를 부피분의 질량으로 정의하였다. 물 1000g이 들어 있는 그릇에서 10g의 물을 펐을 때 밀도를 비교하라는 개념 문제에서 선이는 다음과 같이 적었다.

'밀도가 $\dfrac{질량}{부피}$ 이기 때문에 1000g의 물은 부피가 커지므로 질량도 같이 커지기에 만약 부피가 $2cm^3$, 질량이 2g이라면 밀도는 $1\ g/cm^3$이고 작은 것도 부피가 $\dfrac{1g}{1cm^3} = 1\ g/cm^3$일 것이다.'

그렇지만 같은 부피의 알루미늄 캔과 철 캔의 질량을 비교하는 문제에서 "내 생각으로는 부피가 같으면 질량 역시 증가하여서 같을 것 같다."라고 답하였다. 이처럼 선이의 밀도 개념은 여전히 잘 형성되어 있지 않았다. 또한 선이의 이런 개념은 면담과정에서도 나타났다. 그는 철의 질량이 크지만 밀도는 철보다 알루미늄이 더 크다고 생각하였다. 이는 선이가 밀도를 정성적으로 이해하고 있지 않음을 보여준다.

선 이: 음 이거. 음……3번일 것 같아요.
면담자: 왜요?
선 이: 알루미늄……의 질량보다요 철의 질량이 더 클 것 같아요.
면담자: 밀도는 어때요?
선 이: 밀도요?
선 이: 밀도는……음 밀도는……
면담자: 알루미늄이 더 클 것 같아요, 철이 더 클 것 같아요?
선 이: 알루미늄이요.
면담자: 밀도는?
선 이: 예.
면담자: 밀도를 뭐라고 생각하는가요?
선 이: 부피분에 질량이요.

측정활동 후 선이는 1번 문제(18k와 24k 반지의 부피가 동일하다면 어느 것의 질량이 클까)에서, "순수한 금일수록 더 질량이 클 것 같다."고 응답하였다. 또한 순수한 구리로 만든 제품과 알루미늄청동으로 만든 제품의 부피를 비교하라는 문제에서는 "순수한 구리일수록 부피도 더 클 것 같다"라고 응답하였다. 즉 선이는 물체의 질량을 예측할 때 순수성 여부와 관련지어서 응답하였다. 이것은 선이의 밀도 개념이 잘 형성되어 있지 못한 결과라고 볼 수 있다.

선이는 질량 계산도 잘못하였다. 다만 이렇게 잘못 계산하여 질량을 구한 결과로 24k짜리가 더 크게 나와 예측과 일치하였다. 반면 선이는 밀도와 질량을 이용하여 부피를 계산하는 것은 잘하였다.

밀도 개념이 부족하였고 예측이나 계산을 전혀 못하였던 선이는 측정활동 후 밀도 관계식을 기억하게 되었다. 또한 계산도 어느 정도 하였다. 그러나 선이는 밀도 개념을 정확하게 형성하게 된 것은 아니었고, 따라서 예측이나 반성과정에서 불완전한 밀도 개념으로 인하여 어려움을 겪었다.

문제해결 과정에 대한 여섯 명의 학생의 면담 결과를 요약하면 다음과 같다.

개념에 대한 이해가 부족한 학생들은 원활한 문제해결을 위하여 도움을 주는 예측과 반성 영역에서 어려움을 겪는 것으로 나타났다. 예를 들면 창수나 찬이, 선이와 같이 밀도를 관계식으로만 암기하고 있을 때 밀도 관련 문제에 대한 해답의 예측을 어려워하였다. 특히 부피와 밀도 관계와 같이 반비례관계의 경우 학생들에게 더 어려웠다. 하지만 어림활동을 통해 부피와 밀도의 관계를 직관적으로 알게 된 진수는 수학적인 능력은 좀 부족하였지만 이와 관련된 문제를 정확히 이해하고 있었으며, 답을 예측하고 이를 바탕으로 계산까지 할 수 있었다.

문제해결 과정 중 계산 영역에서 학생들이 어려움을 겪은 것은 수학적인 능력의 부족 때문이었다. 그런데 학생들 중 많은 수가 자신이 예측한 결과가 나오도록 계산을 하였다. 이를 고려해 볼 때, 어림활동을 통하여 숫자에 대한 직관을 가지도록 하는 것은 수학적 능력이 부족한 학생들이 물리 문제를 푸는 데에 도움을 줄 것으로 여겨진다.

어림활동 후 면담한 세 명 모두 밀도를 전보다 정성적으로 이해하고 있었다. 어림활동을 한 후 학생들은 밀도 개념이 좀 더 명확해져서 밀도 문제의 해답을 예측할 때 개념을 잘 적용하여 근거 있게 하는 경우가 많았다. 측정활동은 개념의 이해보다는 관계식을 정확히 기억하도록 하였다.

(3) 어림활동과 측정활동 과정의 프로토콜 분석 결과

1) 어림활동 학생들의 대화 내용의 분석

어림한반 학생들은 물질의 밀도를 서로 비교하거나 어림하는 활동을 통하여 밀도값에 관심을 가지게 되었다. 이와 같은 과정은 밀도를 과학책에만 나오는 추상적인 개념이 아니라 자신의 경험에 의한 지식 구조와 관련된 개념이 되도록 도왔다. 어림활동을 하는 동안 학생들은 고체 물질의 밀도가 $20 \, g/cm^3$ 이상이 되는 것이 거의 없음도 알게 되었고 상당히 무거운 고체 물질이라고 하더라도 얼음과 같은 비교적 가벼운 고체 물질과 비교하였을 때 $20 \, g/cm^3$ 이상의 밀도 차이가 거의 나지 않는다는 것을 알게 되었다. 학생들은 경험적으로 고체 물질의 질량, 부피 등을 측정하였을 때 가볍고 작은 물질과 무겁고 큰 물질의 질량 부피 등이 100단위 이상 나는 경우를 흔히 접한다. 그러나 밀도의 경우 매우 큰 물질과 작은 물질의 값의 차이가 $20 \, g/cm^3$ 정도일 뿐이라는 사실을 알게 되어 밀도가 질량이나 부피와는 다른 개념임을 이해하게 된 것이다.

구체적으로 다음에 나오는 대화 내용에 위의 사실이 드러났다.

아래 대화 내용을 보면, 학생들은 무거운 물질인 금과 얼음의 밀도 차이가 $10 \, g/cm^3$ 정도밖에 나지 않는다는 사실을 의외로 받아들였다는 사실을 알 수 있다.

창수: 금의 밀도하고 얼음의 밀도하고 별로 차이가 안 나는 것 같아.
철수: 뭐가 차이가 않나.
창수: 별로 그 생각보다 많이 안 나잖아. 10밖에 안 나잖아.

164

철수: 어떻게 19지……
진수: 아, 거기다 얼음은 물에 뜨는 거구.
철수: 얼음은 아무렇지도 않아.
창수: 난 맨 처음 100몇 차이가 나는 줄 알았다구.

또한 이 학생들은 가벼운 생물체인 벌새가 20여 마리 정도 있어야만 골프공의 질량과 같아진다는 사실을 통하여 밀도, 질량, 부피의 관계를 자연스럽게 알게 되었다. 즉 학생들은 동일한 질량이라고 하더라도 밀도가 다르면 부피가 달라질 수 있다는 사실을 자연스럽게 이해할 수 있었다.

학생들은 기존의 경험에 의하여, 부피가 크면 물체의 질량도 어느 정도 커진다고 생각하고 있었다. 따라서 학생들은 벌새와 같은 밀도가 작은 동물은 20여 마리 정도가 모여야 골프공 질량과 같아진다는 사실을 알고 놀라게 되었는데, 그 이유는 벌새 20여 마리 정도면 그 부피는 골프공보다는 클 것이기 때문이었다. 벌새 20여 마리의 부피가 골프공보다 크기 때문에 그 질량도 클 것으로 생각하였으나 사실은 그렇지 않았다. 이와 같은 내용의 학습은 학생들이 질량이 동일한 물질들의 경우, 밀도가 큰 물질은 그 부피가 크지 않고 오히려 작다는 사실을 이해하도록 도운 것으로 보였다. 이는 '밀도$=\dfrac{질량}{부피}$'라는 관계식을 단순히 암기하는 것을 통하여 밀도와 부피가 반비례관계라고 생각해내는 것과는 다른 성격의 학습이며, 밀도와 부피의 반비례관계에 대한 정성적이고 경험적인 이해라고 볼 수 있다.

진수: 왜 밀도 차이날까.
창수: (또 읽음)……태양과……
철수: 큰 소리로 읽어.
(큰 소리로 읽음……)
진수: 벌새 몇 마리가 골프공 하나의 질량에 해당하는가?
철수: 몇 마리일까?
(세어봄.)
철수: 벌새가 너무 많지 않나? 골프공 하나에……
(다른 논의 후 정리 단계에서)

    창수: 새롭게 알게 된 점 두 가지
    진수: 밀도가 클수록 부피가 작아진다.
    창수: 맞어
    철수: 뭐라구?
    창수: 밀도가 클수록 부피가 작아진다.

    위와 같이 어림활동은 밀도값을 학생들의 경험과 관련시키도록 하여 밀도, 질량, 부피의 관계를 이해하도록 도왔다. 그리고 그 결과 밀도에 대한 개념 이해 문항을 풀 때 자신의 답에 대한 이유를 정성적이고 자세하게, 그리고 현상과 관련지어 설명을 하는 학생 수가 측정한반보다 어림한반에서 더 증가하였다.

    또한 어림활동에 참여한 학생들은 밀도를 어림하기 위하여 다양한 방법을 시도하였다. 사람, 추, 그리고 나무의 밀도를 어림하는 동안 학생들은 사람과 나무의 밀도를 어림할 때 물에 어느 정도 뜨는지를 생각해 보고 어림하였다. 반면 추는 물에 가라앉기 때문에 추를 구성하는 물질이 무엇인지 고려하였다. 이처럼 물에 뜨는지의 여부, 얼마나 뜨는지에 대한 고려, 물질의 종류에 대한 고려, 자료의 수집, 부피와 질량의 어림을 통한 계산 등이 그들이 시도한 방법들인데, 이렇게 다양한 방법으로 어림을 해보는 경험을 통해 학생들은 밀도를 더 잘 이해하고 관련 문제 상황에서 밀도 개념을 쉽게 적용할 수가 있었다.

    아울러 숫자가 안 주어진 예측 문제에서도 밀도 예측을 좀 더 근거 있게 해 낼 수 있었던 원인도 여기에 있었다. 예를 들어 어림활동 중에 학생들은 라돈(Radon)이라는 기체 물질의 밀도를 궁금해 하였다. 그 물질은 처음 들어본 물질이었는데 밀도값이 제시되어 있지 않았다. 그러자 학생들은 기존의 자료들을 동원하여 밀도를 계산해 내었다.

    창수: 라돈도 한 3~4 정도 될 것 같은데
    창수: 선생님한테 물어보자.
    진수: 선생님도 모른데.

창수: 3~4는 안되겠다. 0.00012……

진수: 최소한.

창수: 1은 안될 것 같아. 아무리 무겁다 그래도……아니다. 알 수 있다. 저번에 했던 코끼리를 잰 다음에 수소랑.

진수: 어떻게 재?

창수: 아이. 그니까 수소, 코끼리 몇 마리하구 수소한 거는 세 마리 반이었잖아. 그 차이를 구한 다음에 비례식을……(대화에서 말하는 그림은 다양한 물질의 밀도에 대하여 비교한 그림을 모은 책(Ash,1996)에 나온 것이었다. 그 책에는 거대한 애드벌룬 속에 수소 기체가 가득 있을 때와 라돈 기체가 가득 있을 때 그 무게를 코끼리에 비유하여 그려 놓은 그림이 있었다.)

진수: 코끼리 몇 마리인지……

철수: 나도 나도.

창수: 여깄다. 여기 있다.

철수: 근데 그 수를 어떻게 다 세?

진수: 아냐. 수 써있어. 여기……400마리.

창수: 400마리? ……400 대 3.5니까.

진수: 3.5에 400나눠봐.

철수: 잠깐만. 부피도 구해야 하잖아.

창수: 몇 배를 하면.

진수: 그래 몇 배를 하면 되지. 수소의 그게 나왔는데……

창수: 400에서 3.5니까……흠……이거를 소수점 한 다음에 4000으로 하면은……1.1십 150에서 3, 5, 15(3×5=15)에서 4하면은 5, 4, 20(5×4=20) 그리고 4, 4,……20하면은 약 114배. 그러면은

진수: 한 0.01……0.014

창수: 0.014

창수: 라돈도 그렇게 안 무겁네. 생각보다.

철수: 맞어.

이상과 같이 어림활동은 학생들이 밀도값을 경험세계와 관련지어 이해하도록 도와 밀도, 질량 그리고 부피 사이의 관계를 정성적으로 이해하도록 하였으며 문제에서 주어진 정보가 불충분하여도 기존의 지식이나 자료 혹은 어림값 등을 사용하여 대략적인 계산을 하는 기회를 가질 수 있도록 하였다.

2) 측정활동 학생들의 대화 내용의 분석

측정활동에 참여한 3명의 학생들은 측정과정 자체에 몰두하였기 때문에 측정값을 가지고 토론하는 기회가 별로 없었다. 측정활동 전반에 걸쳐서 메스실린더 눈금 읽는 법과 액체의 질량을 재기 위해 빈 비커의 질량을 측정하여 빼는 등의 활동을 하느라 학생들은 매우 분주하였으며, 새롭게 알게 된 점을 적으라고 하였을 때에야 비로소 자신의 측정값에 대한 반성을 위해 잠깐 토론을 하였을 뿐이었다.

측정과정은 계속적인 선택의 과정이었다. 예를 들어 아래 대화 내용을 보면 학생들은 먼저 메스실린더로 부피를 재어야 할지, 비커의 질량을 재여야 할지 선택해야 하였고, 이어서 메스실린더로 부피 눈금을 읽을 때에도 선택을 해야만 하였다. 그 후 질량을 측정하는 과정에서도 분동 중 어느 것을 올려야 좋을지 토론을 통하여 선택을 하였다. 따라서 아직 측정에 능숙하지 못한 중학교 학생들이 밀도를 측정하기 위하여 시간이 많이 필요하였고 측정값에 대한 반성이나 밀도 개념에 대한 이해를 위해 소요된 시간은 거의 없었다.

현이: 메스실린더가 있어야 되.
현이: 메스실린더로 부피를 구해야 되니깐.
현이: 아 여기 있다.
현이: 아, 잠깐. 여기에서 빈 비커의 무게……질량을 빼야지.
선이: 메스실린더 먼저.
찬이: 비커를 먼저 재야지.
현이: 아, 우선 메스실린더부터 재야지.
찬이: 갖구와?
현이: 어, 갖구와.
현이: 아, 이 상태는 말야. 90.3g에서 빈 비커의 질량을 빼야 되.
현이: 어.
현이: 아, 먼저 빈 비커의 질량을 뺐어야 했는데. 아. 아.
현이: 순서가 쪼금 오차가 있어서 그렇긴 하지만……
현이: 이렇게 해도 괜찮긴 괜찮아.

168

현이: 찬이야, 메스실린더 갖구와.
(메스실린더를 이용하여 부피를 측정한다.)
찬이: 오십……육
현이: 부피 오십육
현이: 비커 빼야지, 비커
선이: 부피지 이거? 부피가 오십육 나왔지
(윗접시 저울을 이용하여 질량을 측정한다.)
현이: 왜 얹어? 이쪽이 무거운데
선이: 이걸로 크고.
현이: 이걸 빼야 되. 아니야, 아니야 이거 빼. 이거 빼, 0.5g짜리. 어렵다
현이: 세모, 세모 얹어. 그거 올리라니까 세모.
찬이: 야, 빨리 재.
현이: 이쪽이 약간 무거워.

위의 대화 내용을 보면 측정활동을 하면서 학생들이 선택하는 법을 익힌다는 것을 알 수 있다. 중학생 수준에서 밀도 측정 과제는 결코 쉽지 않았다. 메스실린더 눈금을 읽는 것이나 질량을 잴 때 특정 질량을 가진 분동을 올리고 내리는 것과 같은 일련의 과정을 모두 토론을 통하여 결정해야 할 정도로 어려운 과제였다. 따라서 측정활동을 통해 측정을 하고 있는 밀도라는 추상적인 개념을 익히기에는 어려움이 많았으며, 측정활동은 눈금 읽기 능력의 향상이나 측정 오차에 대한 경험 등과 같은 측정 자체의 목적을 위해 필요하였다.

또한 측정활동 중에 학생들은 값을 계산하기 위해 부피와 질량을 나누는 것을 익혔다. 학생들은 자신이 측정한 부피와 질량으로 밀도를 계산하였다. 비록 이 과정에서 부피를 질량으로 나누는 것인지 질량을 부피로 나누는 것인지 혼동스러워하였으나 이 과정을 통하여 측정한반 학생들은 밀도를 계산하는 법을 배웠다.

찬이: 야 이거 우리 0.95 나왔어 0.95.
현이: 0.95? 말도 안돼.
현이: 56분에 59인데.

현이: 일점 몇이 나올 거 아냐?

찬이: 한 0.95

선이: 0.95? 아냐. 56 나누기 59야

현이: 56분에 59.

찬이: 그러니까 56 나누기 59잖아.

현이: 그러니까 56 나누기 59하며는.

찬이: ······아닌가?

찬이: 너 56분에······56 나누기 59 맞냐?

현이: 부피 아까 전에 56이었잖아

찬이: 부피분의 질량이야.

현이: 야야. 영점······영점······1.05

선이: 1.05?

현이: 부피분의 질량이니까

측정활동 분석을 통해 또 하나 발건한 것은 학생들이 4g보다는 4.06g이 더 정확한 것이라고 여기고 있다는 사실이었다. 비록 저울의 최소 눈금이 1g이기 때문에 소수 둘째 자리의 측정값이 의미 없다고 하여도 학생들은 소수점 이하로 내려갈수록 정확한 측정값이라고 여긴다는 것이다. 이는 학생들이 유효숫자의 개념을 가지고 있지 않음을 알려주며 이에 대한 교육이 필요하다.

선이: 야······찬이가 알아온데.

찬이: 4.06이래, 4.06.

현이: 진짜.

찬이: 저기 저울 있잖아.

선이: 4.06.

찬이: 그러면 4라고 할까?

현이: 아, 4.06으로 정하고

현이: 우린 정확한 걸 선택한다.

선이: 동전의 질량이 4.06?

　이상의 측정활동 분석을 통하여 볼 때, 측정활동은 학생들이 실제로 측정을 해보도록 함으로써 측정 기능의 향상을 위한 기회를 제공하였다. 그러나 측정활동을 하는 학생들은 측정 도구를 선택하거나 눈금을 읽는 과정 자체만으로도 많은 시간을 필요로 하였기 때문에 측정하고 있는 개념에 대한 이해나 측정값의 반성을 위한 시간은 절대적으로 부족하였다.

　학생들이 어림활동과 측정활동을 하는 동안에 나눈 대화 내용을 분석한 결과, 어림활동은 개념(특히 밀도와 질량, 부피간의 관계)에 대하여 관계식을 암기하는 방식이 아니라, 정성적으로 이해하도록 도와주며 이는 문제에 대한 이해나 예측과정에도 영향을 준다는 것을 알 수 있었다. 반면 측정활동은 개념 이해보다 실제적인 측정의 경험을 제공하는 것을 알 수 있었다. 중학교 학생들에게 측정활동은 그 자체로서 많은 판단과 선택을 필요로 하며 그로 인해 측정하고자 하는 개념에 대한 이해를 위한 시간은 거의 없었다.

　본 연구를 시작할 때 문제해결 과정 및 어림활동과 측정활동에 관련된 모형을 세웠다(그림 Ⅰ-1). 그러나 사례적 연구를 통해 그 가설적 모형이 다음 그림 Ⅳ-10과 같이 수정되었다. 이 모형은 사례적 연구를 통해 만들어진 것인데 통계적으로 검증된 것은 아니다. 어림활동은 주로 개념 이해 면에, 측정활동은 관계식 면에 영향을 주었다. 연구를 시작할 때 가졌던 연구자의 가정이 사례적 연구 후에 일부 수정되었는데, 우선, 정량적인 개념을 이해하는 것은 예측과정뿐 아니라 문제를 이해하는 것에도 영향을 주었다는 점과 예측이 계산과정과 관계가 있는 것을 새로이 알게 되었다. 학생들 중 예측과 계산 결과가 일치하는 학생 수가 그렇지 않은 학생 수보다 유의미하게 많았다(표 Ⅳ-32). 그리고 학생들이 예측에 근거를 두고 자신의 계산 결과를 반성하는 경우도 있지만, 반대로 계산 결과를 토대로 자신의 예측을 틀리다고 생각하는 경우도 있다는 것을 알 수 있었다.

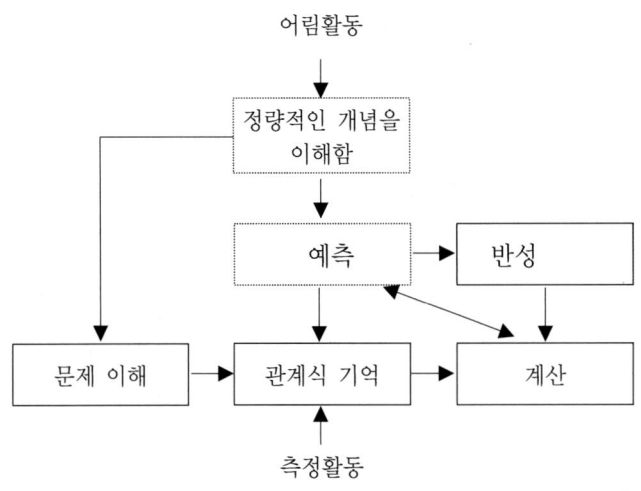

그림 Ⅳ-9. 어림활동과 측정활동이 학생들의 문제해결에
미치는 영향에 대한 모형

5. 어림활동과 측정활동을 모두 실시한 학생들의 성취도 비교

학생들이 어림활동이나 측정활동 중 한 가지만 하였을 때와 두 가지 모두 하였을 때 어림 능력, 측정 능력, 개념 이해력, 그리고 문제해결 과정에 차이가 있는지를 조사하였다. 이 조사를 통하여 측정활동이나 어림활동을 한 가지만 실시하는 것보다 측정활동과 어림활동을 병행하는 것이 더 바람직한지의 여부를 보고자 하였다. 그리고 어림활동 후 측정활동을 하였을 때(어림먼저반)와 측정활동 후 어림활동을 하였을 때(측정먼저반)를 비교함으로써 어림활동과 측정활동을 어떤 순서로 하는 것이 바람직한지에 대하여도 조사하였다.

(1) 어림 능력

아래 표 Ⅳ-38에서 볼 수 있듯이 어림 능력은 어림활동과 측정활동 중
한 가지만 하고 실시한 2차 평가에서는 사전(1차 평가)보다 유의미하게 향
상하지 못한 경우도 있었으나 두 가지 활동을 모두 실시한 후 이루어진 3
차 평가에서는 사전(1차 평가)에 비하여 대부분 유의미하게 증가하였다.
특히 속력이나 에너지 어림 능력의 향상을 위해서는 어림활동이 측정활동
에 비하여 효과적이었다. 이 경우 측정활동은 어림 능력의 향상을 가져오
지는 못하였다(표 Ⅳ-38).

속력과 밀도 어림활동은 측정활동 전에 하거나 후에 하거나 상관없이
모두 어림 능력 향상에 도움이 되었다. 다만 에너지의 경우 먼저 어림활동
을 하였을 때는 어림 점수가 향상되었으나 측정활동 후에 어림활동을 하였
을 때는 어림 점수가 유의미하게 향상되지는 않았다. 속력과 에너지 측정
활동은 어림 능력에 아무런 변화를 주지 않았다. 반면 밀도의 경우 처음에
한 측정활동은 어림 능력의 향상을 가져왔으나, 어림활동 후에 한 측정활
동은 어림활동으로 향상된 학생의 어림 능력을 오히려 감소시켰다.

어림먼저반의 경우 어림활동 후에 모든 개념에 대한 어림 능력이 유의
미하게 향상하였고 측정활동 후에는 밀도나 에너지의 어림 능력이 오히려
약간 줄어들었다. 그러나 측정먼저반의 경우 측정활동 후에 속력과 에너지
에 대한 어림 능력의 변화가 없었으나 어림활동까지 모두 하였을 때 속력
어림 능력이 유의미하게 향상함을 알 수 있었다.

속력과 밀도의 어림 능력이 측정활동만 한 경우보다 측정활동 후 어림
활동까지 하였을 때 유의미하게 향상하였다는 것은 측정활동만으로는 어림
능력의 향상이 어렵고, 따라서 어림활동이 측정활동과 함께 실시되는 것이
필요함을 보여준다.

표 Ⅳ-38. 어림먼저반과 측정먼저반의 어림 능력 점수 비교

개념	반	대상 (명)	1차 평가	2차 평가	3차 평가	1차, 2차 점수비교 t값	2차, 3차 점수비교 t값	1차, 3차 점수비교 t값
속력	어림 먼저반[a]	93	2.45[b] (2.11)[c]	3.60 (2.40)	3.80 (2.28)	-5.22**[d]	-1.08	-6.18**
	측정 먼저반	94	2.10 (1.67)	2.44 (1.82)	3.75 (2.26)	-1.56	-5.77**	-6.21**
밀도	어림 먼저반	89	1.69 (1.68)	4.13 (2.28)	3.42 (2.58)	-10.7**	2.47*	-6.32**
	측정 먼저반	93	1.32 (1.53)	2.63 (2.08)	3.54 (2.59)	-6.67**	-3.52**	-9.12**
에너지	어림 먼저반	65	0.95 (1.67)	2.06 (1.67)	1.82 (1.61)	-4.44**	1.26	-3.82**
	측정 먼저반	65	1.23 (1.72)	1.44 (1.64)	1.45 (1.55)	-1.12	-0.07	-0.98

[a]: 어림먼저반은 어림활동 후 측정활동을 한 반을 의미한다.
  측정먼저반은 측정활동 후 어림활동을 한 반을 의미한다.
[b]: 평균 점수(10점 만점)
[c]: 표준편차
[d]: * $p < .05$, ** $p < .01$

어림활동 후 측정활동을 한 어림먼저반과 측정활동을 먼저 하고 나서 어림활동을 한 측정먼저반의 어림 능력 성취도를 비교하기 위하여 1차 평가(처음 모든 활동을 하기 전에 이루어진 사전평가) 점수를 공변인으로 하여 공변량분석을 실시하였다(표 Ⅳ-39). 그 결과 어림먼저반과 측정먼저반의 어림점수의 차이가 유의미하지 않았다. 즉 어림활동을 한 후 측정활동을 하는 것과 측정활동을 한 후 어림활동을 하는 것은 에너지 측정먼저반을 제외하면, 모두 어림 능력의 향상에 도움이 되었으며(표 Ⅳ-38), 어림활동과 측정활동의 순서는 영향을 주지 않았다(표 Ⅳ-39).

174

표 Ⅳ-39. 어림먼저반과 측정먼저반의 어림점수 공변량분석

능력	변인	자승화	자유도	평균자승화	F	p
속력	공변인[a]	129.28	1	129.28	28.85	.000
	주 효과	0.44	1	0.44	0.10	.754
밀도	공변인	182.07	1	182.07	32.01	.000
	주 효과	5.42	1	5.42	0.95	.330
에너지	공변인	45.98	1	45.98	21.38	.000
	주 효과	6.88	1	6.88	3.20	.076

[a]: 1차 평가 점수를 공변인으로 함.

(2) 측정 능력

어림먼저반과 측정먼저반의 활동 후 측정 능력의 변화를 개념별로 각각 표 Ⅳ-40, Ⅳ-41, Ⅳ-42에 제시하였다.

각 개념별로 측정 능력의 변화를 보면 아래와 같다.

먼저 속력의 경우(표 Ⅳ-40), 어림먼저반에서 어림활동만 실시한 후(2차 평가)의 눈금 읽기 능력이 사전(1차 평가)에 비하여 유의미하게 향상하지 못하였고, 측정먼저반에서 측정활동만 실시한 후(2차 평가) 단위 능력 및 눈금읽기 능력이 사전(1차 평가)에 비하여 크게 달라지지 않았다. 그러나 두 가지 활동을 모두 실시한 후 이루어진 3차 평가 결과에서는 1차 평가 때에 비하여 대부분 유의미하게 증가하였다. 특히 어림먼저반에서 어림활동만 한 후에는 눈금 읽기 능력이 별로 향상하지 않았으나 측정활동을 한 후에 유의미하게 향상함을 알 수 있었으며, 측정먼저반에서 측정활동만 한 후에는 단위 능력이 별로 변하지 않았지만 어림활동까지 모두 한 후에는 1차 평가에 비하여 유의미하게 향상하였다.

표 Ⅳ-40. 어림먼저반과 측정먼저반의 측정 능력 점수 비교-속력

반	영역	대상 (명)	1차 평가	2차 평가	3차 평가	1차, 2차 점수비교 t값	2차, 3차 점수비교 t값	1차, 3차 점수비교 t값
어림 먼저반[a]	총점[b]	93	5.49[c] (2.83)[d]	6.66 (2.51)	6.99 (2.39)	-4.43**[e]	-1.69	-5.79**
	계획		5.74 (4.93)	7.40 (3.82)	7.62 (3.82)	-3.86**	-0.91	-4.33**
	단위		5.1 (3.59)	6.41 (0.33)	6.43 (3.39)	-3.49**	-0.61	-3.27**
	눈금		5.65 (3.39)	6.18 (3.56)	6.92 (3.48)	-1.36	-2.05*	-3.49**
측정 먼저반	총점	94	5.98 (2.74)	6.54 (2.57)	7.00 (2.54)	-2.75**	-2.75**	-5.25**
	계획		5.77 (4.44)	6.55 (4.15)	6.99 (3.99)	-2.37*	-1.84	-3.86**
	단위		6.03 (3.72)	6.72 (3.49)	7.22 (3.30)	-1.84	-1.42	-3.41**
	눈금		6.14 (3.50)	6.35 (3.28)	6.79 (3.43)	-0.64	-1.51	-1.73

[a]: 어림먼저반은 어림활동 후 측정활동을 한 반을 의미한다.
   측정먼저반은 측정활동 후 어림활동을 한 반을 의미한다.
[b]: 총점은 계획, 단위, 눈금읽기 능력의 평균을 의미한다.
[c]: 평균 점수(10점 만점)
[d]: 표준편차
[e]: * p<.05, ** p<.01

이 결과는 측정활동을 통하여 실제 측정 도구의 눈금을 읽는 경험을 하는 것이 눈금 읽기 능력의 향상을 가져왔음을 보여주며, 어림활동에서 물리량의 기본 단위의 크기를 어림하는 경험을 하는 것이 단위 능력 향상에 도움이 된다는 것을 보여준다. 따라서 이는 측정 능력의 향상을 위하여 어림활동이나 측정활동 한 가지만을 하는 것보다 두 가지를 병행하는 것이

필요함을 알려주는 결과이다.

　밀도의 경우 어림먼저반에서 어림활동을 실시한 후(2차 평가), 단위 능력과 눈금 읽기 능력이 사전(1차 평가)에 비하여 유의미하게 향상하였고, 측정먼저반에서 측정활동을 실시한 후(2차 평가)의 눈금 읽기 능력이 사전(1차 평가)에 비하여 유의미하게 증가하였다. 그러나 계획을 하는 능력은 두 반 모두 유의미하게 향상하지 못하였다.

　어림먼저반에서 어림활동과 측정활동을 모두 실시한 후(3차 평가)에는 어림활동만 한 후(2차 평가)에 비하여 측정능력이 유의미하지는 않으나 향상하는 경향성을 띠었으며, 측정먼저반에서 어림활동을 실시하였을 때에도 비슷한 결과가 나왔다. 즉 어림활동 후 측정활동이나 측정활동 후 어림활동이 모두 측정 능력에 긍정적인 영향을 주는 경향을 지녔다.

　특히 측정먼저반의 단위 능력의 경우, 측정활동 후(2차 평가)에는 사전(1차 평가)에 비하여 유의미하게 향상하지 못하였으나 어림활동도 실시한 후(3차 평가)에는 1차 평가에 비하여 유의미하게 향상함을 볼 수 있었다. 이 결과는 단위 능력 향상을 위하여 측정활동과 더불어 어림활동을 실시하는 것이 필요함을 보여주는 것이다.

표 Ⅳ-41. 어림먼저반과 측정먼저반의 측정 능력 점수 비교-밀도

반	영역	대상 (명)	1차 평가	2차 평가	3차 평가	1차, 2차 점수비교 t값	2차, 3차 점수비교 t값	1차, 3차 점수비교 t값
어림 먼저반[a]	총점[b]	89	4.88[c] (2.42)[d]	5.91 (2.31)	6.18 (2.31)	-4.23**[e]	-1.36	-5.49**
	계획		3.03 (4.02)	2.89 (3.11)	3.38 (3.11)	0.42	-1.33	-0.85
	단위		5.10 (4.04)	6.76 (3.65)	6.91 (3.36)	-3.51**	-0.49	-4.22**
	눈금		6.49 (3.05)	8.09 (2.53)	8.24 (2.74)	-4.57**	-0.64	-5.42**
측정 먼저반	총점	93	5.45 (2.88)	6.41 (2.41)	6.43 (2.44)	-3.73**	0.06	-3.75**
	계획		3.42 (4.15)	3.99 (3.40)	3.72 (3.26)	-1.25	0.88	-0.39
	단위		6.19 (4.13)	6.98 (3.65)	7.26 (3.35)	-1.91	-0.76	-2.63*
	눈금		6.75 (3.44)	8.27 (2.83)	8.30 (2.97)	-4.55**	-0.19	-4.29**

[a]: 어림먼저반은 어림활동 후 측정활동을 한 반을 의미한다.
     측정먼저반은 측정활동 후 어림활동을 한 반을 의미한다.
[b]: 총점은 계획, 단위, 눈금읽기 능력의 평균을 의미한다.
[c]: 평균 점수(10점 만점)
[d]: 표준편차
[e]: * p<.05, ** p<.01

에너지의 경우 어림먼저반에서 어림활동만 하였을 때(2차 평가)보다 어림활동 후 측정활동을 하였을 때(3차 평가) 단위 능력은 오히려 감소하였으나 눈금 읽기 능력이 사전(1차 평가)에 비하여 유의미하게 향상하였다 (표 Ⅳ-42). 이 결과는 속력의 경우와 비슷한데, 측정 도구의 눈금을 읽는 능력의 향상을 위해 실제 측정활동이 필요함을 보여주는 것이다. 측정먼저반에서 측정활동만 하였을 때(2차 평가)보다 측정활동 후 어림활동을 하였을 때(3차 평가) 계획, 눈금 읽기 능력이 사전(1차 평가)에 비하여 유의미

하게 향상하였다. 이는 측정활동만 하는 것보다 측정활동 후 어림활동을 하는 것이 측정 능력의 향상에 효과적임을 보여주는 결과이다(표 Ⅳ-42).

  총점을 비교하여 볼 때 어림먼저반과 측정먼저반 모두 활동을 할수록 점수가 향상하는 경향을 띠었으나 어림활동의 효과가 유의미하게 나타남을 알 수 있다. 즉 어림먼저반에서는 어림활동 후(2차 평가) 점수가 사전(1차 평가)에 비하여 유의미하게 높았고 측정먼저반에서는 어림활동 후(3차 평가) 점수가 측정활동 후(2차 평가)에 비하여 유의미하게 높았다.

표 Ⅳ-42. 어림먼저반과 측정먼저반의 측정 능력 점수 비교 - 에너지

반	영역	대상(명)	1차 평가	2차 평가	3차 평가	1차, 2차 점수비교 t값	2차, 3차 점수비교 t값	1차, 3차 점수비교 t값
어림 먼저반[a]	총점[b]	65	4.30[c] (1.94)[d]	4.49 (2.07)	5.28 (2.21)	-5.56**[e]	-1.02	-6.97**
	계획		2.79 (3.13)	5.47 (3.65)	5.60 (3.31)	-6.60**	-0.38	-7.18**
	단위		2.00 (2.34)	3.28 (2.90)	2.31 (2.92)	-3.27**	2.37*	-0.66
	눈금		7.19 (2.79)	7.44 (3.13)	8.86 (2.04)	-0.61	-4.79**	-5.36**
측정 먼저반	총점	65	4.30 (1.94)	4.49 (2.07)	5.28 (2.21)	-0.67	-2.93**	-3.88**
	계획		3.11 (3.21)	3.89 (3.54)	5.11 (3.64)	-1.88	-2.83**	-4.84**
	단위		2.28 (2.83)	2.63 (3.06)	2.32 (2.81)	-0.84	0.55	-0.16
	눈금		7.41 (2.55)	7.00 (2.56)	8.37 (2.22)	1.06	-4.00**	-2.68**

[a]: 어림먼저반은 어림활동 후 측정활동을 한 반을 의미한다.
  측정먼저반은 측정활동 후 어림활동을 한 반을 의미한다.
[b]: 총점은 계획, 단위, 눈금읽기 능력의 평균을 의미한다.
[c]: 평균 점수(10점 만점)
[d]: 표준편차
[e]: * p<.05, ** p<.01

어림먼저반과 측정먼저반의 속력, 밀도, 에너지 측정 능력을 평가한 결과 각 반에서 한 가지 활동만 하였을 때에 비하여 두 가지 활동을 모두 하였을 때 향상하는 경향을 띠었다. 특히 어림활동은 단위 능력을 향상시키는 것에 효과적이었고 측정활동은 눈금 읽기 능력의 향상을 위하여 효과적이었다.

어림활동과 측정활동 중 어떤 활동을 먼저 실시하였는지에 따른 학생들의 성취도 차이를 보기 위하여 사전 측정 능력 점수(1차 평가)를 공변인으로 하여 공변량 분석을 하였다. 그 결과 어림먼저반과 측정먼저반의 성취도에는 차이가 없음을 알 수 있었다.

표 Ⅳ-43. 어림먼저반과 측정먼저반의 측정점수 공변량 분석

개 념	변인	자승화	자유도	평균자승화	F	p
속 력	공변인	479.38	1	479.38	136.37	.000
	주 효과	3.44	1	3.44	0.98	.324
밀 도	공변인	357.57	1	357.57	100.04	.000
	주 효과	.80	1	.80	.22	.638
에너지	공변인	166.29	1	166.29	52.27	.000
	주 효과	7.28	1	7.28	2.29	.133

(3) 정량적 개념에 관련된 문제해결 과정

어림먼저반과 측정먼저반의 문제해결 과정을 개념 이해, 해답을 예측하기 위한 개념 적용, 계산 단계로 나누어 분석하였다.

1) 개념 이해

어림먼저반과 측정먼저반의 개념 이해 능력 점수 비교 결과는 표 Ⅳ-43
과 같다.

표 Ⅳ-44. 어림먼저반과 측정먼저반의 개념 이해력 점수 비교

개념	반	대상 (명)	1차 평가	2차 평가	3차 평가	1차, 2차 점수비교 t값	2차, 3차 점수비교 t값	1차, 3차 점수비교 t값
속력	어림 먼저반[a]	93	5.30[b] (3.58)[c]	6.45 (3.34)	6.41 (3.65)	-3.27**[d]	0.12	-2.85**
	측정 먼저반	94	6.04 (3.18)	6.94 (3.24)	7.07 (3.60)	-2.98**	-0.42	-3.23**
밀도	어림 먼저반	89	4.36 (3.53)	5.97 (3.77)	6.22 (2.97)	-3.82**	-0.67	-4.59**
	측정 먼저반	93	4.40 (3.48)	6.03 (3.31)	6.09 (3.37)	-4.43**	-0.27	-4.99**
에너지	어림 먼저반	65	4.74 (3.18)	4.26 (2.67)	4.78 (3.02)	1.38	-1.45	-0.11
	측정 먼저반	65	5.21 (2.84)	4.14 (3.25)	4.95 (3.20)	2.83**	-2.17*	0.70

[a]: 어림먼저반은 어림활동 후 측정활동을 한 반을 의미한다.
　　측정먼저반은 측정활동 후 어림활동을 한 반을 의미한다.
[b]: 평균 점수(10점 만점)
[c]: 표준편차
[d]: * $p<.05$, ** $p<.01$

개념 이해력 평가 결과 어림먼저반과 측정먼저반 대부분 먼저 한 활동
의 효과가 두 번째 한 활동의 효과보다 컸다. 즉 어림먼저반에서는 어림활
동 후, 측정먼저반에서는 측정활동 후 개념 이해력이 사전(1차 평가)에 비
하여 유의미하게 증가하였고 두 번째 활동을 한 후에는 증가하지 않았다.

다만 에너지의 경우, 측정활동만 하였을 때(2차 평가)에 비하여 측정 후 어림활동까지 모두 하였을 때(3차 평가) 개념 이해 점수가 유의미하게 증가하였다. 에너지의 경우 측정활동만을 실시하는 것보다 어림활동을 병행하는 것이 에너지 개념 학습에 효과적임을 알 수가 있다. 어림활동은 에너지가 큰 물체와 작은 물체가 어떻게 다른지 알 수 있게 도왔다. 각 상황의 물체가 가진 에너지를 어림하면서 매우 높은 곳의 공은 에너지가 커서 그만큼 일을 할 수 있지만 낮은 곳의 공은 밑으로 떨어진다고 하더라도 많은 일을 할 수 없다는 것을 익힐 수 있었다. 이를 통하여 학생들은 자연스럽게 에너지가 어떤 요인과 관련되며 구체적으로 무슨 양을 의미하는지를 이해 할 수 있었다.

어림활동과 측정활동 중 어떤 활동을 먼저 실시하였는지에 따라 학생들의 개념 이해력의 차이를 보기 위하여 사전 점수(1차 평가)를 공변인으로 하여 공변량 분석을 하였다. 그 결과 어림먼저반과 측정먼저반의 성취도에는 차이가 없음을 알 수 있었다.

표 Ⅳ-45. 어림먼저반과 측정먼저반의 개념 이해력 점수 공변량 분석

개념	변인	자승화	자유도	평균자승화	F	p
속력	공변인	662.23	1	662.23	68.97	.000
	주 효과	2.92	1	2.92	0.30	.582
밀도	공변인	322.62	1	322.62	39.59	.000
	주 효과	0.62	1	0.62	0.08	.782
에너지	공변인	350.11	1	350.11	49.94	.000
	주 효과	0.23	1	0.23	.03	.856

2) 해답예측 과정에서 개념을 적용하는 능력

아래 표 Ⅳ-45에서 볼 수 있듯이 해답예측 과정에서 개념을 적용하는 능력은 어림활동이나 측정활동 한 가지만 하였을 때(2차 평가)보다 두 가지 활동 모두 하였을 때(3차 평가), 사전(1차 평가)에 비하여 대부분 유의미하게 향상하였다. 특히 어림활동이 측정활동보다 효과적이었는데, 예를 들어 속력, 밀도의 경우 어림먼저반에서 어림활동 후(2차 평가)에는 사전(1차 평가)에 비하여 유의미하게 향상하였지만 측정활동 후(3차 평가)에는 어림활동 후(2차 평가)에 비하여 별로 향상하지 못하였다. 또한 에너지의 경우 측정먼저반에서 측정활동 후(2차 평가)에는 사전(1차 평가)에 비하여 유의미하게 향상하지 못하였으나 어림활동 후(3차 평가)에는 측정활동 후(2차 평가)에 비하여 유의미하게 향상하였다. 다만 속력과 밀도의 경우 측정활동 후에 한 어림활동은 해답예측 과정에서 개념을 적용하는 능력 향상에 별로 도움을 주지는 못하였다.

요약하면 해답예측 과정에서 개념을 적용하는 능력의 향상을 위하여 어림활동이 더욱 효과적이었다. 밀도, 속력, 에너지에서 모두 측정활동 전에 하는 어림활동은 위의 능력 향상에 효과를 주었고, 측정 후에 하는 어림활동은 에너지의 경우에 향상시키는 것으로 나타났다.

표 Ⅳ-46. 어림먼저반과 측정먼저반의 해답예측 과정에서 개념을 적용하는 능력 점수 비교

개념	반	대상 (명)	1차 평가	2차 평가	3차 평가	1차, 2차 점수비교 t값	2차, 3차 점수비교 t값	1차, 3차 점수비교 t값
속력	어림 먼저반[a]	93	2.00[b] (2.48)[c]	3.76 (3.65)	4.29 (3.45)	-4.98**[d]	-1.60	-6.30**
	측정 먼저반	94	2.31 (2.89)	2.91 (3.27)	3.19 (3.04)	-1.73	-0.70	-2.53*
밀도	어림 먼저반	89	2.93 (2.22)	4.34 (3.29)	4.34 (3.64)	-4.39**	0.00	-3.80**
	측정 먼저반	93	2.71 (2.18)	3.23 (2.68)	2.90 (3.03)	-1.48	1.19	-0.54
에너지	어림 먼저반	65	1.08 (2.09)	1.88 (2.58)	2.57 (2.73)	-2.28*	-2.28*	-4.10**
	측정 먼저반	65	0.71 (1.74)	1.00 (2.05)	1.58 (1.95)	-0.99	-2.03*	-2.86**

[a]: 어림먼저반은 어림활동 후 측정활동을 한 반을 의미한다.
　　측정먼저반은 측정활동 후 어림활동을 한 반을 의미한다.
[b]: 평균 점수(10점 만점)
[c]: 표준편차
[d]: * p<.05, ** p<.01

　어림활동과 측정활동 중 어떤 활동을 먼저 실시하였는지에 따라 해답예측 과정에서 개념을 적용하는 능력의 차이를 보기 위하여 사전 점수(1차 평가)를 공변량으로 하여 공변량 분석을 하였다. 그 결과 어림활동을 먼저 하고 측정활동을 하는 것이 효과적이라고 나왔다. 즉 측정 후 어림활동보다는 어림 후 측정활동이 해답예측 과정에서 개념을 적용하는 능력 향상에 더 도움이 되었다.

표 Ⅳ-47. 어림먼저반과 측정먼저반의 해답예측 과정에서 개념을 적용하는 능력 점수 공변량 분석

능력	변 인	자승화	자유도	평균자승화	F	p
속력	공변인	225.43	1	225.43	24.00	.000
	주 효과	69.94	1	69.94	7.45	.007
밀도	공변인	139.09	1	139.09	13.28	.000
	주 효과	82.04	1	82.04	7.83	.006
에너지	공변인	33.10	1	33.10	6.12	.015
	주 효과	25.34	1	25.34	4.69	.032

3) 문제의 계산

계산력은 속력과 에너지의 경우, 측정먼저반에서 측정활동만 하였을 때(2차 평가)보다 어림활동을 실시하였을 때(3차 평가) 유의미하게 향상하였다(표 Ⅳ-47). 밀도의 경우, 어림먼저반에서 어림활동을 하였을 때(2차 평가) 사전(1차 평가)에 비하여 유의미하게 향상하였다. 어림활동을 통하여 해답을 어느 정도 예측하는 능력이 향상하였고(표 Ⅳ-45), 계산하는 방법을 익혔기 때문에 계산력이 향상한 것으로 여겨진다.

표 Ⅳ-48. 어림먼저반과 측정먼저반의 계산력 점수 비교

개념	반	대 상 (명)	1차 평가	2차 평가	3차 평가	1차, 2차 점수비교 t값	2차, 3차 점수비교 t값	1차, 3차 점수비교 t값
속력	어림 먼저반[a]	93	3.34[b] (3.35)[c]	3.39 (3.22)	3.85 (3.21)	-0.13	-1.48	-1.89
	측정 먼저반	94	3.69 (2.84)	3.13 (3.09)	3.81 (2.76)	1.88	-2.13*d	-0.42
밀도	어림 먼저반	89	2.38 (3.55)	4.17 (4.21)	3.92 (4.08)	-4.62**	0.53	-3.66**
	측정 먼저반	93	2.82 (3.54)	4.37 (3.83)	4.60 (4.21)	-3.21**	-0.52	-3.61**
에너지	어림 먼저반	65	0.88 (1.97)	2.43 (3.48)	2.97 (3.50)	-3.54**	-1.49	-5.28**
	측정 먼저반	65	1.18 (2.68)	0.94 (2.40)	1.74 (2.98)	1.03	-3.10**	-1.89

[a]: 어림먼저반은 어림활동 후 측정활동을 한 반을 의미한다.
    측정먼저반은 측정활동 후 어림활동을 한 반을 의미한다.
[b]: 평균 점수(10점 만점)
[c]: 표준편차
[d]: * $p < .05$, ** $p < .01$

　어림활동과 측정활동 중 어떤 활동을 먼저 실시하였는지에 따라 계산력의 차이를 보기 위하여 사전 점수(1차 평가)를 공변인으로 하여 공변량 분석을 하였다. 그 결과 에너지의 경우에 어림활동을 먼저 하고 측정활동을 하는 것이 효과적이라고 나왔다. 즉 에너지의 경우 측정 후 어림활동보다는 어림 후 측정활동이 해답예측 과정에서 개념을 적용하는 능력 향상에 더 도움이 되었다.

표 Ⅳ-49. 어림먼저반과 측정먼저반의 계산력 점수 공변량 분석

개념	변인	자승화	자유도	평균자승화	F	p
속력	공변인	567.70	1	567.70	95.94	.000
	주 효과	2.49	1	2.49	0.42	.517
밀도	공변인	394.21	1	394.21	26.13	.000
	주 효과	11.29	1	11.29	0.75	.388
에너지	공변인	391.67	1	391.67	51.66	.000
	주 효과	68.93	1	68.93	9.09	.003

어림활동과 측정활동을 모두 실시한 효과를 종합해 보면 다음과 같다. 먼저 어림 능력을 살펴보면 측정활동이나 어림활동 중 한 가지만 하였을 때 보다 두 가지 활동을 모두 하였을 때 유의미하게 향상하였는데, 특히 어림활동이 측정활동에 비하여 더 효과적이었다. 측정활동만으로는 어림 능력의 향상이 어려웠다. 어림활동과 측정활동의 순서는 성취도에 영향을 미치지 않았다.

측정 능력을 살펴보면 어림활동이나 측정활동 중에서 한 가지만 하였을 때에 비하여 두 가지 활동을 모두 하였을 때 향상하는 경향을 보였다. 특히 어림활동은 단위 능력의 향상에 주로 영향을 미쳤고, 측정활동은 눈금 읽기 능력의 향상을 가져왔다. 어림활동과 측정활동의 순서는 성취도에 영향을 미치지 않았다.

개념 이해 면에서 어림먼저반, 측정먼저반 모두 첫 번째 한 활동의 효과가 유의미하였다. 다만 에너지의 경우 측정활동만 실시하였을 때에 비하여 어림활동을 실시하였을 때 개념 이해 점수가 유의미하게 향상하였다. 어림활동과 측정활동의 순서는 개념 이해 점수에 영향을 미치지 않았다.

문제의 해답예측 과정에서 개념을 적용하는 능력을 평가한 결과, 한 가지 활동만 하였을 때에 비하여 두 가지 활동을 모두 하였을 때 유의미하게 향상하였는데, 특히 측정활동보다는 어림활동의 효과가 컸다. 공변량 분석 결과 어림활동을 측정활동보다 먼저 실시하는 것이 더 효과적이었다.

계산 과정은 속력과 에너지 개념의 경우, 측정활동만 하였을 때보다 측정 후 어림활동을 하였을 때 유의미하게 향상하였고, 밀도와 에너지의 경우 어림먼저반에서 어림활동을 하였을 때 유의미하게 향상하였다. 측정활동을 통해 계산 관계식을 정확히 기억하고, 그에 대한 어림과정을 통해 반성적으로 사고하는 경험을 가지는 것이 계산력을 향상시킬 수 있음을 보여주었다. 어림활동과 측정활동의 순서에 따른 효과는 에너지의 경우만 유의미하게 나타났는데, 어림활동 후 측정활동이 측정활동 후 어림활동보다 더 효과적이었다.

어림활동과 측정활동 중에서 한 가지만 실시하였을 때 보다 두 가지 활동을 모두 하였을 때 학생들의 성취도가 향상하는 경향이 있었는데, 특히 어림 능력과 단위 능력 및 예측과정에서 개념을 적용하는 능력은 대체적으로 어림활동을 통하여 유의미하게 향상하였다. 그리고 눈금 읽기 능력은 측정활동으로 향상하는 경향이 있었다. 어림활동과 측정활동은 순서를 달리하여도 그 효과가 비슷하였는데, 예외적으로 예측과정에서 개념을 적용하는 능력은 어림활동 후 측정활동을 하는 것이 그 반대의 경우보다 효과적이있다.

VI. 요약 및 결론

1. 요 약

물리학의 발전과정에서 어림과 측정은 중요한 역할을 해 왔다. 측정은 이론의 검증, 정교화, 반증 과정에 기여해 왔으며 어림은 과학자들이 자신이 하고 있는 실험이나 계산에 대한 직관을 형성하도록 하여 새로운 이론의 생성 등을 도왔다. 그러나 이와 같은 어림활동과 측정활동은 과학교육 현장에서 체계적으로 다루어지고 있지 않으며, 어림활동과 측정활동의 효과를 다룬 연구도 별로 없다.

과학의 발전과정을 살펴볼 때 어림활동과 측정활동은 실제 실험실에서 매우 유용하게 사용되었지만, 본 연구에서는 이 활동들이 물리 개념을 이해하고 계산 문제 해결을 하는 과정에서 개념을 적용하고 반성하는 측면에 미치는 효과를 중점적으로 조사하였다. 즉 본 연구의 목적은 정량적인 물리 개념에 대한 어림활동과 측정활동을 학생들이 하였을 때, 학생들의 문제해결 과정을 조사하고 그 과정에서 어림활동이나 측정활동이 어떤 역할을 하였는지 분석하려는 것이다.

구체적으로 밀도, 속력, 에너지에 대한 어림활동과 측정활동을 고안하고, 조별 실험 후 토의 방식의 안내지를 개발하여 중학교 1학년 192명과 3학년 140명의 학생들을 지도하였다. 1학년은 밀도와 속력에 대하여 총 8시간, 3학년은 에너지에 대하여 총 4시간 수업을 하였다. 학생들의 어림 능력과 측정 능력 및 문제해결 능력에 대한 평가는 선택 후 설명식의 지필 평가로 하였다. 문제해결 과정은 개념 이해 영역, 문제의 해답을 예측 할 때 개념을 적용하는 영역, 계산 영역, 그리고 반성 영역으로 나누어 알아보았다.

또한 1학년 학생 중 희망자 6명을 대상으로 면담을 하고 그 학생들의 어림 활동과 측정활동 과정을 녹음하여 대화내용을 분석하였다.

각 활동에 참여한 학생들의 어림 능력을 비교한 결과, 어림활동만 참여한 '어림한반'의 밀도, 속력, 에너지에 대한 어림 능력은 모두 향상되었고, 측정활동만 참여한 '측정한반'은 밀도에 대한 어림 능력만 증가하였다. 그러나 밀도의 경우에도 어림한반이 측정한반보다 어림 능력이 더 향상되었다. 결과적으로 어림활동이 측정활동보다 어림 능력을 높이는 것에 기여하는 것으로 나타났다.

측정 능력의 경우, 어림한반과 측정한반 모두 밀도, 속력에 대한 측정 능력이 향상하였다. 에너지의 경우는 어림한반만 측정 능력이 향상하였다. 구체적으로 살펴보면 어림한반의 경우 밀도, 속력, 에너지 모두 단위에 대한 점수가 높아졌다. 어림한반은 측정한반에 비해 각 물리량의 기본 단위가 어느 정도의 크기인지를 학습하는 과정을 거치기 때문에 단위에 대한 이해가 높아지는 것으로 보인다.

각 활동에 참여한 학생들의 개념 이해 정도를 보았을 때, 속력과 밀도 점수는 어림한반과 측정한반 모두 유의미하게 향상하였다. 에너지에 대한 점수는 어림한반은 변화가 없었으나 측정한반에서 유의미하게 감소하였다. 속력에 대한 설명 유형을 비교하여 보았을 때 어림한반은 측정한반과 유형의 변화경향이 달랐다. 어림한반은 속력의 정의를 이용하는 학생들의 수가 측정한반에 비해 더 많아지는 경향을 띠었고, 측정한반은 관계식이나 계산을 근거로 하는 학생 수가 사전에 비해 증가하였다. 밀도에 대한 설명 유형에서는 어림한반에서 현상과 관련된 설명을 하는 학생 수가 증가하였고, 에너지의 경우는 위치에너지가 경로에 따라 바뀐다고 생각하는 오개념을 지닌 학생 수가 어림한반에서 더 늘어났다. 측정한반은 에너지 손실을 잘 이해하는 학생 수가 증가하였다.

문제를 풀 때 해답을 예측하는 과정에서 개념을 적용하는 능력을 분석한 결과, 어림한반의 경우에 측정한반보다 밀도, 속력, 에너지 개념 모두에 대하여 유의미하게 증가하였다. 이에 대한 설명 유형을 분석한 결과 어림한반 학생들은 측정한반보다 근거 있고 타당한 방법으로 개념을 적용하여 문제에 대한 해답을 예측하였다.

또한 문제를 계산하는 능력의 변화는 어림한반과 측정한반의 차이가 일관성 있게 나타나지 않았다. 속력에 대해서는 어림한반, 측정한반 모두 의미 있는 변화가 없었다. 밀도에 대하여 어림한반과 측정한반 모두 능력이 향상되었다. 에너지의 경우, 어림한반만 유의미한 능력의 향상을 보였다.

문제를 해결한 후 반성과정에서 어림한반과 측정한반의 차이를 본 결과, 어림한반의 경우에 문제를 실제 경험이나 예측 결과와 비교하여 반성을 하는 학생 수가 조금 더 늘어났다. 반면 측정한반의 경우 관계식이나 계산을 검산하는 반성 방법을 택하는 학생이 조금 더 늘어났다.

밀도에 관련된 활동에 참여한 대상자 중에서 희망자 6명에 대한 사례적 분석을 하였다. 그 결과 학생들이 밀도, 부피, 질량 사이의 관계식을 알고 있다고 하여도 부피나 질량과의 관계를 정확히 이해하지 못하고 있다는 점과 방정식이나 관계식을 잘 다루지 못하는 점 등을 알 수 있었고 이는 문제해결에서 어려움을 겪는 원인임을 알 수 있었다. 어림활동 후 면담한 학생들은 밀도를 사전보다 정성적으로 이해하여 설명할 수 있었으며 밀도 문제 해답을 예측할 때 개념을 잘 적용하였다. 측정활동반 학생들은 관계식을 보다 정확히 기억하게 되었다. 방정식 풀이를 잘 못하는 학생들은 계산을 할 때 자신의 예측과 일치하는 방향으로 식을 나름대로 세워 답을 계산하였다.

학생들의 어림활동과 측정활동 과정을 녹음 분석한 결과, 어림한반에서는 밀도의 범위, 밀도를 어림하는 다양한 방법에 대한 토론, 부피와 질량 사이의 관계에 대한 이해, 계산의 연습 등이 이루어졌다. 또한 어림한반 학생들은 외부에서 제시된 자료가 불충분하여도 자신들이 알 수 있는 정보를 토대로 예측을 하였다. 반면 측정한반 학생들은 측정활동을 통하여 유효숫자나 측정 오차에 대한 경험을 하였으며 측정을 하기 위해 필요한 다양한 기능과 지식을 토의 과정을 통해 학습하였다. 측정한반에서는 측정 결과에 대하여 논의하는 시간이 매우 짧았고 측정하고 있는 개념에 대한 토론도 거의 이루어지지 않았다. 다만 대부분의 시간을 측정과정 자체에 소요하였다.

학생들의 문제해결 과정을 조사한 결과 정량적인 개념을 이해하는 것은 예측과정과 문제를 이해하는 과정에 영향을 주었으며 예측은 반성과정뿐 아니라 계산과정과 관계가 있었다. 그리고 어림활동은 보다 개념을 정성적으로 이해하는 것에, 측정활동은 관계식의 기억에 영향을 미쳤다.

어림활동과 측정활동을 모두 실시한 효과를 요약하면 다음과 같다. 어림 능력과 측정 능력은 측정활동이나 어림활동 중 한 가지만 하였을 때 보다 두 가지 활동을 모두 하였을 때 유의미하게 향상하였는데, 어림 능력의 경우 어림활동의 효과가 측정활동보다 컸다. 측정 능력의 경우, 단위 영역은 어림활동이 더 효과적이었고 눈금 읽기 능력은 측정활동이 더 효과적이었다. 어림활동과 측정활동의 순서는 성취도에 영향을 미치지 않았다.

개념 이해 면에서 어림먼저반, 측정먼저반 모두 한 가지 활동만 했을 때와 두 가지 활동 모두 하였을 때의 차이가 크지 않았으나 에너지의 경우 측정활동만 실시하였을 때에 비하여 어림활동을 실시하였을 때 개념 이해 점수가 유의미하게 향상하였다. 어림활동과 측정활동의 순서는 개념 이해 점수에 영향을 미치지 않았다. 문제의 해답예측 과정에서 개념을 적용하는 능력은 한 가지 활동만 하였을 때에 비하여 두 가지 활동을 모두 하였을 때 유의미하게 향상하였는데, 특히 측정활동보다는 어림활동의 효과가 컸다. 공변량 분석 결과 어림활동을 측정활동보다 먼저 실시하는 것이 더 효과적이었다. 계산과정은 속력과 에너지 개념의 경우, 측정활동만 하였을 때보다 측정 후 어림활동을 하였을 때 유의미하게 향상하였다. 어림활동과 측정활동의 순서에 따른 효과는 에너지의 경우만 유의미하게 나타났는데, 어림활동 후 측정활동이 측정활동 후 어림활동보다 더 효과적이었다.

2. 결론 및 논의

어림활동 과정에서 학생들은 물리량을 가지고 물리적인 현상과 관련지어 이해하는 경험을 많이 가지는 반면 측정활동을 하는 동안에는 주로 측정과 계산에 집중하였다. 어림활동을 하는 동안 학생들은 물리량을 다양한 방법으로 어림하기도 하고 그 값의 크기를 생각해 보며 토론하여 정량적인 개념과 자신의 경험을 연관시키는 과정을 거칠 수 있었다.

반면 측정활동은 개념보다 실제적인 측정 경험을 제공하였기 때문에 개념의 정성적인 이해는 측정활동만으로는 부족함을 알 수 있었다. 중학교 학생들에게 측정활동은 그 자체로서 많은 판단과 토론을 필요로 하며 그로 인해 측정하고자 하는 개념에 대한 이해를 위한 시간은 거의 가질 수 없었다.

결론적으로 어림활동을 통한 개념 이해는 문제를 풀 때 개념을 적용하여 해답을 예측하도록 도왔으며, 계산과정과 자신의 해답을 반성하는 방식에도 영향을 줌을 알 수 있었다. 어림활동은 학생들이 물리 문제를 수학적으로 푸는 것이 아니라 경험적인 물리 세계와 관련지어 이해하고 해결하도록 하였다. 이에 비해 측정활동은 관련 개념의 이해보다는 학생들이 측정 도구의 사용이나 눈금 읽기, 측정의 오차와 관련된 직접적인 경험을 할 수 있도록 하였다.

본 연구는 중학교에서 정량적으로 다루는 추상적인 물리 개념에 대한 어림활동이 문제해결 과정에 영향을 준다는 것을 밝힘으로써 중학생들이 물리 개념을 이해하여 적용하는 데 어림활동이 필요함을 보였으며, 측정활동은 학생들이 물리량을 실제적으로 측정하고 측정 오차를 경험해 보도록 돕는다는 것을 보였다. 따라서 학생들이 정량적인 물리 개념을 충분히 이해하고 실제 문제 상황에서 적용하도록 하기 위해서는 측정활동과 어림활동을 함께 실시해야 함을 시사한다.

3. 계속 연구 과제

이 연구는 중학생을 대상으로 하였기 때문에 연구 대상에 대한 확장이 필요하다. 어림 능력은 학생의 지식이나 경험에 따라 달라질 수 있다. 예를 들어 측정활동 중에 과학자들은 어림까지 함께 하지만 학생들은 단순한 눈금 읽기만 할 수도 있다. 따라서 학생들의 나이에 따라 어림활동이나 측정활동이 개념 이해에 어떤 영향을 주는지 본 연구만으로는 알 수 없으며 연령별, 성별, 그리고 인지 구조별로 어림활동과 측정활동이 어떤 영향을 주는지에 대한 연구가 필요하다.

속력, 밀도, 에너지 외에도 많은 정량적인 개념들이 있다. 그 개념들에 대한 어림활동을 개발하고 효과를 보는 것이 필요하다. 정량적인 개념들 중에는 온도나 길이 등과 같이 기본적인 물리량도 있으나, 속력이나 밀도와 같이 이차적인 물리량도 있고 구체적인 감각과 직접적으로 관련짓기 힘든 에너지나 전하량 등의 추상적인 개념들도 있다. 이와 같이 성격이 다른 물리 개념들에 대하여 어림활동이나 측정활동이 미칠 수 있는 효과에 대한 비교 조사가 더 필요할 것이다.

지필 평가는 학생들이 실험실에서 탐구를 수행하는 능력까지 평가하기 어렵다. 그런데 어림 능력은 지필 평가보다 측정 도구가 없는 실제 상황에서 더욱 필요하다. 실제 과학사를 살펴보아도 어림은 실험실에서 측정값을 반성하는 과정에서 많이 사용되었다. 따라서 학생들이 학습한 어림 능력이 실제 상황의 문제에서 어떤 역할을 할지에 대한 연구가 추후에 계속되어야 할 것이다. 그리고 이는 물리 학습이 일상생활에서 활용되는 측면에 대한 연구에도 기여할 것으로 볼 수 있다.

개방적인 문제에 접한 학생들이 그 문제를 어떻게 인식하고 해결 방법을 계획하는 면에서 어림활동이 영향을 줄 수 있을 것으로 생각되는데, 그 이유는 개방적인 문제를 풀기 위해 학생들은 계획을 세우고 답이 어떤 식으로 나올지 예측을 해야 하기 때문이다. 어림활동이 이와 같은 형태의 문제에 어떤 효과를 주는지에 대한 연구도 필요하다.

본 연구에서는 문제해결 과정을 조사하기 위하여 사례적 분석을 하였는데, 연구 결과를 더욱 일반화하기 위해서 경로 분석과 같은 통계적인 방법을 통한 검증도 해야 할 것이다.

연구를 진행하면서 얻은 연구 과제들과 시사점은 다음과 같다. 학생들이 문제의 해답을 예측하는 것이 계산 결과와 관련이 있음을 보인 본 연구의 결과를 생각해 볼 때, 방정식이나 수식을 잘 다루지 못하는 수학적인 능력이 부족한 학생들에게 과학 학습 시간에 어림을 통하여 정량적인 값에 대하여 사고하도록 가르치는 것은 문제해결력 향상에 도움을 줄 것으로 예상하며 이에 대한 후속 연구가 필요하다. 또한 계산과정에서도 학생의 선개념이 영향을 미친다는 것은 정량적 물리를 가르칠 때 고려해야 할 부분이며 계속 연구할 과제이다. 그리고 학생들이 예측하고 반성하는 과정에서 그 근거를 무엇에 두는지 체계적으로 알아보는 것이 필요하며 이는 증거 평가 연구와 관련지어질 수 있다.

본 연구에서 측정활동은 학생들의 개념 이해보다는 측정 능력 자체에 영향을 끼쳤다. 즉 학생들이 측정의 불확실성을 경험하거나 눈금을 읽거나 측정 도구 사용법을 익히는 데 효과적이었다. 학생들이 측정활동을 통하여 개념을 이해하고 문제 상황에 적용하도록 돕기 위해서는 측정활동에 학생들이 사고할 수 있는 시간 등의 별도의 처치가 필요함을 시사한다.

참고문헌

김옥경(1997). 초등학교 6학년 학생들의 분수 개념 이해 및 분수 수업 방안에 대한 연구. 한국교원대학교 석사학위논문.

김익균·황유정(1993). 고등학생의 탐구 사고력 문제해결 과정에 나타난 유형과 특징. <u>한국과학교육학회지</u>. 13(2). 152-162.

김익달 편(1958). <u>과학대사전</u>. 학원사. 879.

김주성(1996). Fischbein의 직관적 사고에 관한 이론의 수학교육적 고찰. 서울대학교 대학원 수학교육과 석사학위논문.

박승재(1965). PSSC 활동의 특징. <u>한국물리교육연구회 회보 제1, 2, 3호.</u>

박학규·권재술(1994). 물리 문제해결 과정에서의 학생들의 사고 과정에 관한 연구. <u>한국과학교육학회지</u>. 14(1). 85-102.

서정아·정희경·정용재(2000). 초·중학생의 눈금 읽기 능력 및 측정 도구와 단위에 관련된 개념 조사. <u>한국과학교육학회지</u>. 20(1). 1-11.

송인명·박승재·고재걸·오길한·김대중·이춘우.(1973). <u>새로운 물리학 실험.</u> 탐구당. 8-23.

우종옥·이항로·이경훈(1992). 대학 수학 능력 시험의 자연과학 탐구 능력 평가를 위한 행동 요소의 추출과 평가 목표의 세분화 연구 Ⅱ. <u>한국과학교육학회지</u>. 12(2). 81-95.

정귀향·김범기(1997). 초등학교 학생들의 측정 수행 능력 평가. <u>한국과학교육학회지</u>. 17(2). 127-137.

홍미영·박윤배(1995). 문제의 특성에 따른 대학생들의 화학 문제해결 과정의 차이 분석. 한국과학교육학회지. 15(1). 80-91.

허명(1984). 과학 탐구 평가표의 개발. 한국과학교육학회지. 4(1). 1984.

American Association for the Advancement of Science(AAAS).(1968). *Science, A Process Approach.* Xerox Corporation.

Ash, R.(1996). *Incredible Comparison.* Dorling Kindersley Limited. UK.

Barr, B. B.(1994). Research on problem solving: elementary school. *Handbook of Research on Science Teaching and Learning. Edited by Gabel, D.* 237-247. Macmillan Publishing Company.

Bright, G. W.(1979). *Estimating Physical Measurement.* 79(8). 581-586.

Bryce, T., McCall, J., MaeGregor, J., Robertson, I, Weston, R.(1988). *Techniques for Assessing Process Skills in Practical Science(TAPS).* Bristol: Heineman Educational Books Ltd. UL.

de Jong, T. & Ferguson-Hessler, M. G. M.(1986). Cognitive structures of good and poor novice problem solvers in physics. *Journal of Educational Psychology. 78(4).* 279-288.

Fischbein, E.(1987). *Intuition in Science and Mathematics, An Educational Approach,* Dordrecht: D. Reidel Publishing Company. Netherlands.

Gabel, D.(1988). Introduction. *What Research Says to the Science Teacher. Vol. 5. Problem Solving.* 1-6. Edited by Gabel, D. Washington: NSTA.

Hacking, I.(1983). *Representing and Intervening, Introductory Topics in the Philosophy of Natural Science.* Cambridge University Press. 233-245.

Hackling, M. W. & Garnett, P. J.(1992). Expert-novice differences in science investigation skills. *Research in Science Education*. 22. 170-177.

Halliday, D. & Resnick, R.(1988). *Fundamentals of Physics*. 241. NY: John Wiley & Sons, Inc.

Helgeson(1988). Problem solving in middle level science. *What Research Says to the Science Teacher. Vol. 5. Problem Solving*. 13-34. Edited by Gabel, D. Washington: NSTA.

Hughes, D. J.(1959). *The Neutron Story*. 김영덕(역) 현대과학신서

Klopfer, L. E.(1971). Evaluation of learning in science. in B. S. Bloom, J. T. Hasting, & G. F. Madaus(Eds.), *Handbook on Formative and Summative Evaluation of Student Learning*. NY: McGraw-Hill.

Kant, I.(1983). *Kritik der reinen Vernunft*. 최재희(역). 순수이성비판. 181. 서울: 박영사.

Kuhn, D., Amsel, E., O'Loughlin, M.(1988). *The Development of Scientific Thinking Skills*. CA: Academic Press, INC.

Kuhn, T. S.(1995). *The Structure of Scientific Revolution*. 김명자(역). 서울: 동아출판사.

Larkin, F. H.(1980). Teaching problem solving in physics: The psychological laboratory and the practical classroom. In D. T. Tuma & F. Rief(Eds.), *Problem Solving and Education: Issues in Teaching and Research*. 111-125. NY: Wiley.

Larkin, F. H.(1980). Skilled problem solving in physics: A hierachical planning model. *Journal of Structural Learning*. 1. 271-297.

Larkin, F. H. & Reif, F.(1979). Understanding and Teaching Problem-Solving in Physics. *European Journal of Science*

Education. 1(2). 191-203.

Lazarowitz, R., Tamir, P.(1994). Research on using laboratory instruction in science. *Handbook of Research on Science Teaching and Learning.* Edited by Gabel, D. 94-128. Macmillan Publishing Company.

McMillan, C. Ⅲ., & Swadener, M.(1991). Novice Use of Qualitative Versus Quantitative Problem Solving in Electrostatics. *Journal of Research in Science Teaching.* 28(8). 661-670.

Maloney, D. P(1994). Research on problem solving: physics. *Handbook of Research on Science Teaching and Learning.* A Project of the National Science Teachers Association. Edited by Gabel, D. L. 327-353. Macmillan Publishing Company.

Mandell, A.(1980). Problem solving strategies of sixth-grade students who are superior problem solvers. *Science Education.* 64(2). 203-211.

Micklo, S.(1999). Estimation: it's more than a guess.(teaching estimation to grade school students). *Childhood Education.* 75(3). 142-146.

Polya, G(1945). How to Solve It. Garden City. NY: Doubleday.

PSSC(1987). *PSSC Physics.* PSSC 번역위원회(역). 탐구당. 653.

Rief, F, Larkin, J. H., & Brackett, G. C.(1976). Teaching general learning and problem solving skills. *American Journal of Physics.* 44(3). 212-217.

Schofield, B.(1989). Use of apparatus and measuring instruments. Assessment of performance unit. *Science at age 13: A review of APU Survey findings 1980-84.* 55-71. London: Her Majesty's

Stationary Office.

Thompson, A. G.(1979). Estimating and Approximating. *School Science and Mathematics*. 79(8). 575-580.

Wilson, J. T.(1973). An investigation into the effects of generating hunches upon subsequent search activities in problem-solving situations. *Paper presented at the 46th annual meeting of National Association for Research in Science Teaching*. Detroit.(Eric Document Reproducion Service No. ED 079 064)

Woolnough, B. E.(1989). Towards a holistic view of processes in science education. *Skills and Processes in Science Education.-A Critical Analysis.*(Edited by Wellington, J.).115-134.

부록 1. 각 학급별 어림활동 및 측정활동의
투입 시기 및 평가 일자

1. 속력

평가 및 투입 순서	어림활동을 먼저 한 반				측정활동을 먼저 한 반			
	투입	1-5	1-8	1-10	투입	1-6	1-7	1-9
1차 평가		11/16	11/12	11/12		11/12	11/15	11/12
투입1	어림 활동	11/18	11/15	11/18	측정 활동	11/15	11/16	11/16
투입2		11/20	11/16	11/19		11/15	11/18	11/18
2차 평가		11/22	11/19	11/19		11/19	11/22	11/19
투입3	측정 활동	11/23	11/22	11/22	어림 활동	11/22	11/23	11/23
투입4		11/24	11/23	11/24		11/24	11/24	11/25
3차 평가		11/27	11/26	11/25		11/26	11/25	11/26

2. 밀도

평가 및 투입 순서	어림활동을 먼저 한 반				측정활동을 먼저 한 반			
	투입	1-5	1-8	1-10	투입	1-6	1-7	1-9
1차 평가		12/4	12/3	12/3		12/3	12/6	12/3
투입1	어림 활동	12/7	12/6	12/8	측정 활동	12/6	12/8	12/7
투입2		12/8	12/7	12/9		12/8	12/9	12/9
2차 평가		12/11	12/10	12/10		12/10	12/13	12/10
투입3	측정 활동	12/14	12/13	12/15	어림 활동	12/13	12/15	12/14
투입4		12/15	12/14	12/16		12/15	12/16	12/16
3차 평가		12/18	12/17	12/17		12/17	12/20	12/17

3. 에너지

평가 및 투입 순서	어림활동을 먼저 한 반			측정활동을 먼저 한 반		
	투입	3-4	3-6	투입	3-3	3-8
1차 평가		12/10	12/9		12/11	12/13
투입1	어림 활동	12/11	12/10	측정 활동	12/14	12/14
투입2		12/14	12/11		12/15	12/15
2차 평가		12/16	12/15		12/18	12/17
투입3	측정 활동	12/17	12/16	어림 활동	12/20	12/20
투입4		12/18	12/17		12/21	12/21
3차 평가		12/21	12/18		12/22	12/22

부록 2. 속력, 밀도, 에너지에 대한 어림활동지

속력 비교하기

달리는 지하철과 기어가는 거북이의 속력이 어느 정도나 될까? 여러 가지 물체의 속력을 비교하여 보자.

날리는 지하철의
속력이 얼마나
될까

답:_____

기어가는 거북이의
속력이 얼마나 될까?

답:_____

5m 높이에서
떨어지는 사람의
속력이 얼마일까?

답:_____

움직이는 물체는 시간에 따라 위치가 변한다. 동일한 시간 동안 움직인 거리가 더 많은 경우 그 물체는 "빠르다", 혹은 "속력이 크다"고 한다.

▶ 거북이나 지하철처럼 그 속력이 일정하지 않은 물체의 속력은 어떻게 나타내어야 할까?

아래의 표는 여러 가지 동물이나 물체의 속력을 km/h의 단위로 나타낸 것이다. km/h 단위로 표시된 속력의 값은 1시간 동안 이동한 거리를 나타낸다. 그러나 과학에서는 m/s의 단위가 표준 단위이다. 이것은 1초에 몇 m

를 간 것인지를 의미한다. 1km/h는 1000m/3600초 이므로 $\frac{1}{3.6}$ m/s(대략 0.3m/s)에 해당한다. 따라서 km/h를 m/s로 나타내려면 3.6으로 나누어주 거나 0.3을 곱해주면 된다.

▶ 1초에 1m를 가는 물체는 1시간에 몇 km를 갈까?

▶ 다음 표를 채우시오(계산기를 이용해도 된다).

동물 또는 물체	평균속력(km/h)	평균속력(m/s)
개미	0.1km/h	0.03m/s
거북이	0.37km/h	
사람(걸어서: 뛰어서)	5.4km/h:34km/h	1.5m/s:9.4m/s
지하철		9.7m/s
기차(무궁화호)	100km/h	
TGV(프랑스 고속기차)	515km/h	143m/s
비행기(보잉 747 여객기)	978km/h	272m/s
음속	1299km/h	361m/s
빛의 속력	대략 1,000,000,000km/h	300,000,000m/s

떨어지는 물체는 얼마나 빨라질까?

물체가 땅에 떨어질 때 그 속력이 점점 빨라진다. 그러나 공기 저항으로 인해 한없이 빨라지는 것은 아니다. 오른쪽 표는 여러 가지 물체가 떨어질 때의 최고 속력을 나타낸다.

▶ 나누어 준 모눈종이에 여러 가지 물체의 속력을 m/s 단위로 표시하고
비교하여 보자.

물 체	최고속력에 도착하는 시간	최고 속력
볼링공	14.8초 후	145m/s
사 람	6초 후	60m/s
야구공	4.3초 후	42m/s
테니스공	3.2초 후	31m/s
낙하산	0.5초 후	5m/s

▶ 오늘 새롭게 알게 된 점을 2가지 이상 적어라.

_____

_____

▶ 오늘 배운 내용 중에 궁금한 점을 2가지 이상 질문하라.

_____

_____

속력 어림하기

(1) 친구가 일정한 속력으로 걸어가게 하고 그 속력을 km/h와 m/s 단위
로 어림하여 보자.
나의 어림값:
어림한 방법:

다른 친구들의 값:
우리 조 중에서 누구의 값이 가장 정확할 것으로 생각되는가?_____

왜 그렇게 생각하는가?

_____

_____

* 참고

동물 또는 물체	평균속력(km/h)	평균속력(m/s)
개미	0.1km/h	0.03m/s
거북이	0.37km/h	
사람(걸어서: 뛰어서)	5.4km/h:34km/h	1.5m/s:9.4m/s
지하철		9.7m/s
기차(무궁화호)	100km/h	
TGV(프랑스 고속기차)	515km/h	143m/s
비행기(보잉 747 여객기)	978km/h	272m/s
음속	1299km/h	361m/s
빛의 속력	대략 1,000,000,000km/h	300,000,000m/s

(2) 책상에서 추를 떨어뜨리자. 이 추가 바닥에 떨어질 때까지 평균 속력은 대략 얼마일까?

나의 어림값:

어림한 방법:

다른 친구들의 값:

우리 조 중에서 누구의 값이 가장 정확할 것으로 생각되는가?_____

왜 그렇게 생각하는가?

_____

_____

아래쪽의 표를 참고하라.

물 체	최고속력에 도착하는 시간	최고 속력
볼링공	14.8초 후	145m/s
사 람	6초 후	60m/s
야구공	4.3초 후	42m/s
테니스공	3.2초 후	31m/s
낙하산	0.5초 후	5m/s

▶ 오늘 새롭게 알게 된 점을 2가지 이상 적어라.

_____

_____

▶ 오늘 배운 내용 중에 궁금한 점을 2가지 이상 질문하라.

_____

_____

밀도값 비교하기

지구상에서 매우 무거운 물질에 해당하는 금의 밀도는 대략 $19.3\ g/cm^3$ 이다. 이에 비해 얼음은 비교적 그 값이 작아 대략 $0.9\ g/cm^3$이다.

밀도가 이와 같이 다른 것이 어떤 현상을 일으키는지 알아보자.

가로세로 높이가 각각 30cm 인 정육면체를 생각해 보자. 이 정육면체가 만일 금이라면 정육면체의 질량이 거의 성인 남자(약 70kg) 7명의 질량과 비슷해진다.

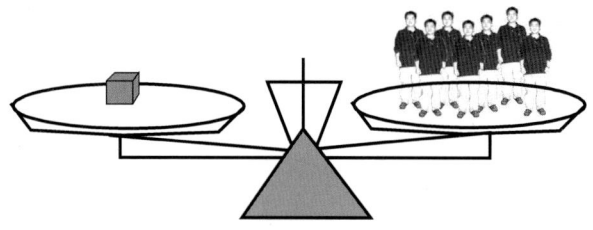

그러나 만일 이 정육면체가 얼음이라면 그 무게는 어린 아이 한 명의 질량과 비슷해진다.[1]

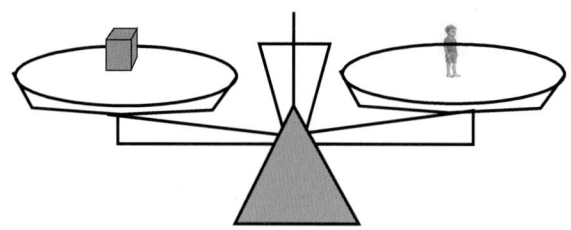

---

1) 본 학습지의 그림이나 정보는 일부 러셀 애쉬의 "믿을 수 없는 비교"라는 책에서 발췌한 것이다.(Ash, R.(1996). Incredible Comparison. Dorling Kindersley Limited. UK.)

이와 같이 물질마다 그 질량에 차이가 있다. 그래서 **과학자들은 1 cm^3에 해당하는 물질의 질량의 값을 밀도라고 했다.**

태양은 지구에 비해 매우 크지만 태양의 밀도는 지구의 밀도보다 작다.

태양과 지구로부터 1 cm^3를 떼어내어 그 질량을 재어 보면 지구가 태양에 비해 그 부피에 해당하는 질량이 4배 정도 큼을 알 수 있다.

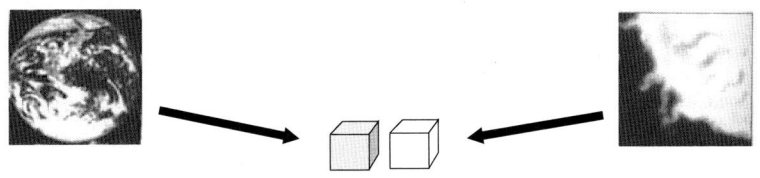

▶ 세상에서 가장 작은 새인 벌새(질량이 약 1.6g)는 그 크기가 골프공(질량이 약 45g)과 비슷하다. 벌새 몇 마리가 골프공 하나의 질량에 해당하는가?

_____

골프공의 밀도는 벌새의 밀도보다 작을까? 혹은 클까?

_____

벌새

골프공

▶ 금의 밀도는 사람의 밀도에 비해 대략 20배가 크다. 만일 질량이 60kg인 사람의 몸이 갑자기 금으로 변한다면 몸무게는 얼마가 될까?

_____

▶ 오늘 새롭게 알게 된 점을 2가지 이상 적어라.

_____

_____

▶ 오늘 배운 내용 중에 궁금한 점을 2가지 이상 질문하라.

_____

_____

밀도 어림하기

물의 밀도는 1 g/cm^3이다. 물의 밀도보다 그 밀도가 큰 물질들은 물에 가라앉고 작은 물질들은 물에 뜨게 된다. 다음 표를 참고하여 문제를 풀어 보자.

물질	금	수은	납	은	구리	철	지구	알루미늄
밀도	19.3	13.6	11.3	10.5	8.9	7.9	5.5	2.7
물질	목성	물	토성	에탄올	이산화탄소	산소	질소	수소
밀도	1.3	1.0	0.8	0.8	0.0019	0.0014	0.0013	0.0001

이 표의 밀도는 g/cm^3 단위를 이용한 것이다. 이것을 kg/m^3 단위로 바꾸려면 여기에 1000만 곱하면 된다. 즉 물의 밀도는 1 g/cm^3라고 할 수도 있고 1000 kg/m^3라고 할 수도 있다.

(1) 사람의 밀도는 얼마 정도일 것으로 생각되는가?_____

   어떻게 해서 사람의 밀도를 어림해 내었는가?_____

(2) 쇠로 만든 추의 밀도는 얼마 정도일 것으로 생각하는가?_____

어떻게 해서 추의 밀도를 어림해 내었는가?_____

(3) 나무 도막의 밀도는 얼마 정도일 것으로 생각하는가?

어떻게 해서 나무 도막의 밀도를 어림해 내었는가?_____

▶ 대체적으로 지구상에서 밀도값은 고체, 액체, 기체의 경우 어느 정도의 범위에 있을까?

고체:_____

액체:_____

기체:_____

▶ 오늘 새롭게 알게 된 점을 2가지 이상 적어라.

_____

_____

▶ 오늘 배운 내용 중에 궁금한 점을 2가지 이상 질문하라.

_____

_____

에너지의 값 비교

(1) TNT 1톤은 대략 4,000,000J의 일을 할 수 있다.

   오른쪽 그림은 히로시마 원자폭탄의 장면이다. 히
로시마에 떨어진 원자폭탄은 TNT폭탄 20,000톤에 해
당되었었다.

▶ 히로시마 원자폭탄의 에너지를 주울 단위로 환산
   해 보자.

원자폭탄

(2) 크라카투아 화산 폭발은 그 규모가 엄청났다. 대
   략 200,000,000톤의 TNT가 한 일에 해당했다.

▶ 히로시마 원자 폭탄의 몇 배인가?

화산폭발장면

(3) 팔당댐에서 물이 떨어져 터빈을 돌릴 때 대략 1초에 8천만 주울의 일
   을 할 수 있다고 한다.

▶ TNT 몇 톤이 한 일에 해당하는가? ＿＿＿＿＿＿＿＿＿＿＿

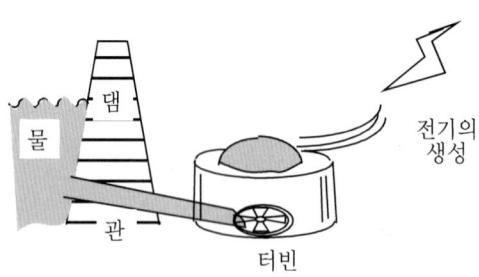

(4) 위의 것들은 매우 큰 에너지이다. 다음의 경우들은 역학적 에너지가
   대략 1J~10J 사이의 경우이다.

물 체	어떻게 할 때	일/에너지
작은 사과를	책상 위로 올릴 때	한 일
과학책이	책상 위에 있을 때	바닥 면에 대한 위치에너지
하루살이가	63빌딩 위에 있을 때	도로에 대한 위치에너지
축구공이	천천히 굴러갈 때	운동에너지

다음 수식을 참고하라.

> 한 일의 양 = 작용한 힘의 값×힘이 작용한 방향으로 이동한 거리
>
> 위치에너지 $= mgh =$ 질량$\times 9.8 \times$높이
>
> 운동에너지 $= \frac{1}{2} mv^2 = \frac{1}{2} \times$질량$\times$속력^2

▶ 일이나 에너지가 대략 1J~10J 사이의 경우를 더 찾아보자.

_____

(2) 이번에는 한 일이나 에너지가 대략 100J 이상 500J 미만인 경우이다.

물체	어떻게 할 때	한 일/에너지
10kg 아령을	어깨 높이로 들 때	한 일
사과가	63빌딩 위에 있을 때	위치에너지
어른이	빠른 걸음으로 갈 때	운동에너지

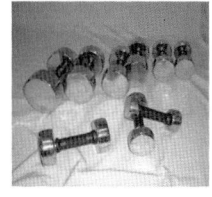

아령(1kg~10kg)

▶ 일이나 에너지가 대략 100J~500J 사이의 경우를 더 찾아보자.

_____

(3) 이번에는 한 일이나 에너지가 대략 1000J 이상 5000J 미만인 경우이다.

물 체	어떻게 할 때	한 일/에너지
역기(260kg)	머리위로 들 때	한 일
소형차가	시속 10km/h로 천천히 갈 때	운동에너지
단거리선수가	매우 빨리 달릴 때	운동에너지

역도선수

▶ 일이나 에너지가 대략 1000J~5000J 사이의 경우를 더 찾아보자.

_____

▶ 오늘 새롭게 알게 된 점을 2가지 이상 적어라.

1._____

2._____

3._____

▶ 오늘 배운 내용 중에 궁금한 점을 2가지 이상 질문하라.

1._____

_____

2._____

_____

3._____

_____

에너지 어림하기

1. 걷고 있는 선생님의 운동에너지는 얼마일까?

  나의 어림값:

  어림한 방법:

  다른 친구들의 값:

  우리 조 중에서 누구의 값이 가장 정확할 것으로 생각되는가?_____

  왜 그렇게 생각하는가?

  _____

  _____

2. 무거운 가방을 머리 위로 들어올렸다. 가방의 위치에너지가 땅을 기준으
   로 했을 때 대략 얼마나 될까?

  나의 어림값:

  어림한 방법:

  다른 친구들의 값:

  우리 조 중에서 누구의 값이 가장 정확할 것으로 생각되는가?_____

  왜 그렇게 생각하는가?

  _____

  _____

3. 우리 주변의 전기 기구의 뒤쪽에는 다음과 같은 숫자들이 적혀 있다. 그 숫자들 중에서 V는 사용 전압을 의미하며 W는 1초당 이 전기 기구가 사용할 전기에너지를 말하는데 이것이 전력이다. 전의 값에 사용한 시간을 곱하면 그 시간 동안 전기 기구가 사용한 전기에너지가 된다.

전기스토브

품명: 전기스토브
정격전압: 110V/220V 겸용
정격소비전력: 950W (스팀 50W 포함)

▶ 우리 주변에 전기 기구에서 1초당 사용하는 에너지의 양을 J단위로 어림하여 보자. 그리고 그 값을 실제와 비교하여 보자.

	어림한 값	실제 값
백열전구		
형광등		
전자렌지		
전기난로		
다리미		
진공청소기		
컴퓨터 본체		
컴퓨터 모니터		
라디오		
에어컨		
냉장고		
선풍기		

▶ 오늘 새롭게 알게 된 점을 2가지 이상 적어라.

_____

_____

▶ 오늘 배운 내용 중에 궁금한 점을 2가지 이상 질문하라.

_____

_____

부록 3. 속력, 밀도, 에너지에 대한 측정활동지

친구의 속력을 측정하기

1. 실험 목표: 친구의 속력을 측정하여 보자.

2. 실험 방법

(1) 교실 바닥에 50cm 간격으로 검정테이프를 붙인다.

(2) 조별로 걸어갈 친구를 정한다.

(3) 한 사람이 걸어가는 친구가 검정 테이프를 지나는 순간에 초시계를 누르고 다른 한 사람은 그 시간을 기록한다.

(4) 다음 표에 기록한다.

거리(m)	0.5m	1.0m	1.5m	2m	2.5m	3m
시간(초)						
속력(m/s)						

3. 시간을 가로축, 속력을 세로축으로 하여 측정한 값을 조별로 모눈종이에 그래프로 나타내자.

▶ 오늘 새롭게 알게 된 점을 2가지 이상 적어라.

_____

_____

▶ 오늘 배운 내용 중에 궁금한 점을 2가지 이상 질문하라.

_____

_____

떨어지는 추의 속력의 변화

1. 실험 목표: 떨어지는 추의 속력의 변화를 시간
   기록계로 측정한다.

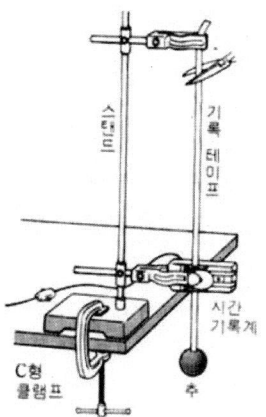

그림(가) 실험 장치

2. 실험 방법
(1) 추를 다음 그림과 같이 장치한다.
(2) 기록테이프는 대략 60cm가 되도록 한다.
(3) 기록타이머를 작동시킨 다음 추를 떨어뜨린다.
(4) 기록테이프를 6타점 간격으로 잘라서 그림
    (나)와 같이 보고서 뒷면에 붙인다.
    (단 6타점이 찍힐 동안의 시간은 0.1초)
(5) 마지막 구간(가장 빠른 구간)에서 물체의 평균 속력을 구해 보자.

3. 결과 해석
(1) 물체가 떨어짐에 따라 6타점 사이의 거
    리가 어떻게 되는가?

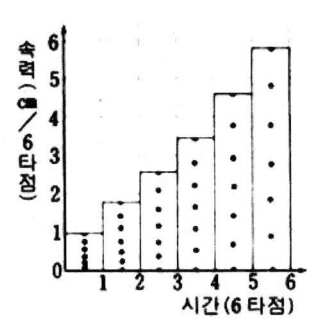

그림(나) 6타점 간격으로
잘라서 붙인 모양

(2) 여러분이 붙인 것 중에서 마지막 구간의 평균 속력을 구하라.
    (단 6타점이 찍힐 동안의 시간은 0.1초)

    평균 속력=_____m/s

6타점이 찍힐 동안
이동한 거리(cm)

기록테이프를 6타점 간격으로 잘라
순서대로 여기에 붙이시오.

시간(6타점)

▶ 오늘 새롭게 알게 된 점을 2가지 이상 적어라.

_____

_____

▶ 오늘 배운 내용 중에 궁금한 점을 2가지 이상 질문하라.

_____

_____

동전의 밀도를 측정하기

1. 실험 목표: 고체의 밀도를 측정한다.

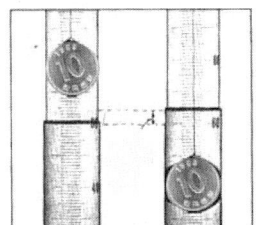

2. 실험 방법:

(1) 동전의 질량 및 부피를 측정한다.

(2) 동전의 밀도를 계산한 후 동전의 성분이
    무엇인지 밀도표를 이용하여 알아낸다.

3. 실험 결과

(1) 동전의 질량:_____   (2) 동전의 부피:_____

(3) 동전의 밀도:_____   (4) 동전의 성분:_____

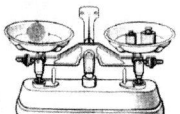

〈밀도표〉

물질	금	수은	납	은	구리	철	지구	알루미늄
밀도	19.3	13.6	11.3	10.5	8.9	7.9	5.5	2.7
물질	목성	물	토성	에탄올	이산화탄소	산소	질소	수소
밀도	1.3	1.0	0.8	0.8	0.0019	0.0014	0.0013	0.0001

이 표의 밀도는 g/cm^3 단위를 이용한 것이다.

▶ 오늘 새롭게 알게 된 점을 2가지 이상 적어라.

_____

_____

▶ 오늘 배운 내용 중에 궁금한 점을 2가지 이상 질문하라.

_____

_____

액체의 밀도를 측정하기

1. 실험 목표: 액체의 밀도를 측정한다.

2. 실험 방법:
(1) 물의 부피를 측정한다.
(2) 물의 질량을 다음 그림과 같이 측정한다.

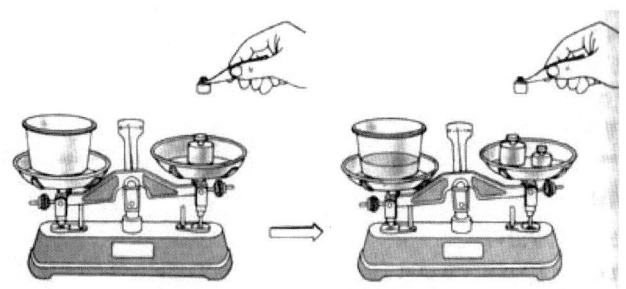

빈 비커의 질량(가)을 먼저 잰 후 물을 넣은 비커의 질량을 측정한다(나).
이때 물의 질량=(나)의 질량-(가)의 질량

3. 실험 결과
　물의 부피:_____　　물의 질량:_____
　물의 밀도:_____

▶ 오늘 새롭게 알게 된 점을 2가지 이상 적어라.

　_____
　_____

▶ 오늘 배운 내용 중에 궁금한 점을 2가지 이상 질문하라.

_____

_____

운동에너지의 크기

1. 준비물: 역학용 수레, 자, 나무 도막, 시간기록계, 책

2. 실험 목표: 물체의 운동에너지가 물체의 속력에 따라 어떻게 달라지는 지 알아본다.

3. 실험 방법
(1) 그림과 같이 장치한다.

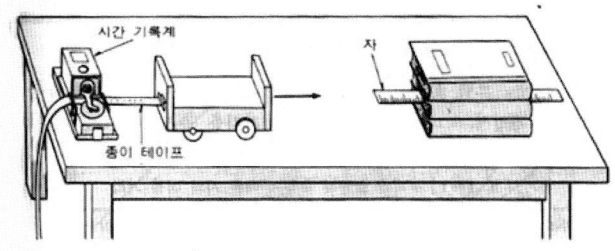

(2) 아래 그림과 같은 종이테이프에서 충돌하기 직전 6타점 간의 거리를 측정한다.

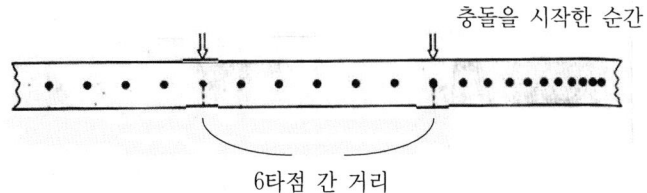

6타점 간 거리

(3) 수레를 자에 충돌시켰을 때 자가 밀려난 거리를 측정한다.
(4) 수레의 속력을 달리하면서 자가 밀려난 거리를 측정한다.

4. 결과

※ 참고 설명

> 자가 받는 마찰력이 일정하다고 보면, 수레가 자를 밀면서 하는 일은 자의 마찰력과 자가 이동한 거리를 곱한 값이므로, 수레의 운동에너지는 다음과 같이 나타낼 수 있다.
>
> 수레의 운동에너지 = 자를 밀어 내는 일
> = 자의 마찰력 × 자가 이동한 거리
>
> 마찰력이 일정하므로 수레의 운동에너지는 자가 이동한 거리에 비례한다.

	1회	2회	3회
수레의 속력			
자가 밀려난			

	1회	2회	3회
충돌직전 6타점 간 거리(m)			
충돌직전 수레의 속력(m/s)			
자가 밀려난 거리 (운동에너지에 비례)			

※ 충돌 직전 수레의 속력은 다음 식으로 구한다.

$$충돌\ 직전\ 속력 = \frac{충돌\ 직전\ 6타점간\ 거리(m)}{6타점간의\ 시간(0.1초)}$$

5. 결론 및 토의

(1) 수레의 운동에너지(본 실험에서는 자가 밀려난 거리)는 수레의 속력과
   어떤 관계가 있는가?_____

(2) 수레의 운동에너지는 속력 외에 다른 어떤 것에 따라 달라질 것으로
   생각하는가?_____

▶ 오늘 새롭게 알게 된 점을 1~2가지 이상 적으시오.(각자 적으시오)

   _____

   _____

▶ 오늘 배운 내용 중에 궁금한 점을 1~2가지 이상 질문하시오(각자).

   _____

   _____

위치에너지의 크기

1. 준비물: 50cm 자, 1m 자, 책, 추 50g, 100g, 200g, 도르래, 실

2. 실험 목표: 물체의 위치에너지가 물
   체의 질량에 따라 어떻게 달라지는
   지 알아본다.

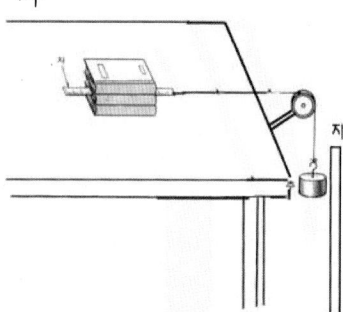

3. 실험 방법
(1) 추가 정지한 상태에서 추를 10cm
    위로 올린 다음 갑자기 손을 뗀다.
(2) 자가 원래 위치에서 얼마나 옆으로
    이동했는지 측정한다.
(3) 이번에는 추의 질량을 달리하며 (1), (2)의 과정을 되풀이한다.

자가 받는 마찰력이 일정하다고 보면, 수레가 자를 밀면서 하는 일은 자의 마찰력과 자가 이동한 거리를 곱한 값이므로, 추의 위치에너지는 다음과 같이 나타낼 수 있다.

추의 위치에너지 = 자를 당기는 일
　　　　　　　　 = 자의 마찰력 × 자가 이동한 거리

마찰력이 일정하므로 추의 위치에너지는 자가 이동한 거리에 비례한다.

---

4. 결과

추의 질량	50g	100g	200g
자가 이동한 거리 (추의 위치에너지에 비례)			

5. 결론 및 토의

(1) 추의 위치에너지(본 실험에서는 자가 당겨온 거리)는 추의 질량과 어떤 관계가 있는가?

(2) 추의 위치에너지는 추의 질량 외에 다른 어떤 것에 영향을 받을 것으로 생각되는가?

▶ 오늘 새롭게 알게 된 점을 1~2가지 이상 적으시오(각자 적으시오).

_____

_____

▶ 오늘 배운 내용 중에 궁금한 점을 1~2가지 이상 질문하시오 (각자 적으시오).

_____

_____

부록 4. 사전 연구 평가 도구

학년   반   번호   이름:

(객관식)

※ 다음은 주위에 있는 물리현상에 대한 어림값을 묻는 문제이다. 자신이
  예상한 값과 가장 가깝다고 생각하는 답에 표시하시오.

1. 길이

(1) 10량짜리 2호선 지하철의 길이는 대략 얼마일까?

    ① 20000m   ② 5000m   ③ 200m   ④ 10m   ⑤ 5m   ⑥ 0.2m

(2) 볼펜의 길이를 어림하면 얼마일까?

    ① 5000m   ② 200m   ③ 10m   ④ 5m   ⑤ 0.2m   ⑥ 0.02m

(3) 칠판에서 교실 뒤편까지는 대략 얼마나 될까?

    ① 20000m   ② 5000m   ③ 200m   ④ 10m   ⑤ 5m   ⑥ 0.2m

2. 부피

(1) 수박 1개의 부피는?

    ① 5000ℓ(=50㎥) ② 1000ℓ(=1㎥) ③ 500ℓ ④ 10ℓ ⑤ 2ℓ ⑥ 0.2ℓ

(2) 선생님이 보여준 쓰레기봉투를 팽팽하게 했을 때 그 안의 부피는?

    ① 5000ℓ(=50㎥) ② 1000ℓ(=1㎥) ③ 500ℓ ④ 10ℓ ⑤ 2ℓ ⑥ 0.2ℓ

(3) 마을버스의 부피는?

    ① 100000ℓ(=100㎥)   ② 50000ℓ(=50㎥)   ③ 1000ℓ

    ④ 500ℓ   ⑤ 10ℓ   ⑥ 2ℓ

3. 질량

(1) 실내화 한 짝의 질량은 대략 얼마일까?

　　① 500000g(=500kg)　　② 20000g(=20kg)　　③ 5000g(=5kg)

　　④ 200g　　　　　　　　⑤ 10g　　　　　　　　⑥ 5g

(2) 사람이 타지 않은 경차(티코나 아토스)의 질량은?

　　① 500000g(=500kg)　　② 20000g(=20kg)　　③ 5000g(=5kg)

　　④ 200g　　　　　　　　⑤10g　　　　　　　　⑥ 5g

(3) 의자의 질량을 어림하면?

　　① 500000g(=500kg)　　② 20000g(=20kg)　　③ 5000g(=5kg)

　　④ 200g　　　　　　　　⑤ 10g　　　　　　　　⑥ 5g

4. 밀도

(1) 쇠못의 밀도는?

　　① 200g/cm³ ② 10g/cm³ ③ 1g/cm³ ④ 0.2g/cm³ ⑤ 0.05g/cm³ ⑥ 0.005g/cm³

(2) 스티로폼의 밀도는?

　　① 200g/cm³ ② 10g/cm³ ③ 1g/cm³ ④ 0.2g/cm³ ⑤ 0.05g/cm³ ⑥ 0.005g/cm³

(3) 굴의 밀도는?

　　① 200g/cm³ ② 10g/cm³ ③ 1g/cm³ ④ 0.2g/cm³ ⑤ 0.05g/cm³ ⑥ 0.005g/cm³

5. 속력

(1) 보통 사람들의 걸음걸이는 얼마나 빠를까?

　　① 500m/s ② 10m/s ③ 1m/s ④ 0.2m/s ⑤ 0.05m/s ⑥ 0.005m/s

(2) 개미가 움직일 때, 평균속력은 얼마일까?

　　① 500m/s ② 10m/s ③ 1m/s ④ 0.2m/s ⑤ 0.05m/s ⑥ 0.005m/s

(3) 지하철을 타고 구의 역에서 강변 역까지 갈 때 평균속력은 얼마나 될까?

　　① 500m/s ② 10m/s ③ 1m/s ④ 0.2m/s ⑤ 0.05m/s ⑥ 0.005m/s

232

(주관식)

※ 본 설문지는 여러분의 어림 능력과 과학지식을 보고자 하는 것입니다. 성
  적과는 무관하오니 편안한 마음으로 최선을 대하여 풀어주시기 바랍니다.

　　( )학년 ( )반 ( )번 이름(   )

1. 길이 어림
(1) 여러분이 앉아 있는 교실의 가로 길이(칠판이 있는 쪽 길이)는 대략
   얼마일까?
(2) 여러분이 보고 있는 칠판의 긴 쪽 길이는 대략 얼마일까?

2. 질량 어림
(1) 여러분이 사용하는 과학 교과서의 질량은 대략 얼마일까?
(2) 여러분이 신고 있는 실내화 한 짝의 질량은 대략 얼마일까?

3. 시간 어림
(1) 선생님이 시작이라고 한 후 그만이라고 할 때까지가 얼마의 시간이 흘
   렀을까?
(2) 이번에는 얼마의 시간이 흘렀을까?

4. 부피 어림
(1) 종이컵에 물이 가득 담겨져 있습니다. 이 물의 부피는 대략 얼마일까?
(2) 선생님 손에 들고 있는 참외의 부피는 대략 얼마일까?

5. 밀도 어림
(1) 선생님이 가진 달걀의 밀도는 대략 얼마일까?
(2) 선생님이 가진 참외의 밀도는 대략 얼마일까?
(3) 여러분이 사용하는 고무지우개의 밀도는 대략 얼마일까?

6. 속력 어림

(1) 선생님이 걸어 다니는 속력은 얼마일까?

(2) 선생님이 떨어뜨린 풍선이 내려올 때의 속력은 얼마일까?

(3) 선생님 책상위의 장난감이 걸어가는 속력은 얼마일까?

〈밀도에 대한 지식〉

1. 부피와 질량을 이용하여 밀도를 구하는 공식을 쓰시오.

2. 질량이 25g, 부피가 50㎤인 물질이 있다. 밀도는 얼마인가?

3. 식빵 하나가 있다. 식빵을 눌러서 납작하게 만들었다. 밀도는 어떻게 될까?

(1) 줄어든다.　　(2) 늘어난다.　　(3) 변함없다.

이유:

4. 영희는 레몬주스를 마시고 있다. 그런데 레몬주스가 너무 시어서 설탕을 조금 넣었다. 설탕을 더 넣은 레몬주스의 밀도는 처음에 비해 어떻게 될까?

(1) 줄어든다.　　(2) 늘어난다.　　(3) 변함없다.

이유:

5. 순금으로 만든 반지와 왕관이 있다. 반지와 왕관의 밀도를 비교하면?

   (1) 반지의 밀도가 더 크다.　　　　　(2) 왕관의 밀도가 더 크다

   (3) 반지와 왕관의 밀도는 동일하다.

   이유:

〈속력에 대한 지식〉

6. 시간과 거리를 이용하여 속력을 구하는 공식을 쓰시오.

7. 어떤 자동차가 2시간 만에 100km를 갔다. 자동차의 속력은 시속 얼마인가?

8. 어떤 물체를 기록 테이프에 연결해서 빗면을 굴러 내리게 했더니 다음
   과 같이 기록되었다. 이번에는 출발 높이를 달리하여 다시 했더니 다음
   과 같이 되었다.

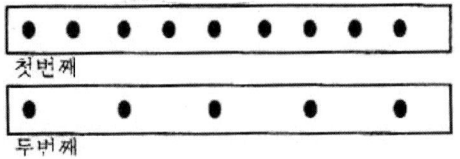

   두 번째 시도는 첫 번째 시도보다 그 속력이 ((1) 빠름 (2) 느림 (3)
   같음)

   그 이유는:

9. 영수는 학교가 끝난 후 다음과 같은 곳에 들러 볼 일을 본 후 집으로
   갔다.

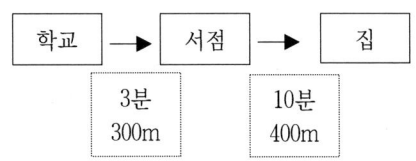

어느 구간의 속력이 더 큰가?
(1) 학교 - 서점   (2) 서점 - 집   (3) 둘 다 동일
이유:

10. 오른쪽 그림은 1초 간격으로 진자가 움직인 모양을 사진으로 기록한
    것이다. 1, 2, 3번 중 진자의 속력이 가장 큰 구간은?

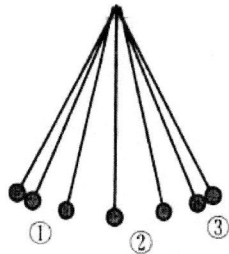

부록 5. 속력 1차 평가 문항: 어림, 측정, 개념 이해, 해답 예측, 계산능력

1. 다음 물체의 속력을 어림하라(단위도 쓰시오).

떨어지는 과학책의 평균속력:

어떤 방법으로 떨어지고 있는 과학책의 평균 속력을 어림했는가?

_____

2. 다음 보기를 보고 물음에 답하라.

보기

자동차, 전철, 거북이, 개미, 비행기, 소리(음속), 걸어가는 사람

보기 중에서 그 속력이 대략 10m/s에서 40m/s 정도에 해당하는 것을 모두 골라 적으시오: _____

어떤 방법으로 답을 선택했는가?

_____

3. 움직이는 물체를 0.1초 간격으로 사진을 찍었더니 첫 번째와 같은 모습으로 사진이 찍혔다. 이번에 다른 물체를 동일한 0.1초 간격으로 사진을 찍었더니 두 번째와 같은 모습이 찍혔다.

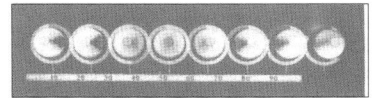 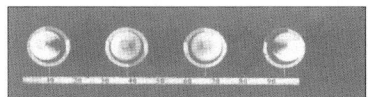

첫 번째 사진 　　　　　　　　 두 번째 사진

(1) 첫 번째 물체의 속력이 5m/s라면 두 번째 물체의 속력은?

(2) 그렇게 생각한 이유를 자세히 적으시오.

_____

4. 영수는 학교가 끝난 후 다음과 같은 곳엘 들러 본 후 집으로 갔다. 가장 속력이 빨랐던 구간을 고르시오.

답: (　　)에서 (　　)까지

	학교	육교	편의점	우체국	집
시간	30분	10분	5분	15분	
거리	500m	300m	100m	200m	

(2) 그렇게 생각한 방법을 자세히 적으시오.

_____

5. 친구가 걸어가는 평균적인 속력을 측정하고자 한다. 적절한 도구들을 선
  택하고 어떻게 측정할 것인지 계획하라.

보기

> 5m 줄자, 스톱워치, 윗접시 저울, 메스실린더, 초침이 없고 분침만 있는 시
> 계, 20cm 자, 10cm 자, 비커

  (1) 어떤 측정도구를 선택할 것인가?

  (2) 어떻게 측정할 것인지 그 방법을 구체적으로 적으시오.

6. 속력의 단위를 골라서 모두 동그라미 하시오.

  m/s, h/km, km/h, 초/분, 초/cm, g/cm^3,

  kg/m^3, kg중, $kg \cdot cm$, cm/s

7. 다음 그림에 나타난 물체의 길이와 시간을 단위까지 쓰시오.

  (1) 길이: _____

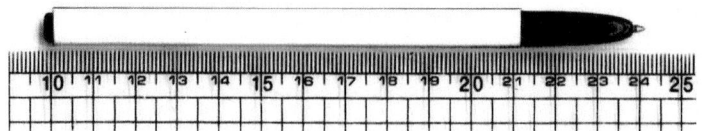

(2) 시간: _____

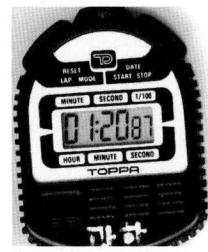

※ 다음 문제를 잘 읽고 해답을 대략적으로 예측하시오.

---

1. 지하철이 한양대 역에서 출발하면서 2분 진행한 후 왕십리 역에
   정지했다. 지하철이 한양대 역에서 왕십리 역까지 얼마의 거리를
   이동했는가?

예측값:

어떻게 해서 이동 거리를 예측해 내었는가?

2. 어떤 사람이 그림에 있는 높은 건물에서 테니스공을 떨어뜨렸다. 이 사람이 떨어뜨린 공이 바닥에 떨어질 때까지 걸리는 시간을 구하라. (빌딩의 높이는 대략 225m이다)

예측값:

어떻게 해서 떨어지는 데 걸리는 시간을 예측해 내었는가?

1. 지하철이 한양대 역에서 출발하면서 2분 진행한 후 왕십리 역에 정지했다. 지하철이 한양대 역에서 왕십리 역까지 가는 동안 얼마의 거리를 이동했을까?

아래에 제시된 정보를 이용하여 이동 거리를 계산하라.
· 지하철의 평균적인 속력이 대략 10m/s이다.

(1) 계산과정 및 해답

(2) 나의 해답이 옳다고 생각하는가, 아니면 틀리다고 생각하는가?
    왜 그렇게 생각했는가? (   )

2. 어떤 사람이 그림에 있는 높은 건물에서 테니
   스공을 떨어뜨렸다. 이 사람이 떨어뜨린 공이
   바닥에 떨어질 때까지 걸리는 시간을 구하라.
   (빌딩의 높이는 대략 225m이다)

아래에 제시된 정보를 이용하여 시간을 계산하라.
· 3초가량 일정한 비율로 가속되어 30m/s가 됨.
· 3초가 지난 후엔 공기의 저항 때문에 테니스공의 속력은 30m/s 이상으
  로 증가하지는 않음.

(1) 계산과정 및 해답

(2) 나의 해답이 옳다고 생각하는가, 아니면 틀리다고 생각하는가?
    왜 그렇게 생각했는가? (   )

242

부록 6. 밀도 1차 평가 문항: 어림, 측정,
개념 이해, 해답 예측, 계산능력

1. 다음 물질의 밀도를 어림하시오(단위도 쓰시오).

플라스틱 자:

어떤 방법으로 플라스틱 자의 밀도를 어림했는가?

_____

2. 다음 보기를 보고 물음에 답하시오.

보기

나무 도막, 사과, 순금반지, 스티로폼, 철, 알루미늄, 공기

위의 보기 중에서 그 밀도가 대략 $0.5\,g/cm^3$에서 $1\,g/cm^3$ 사이의 물질을 모두 골라 적으시오:_____

어떤 방법으로 답을 선택했는가?

_____

3. 금속도막이 하나 있다. 이 도막을 그림과 같
이 한 조각 잘라내었다. 작은 금속 도막 A
의 밀도는 큰 금속도막과 비교하여 어떻게
되는지 다음 보기 중에서 고르시오.

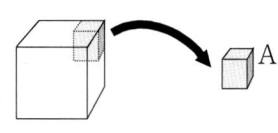

작은 금속도막은 큰 원래의 금속보다
① 밀도가 작아진다.
② 밀도가 커진다.
③ 밀도는 변화 없다.

그렇게 생각한 이유를 자세히 적으시오.

_____

4-1. 같은 부피의 나무 도막과 물의 질량을 비교하면 어떤 결과가 나올까?

① 부피가 같으므로 질량은 동일하다.
② 부피가 동일할 때엔 나무 도막의 질량이 더 크다.
③ 부피가 동일할 때엔 물의 질량이 더 크다.

그렇게 생각한 이유를 밀도와 관련지어 설명하시오.

_____

4-2. 밀도가 무엇인지 그 뜻을 적으시오.

_____

5. 사과의 평균적인 밀도를 측정하고자 한다. 적절한 도구들을 선택하고 어
   떻게 측정할 것인지 계획하시오.

   보기

a. 메스실린더,	b. 윗접시 저울,	c. 500mL짜리 비커,
d. 200mL 비커,	e. 용수철저울,	f. 목욕탕에서 사용하는 큰 저울

   ▶ 계획을 세우시오.
   (1) 내가 선택한 측정도구

   (2) 내가 측정할 방법(구체적으로)

6. 밀도의 단위를 골라서 동그라미 하시오.

   g/cm^3, g^3, km/h, N/m^3, kg/m^3, N(뉴턴), kg중, m^3, m/s

7. 다음 그림에 나타난 물체의 질량과 시간을 단위까지 쓰시오.

   (1) 질량:_____   (2) 부피:_____

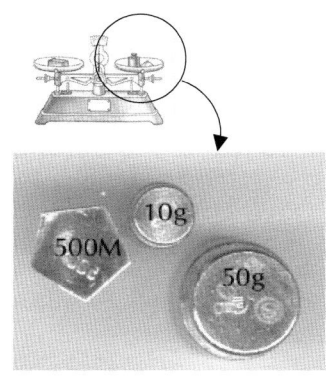 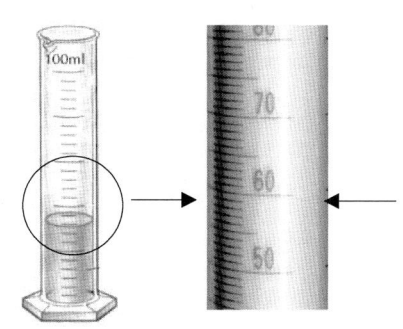

> 1. 음료수 캔을 만드는 공정에서 캔의 재질을 알루미늄으로 할지 철로 할지 토론을 하고 있다. 질량을 비교하고자 동일한 200mL 크기의 알루미늄 캔과 철 캔을 가지고 왔다. 어느 캔의 질량이 더 무거울까?

(1) 알루미늄 캔과 철 캔 중 어느 것이 더 질량이 클 것으로 예상하는가?
    (부피 동일)

(2) 그렇게 생각한 이유는?

2. 그리스 시대에 어떤 왕이 자신이 쓰고 있는 왕관이 순수한 금으로 된 것이 아니라 은이 섞여 있다는 의심을 가지게 되었다. 그래서 그 왕은 자신이 쓴 왕관이 순금인지, 아니면 은이 섞인 것인지 알고자 아르키메데스라는 과학자를 초대했다.
  그 과학자는 왕관과 동일한 질량의 순금 덩어리를 준비해서 물에 넣어보아 그 부피를 비교함으로써 왕관이 은이 섞여 있음을 알아내었다. 은이 섞인 왕관과 순금 덩어리의 부피는 어느 것이 더 클까?

(1) 왕관과 동일한 질량의 순금 덩어리의 부피를 비교하면 어느 것이 더 클 것으로 예상하는가? (질량 동일)

(2) 그렇게 생각한 이유는?

1. 음료수 캔을 만드는 공장에서 캔의 재질을 알루미늄으로 할지 철로 할지 토론을 하고 있다. 질량을 비교하고자 동일한 200mL 크기의 알루미늄 캔과 철 캔을 가지고 왔다. 어느 캔의 질량이 더 무거울까?

(1) 다음 정보를 이용하여 알루미늄 캔과 철 캔의 질량을 계산하시오.
  알루미늄의 밀도: 2.7 g/cm^3 철의 밀도: 8 g/cm^3

  계산 과정 및 답:

(2) 나의 해답이 예상과 비교하여 볼 때 옳다고 생각하는가, 아니면 틀리다고 생각하는가?_____

왜 그렇게 생각했는가? (   )

---

2. 그리스 시대에 어떤 왕이 자신이 쓰고 있는 왕관이 순수한 금으로 된 것이 아니라 은이 섞여 있다는 의심을 가지게 되었다. 그래서 그 왕은 자신이 쓴 왕관이 순금인지, 아니면 은이 섞인 것인지 알고자 아르키메데스라는 과학자를 초대했다.

그 과학자는 왕관과 동일한 질량의 순금 덩어리를 준비해서 물에 넣어보아 그 부피를 비교함으로써 왕관이 은이 섞여 있음을 알아내었다. 은이 섞인 왕관과 순금 덩어리의 부피는 각각 얼마일까?

---

(1) 다음 정보를 이용하여 은이 섞인 왕관의 부피와 순금 덩어리의 부피를 계산하자.

은이 섞인 왕관의 평균의 밀도: $15 \, g/cm^3$ 순금의 밀도: $20 \, g/cm^3$

왕관과 순금 덩어리의 질량: 1000g(1kg)

계산 과정 및 답:

(2) 나의 해답이 예상과 비교하여 볼 때 옳다고 생각하는가, 아니면 틀리다고 생각하는가?_____

왜 그렇게 생각했는가? (   )

부록 7. 에너지 1차 평가 문항: 어림, 측정, 개념 이해, 해답 예측, 계산능력

1. 다음을 어림하라(단위도 쓰시오).

교탁 위에 올려져 있는 과학책이 지면에 대해 가진 위치 에너지:_____

어떤 방법으로 위치 에너지를 어림했는가?

_____

_____

2. 다음 보기를 보고 물음에 답하라.

보기

```
a. 형광등이 1초간 소비한 전기 에너지
b. 교탁 위에 있는 꽃병이 지면에 대해 가진 위치 에너지
c. 빨리 걷는 어른의 운동 에너지
d. 티코가 도심지에서 달릴 때의 운동 에너지
e. 전기난로가 1초간 소비한 전기 에너지
f. 4층 건물 옥상 위에 있는 어른이 바닥에 대하여 가진 위치 에너지
g. 수력발전소에서 1초간 생성해내는 전기 에너지
```

에너지의 크기가 대략 100J 이상이면서 1000J 이하인 경우를 모두 골라
그 기호를 써라.

_____

어떤 방법으로 답을 선택했는가?_____

3. 좌우로 흔들리는 진자가 중간에 박힌 못을 지나갈 때 어느 높이까지 올
   라갈까?

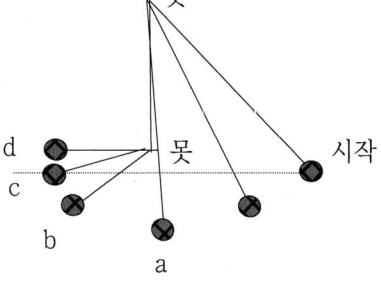

(1) 마찰에 의한 손실이 없을 때
   ① a 지점까지   ② b 지점까지
   ③ c 지점까지   ④ d 지점까지

(2) 마찰에 의해 역학적 에너지가 일부 손실될 때
   ① a 지점까지   ② b 지점까지
   ③ c 지점까지   ④ d 지점까지

   그렇게 생각한 이유는?_____

(3) 역학적 에너지가 무엇인지 뜻을 적으시오.

_____

4. 경수가 바닥에 있는 무거운 물체를 끌어올린다. 높이는 동일한데 여러 가지 경사면을 따라서 물체를 끈으로 끌어올리려고 한다. 옳은 답을 고르시오(마찰은 무시함.).

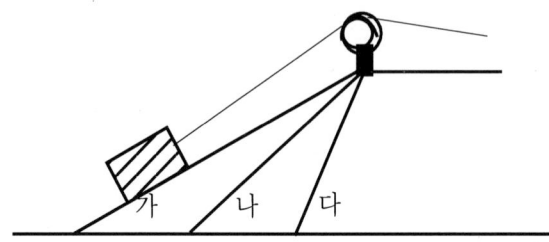

① (가)와 같은 경사면을 따라 물체를 끌어올릴 때 증가한 에너지가 가장 적다.
② (나)와 같은 경사면을 따라 물체를 끌어올릴 때 증가한 에너지가 가장 적다.
③ (다)와 같은 경사면을 따라 물체를 끌어올릴 때 증가한 에너지를 가장 적다.
④ 어떤 경우든지 물체를 끌어올리는 데 증가한 에너지는 모두 같다.

그렇게 생각한 이유는?_____

5. 다음 보기를 보고 물음에 답하라.

보기

> a. 5m 줄자,   b. 스톱워치,   c.30cm 자, d. 초침이 없는 손목시계,
> e. 각도기   f. 최대 눈금이 500g인 윗접시 저울,
> g. 최대 눈금이 100kg인 목욕탕용 저울

(1) 자전거가 천천히 달리고 있을 때 평균적인 운동 에너지를 측정하고
자 한다.
가. 어떤 도구가 필요한가?＿＿＿＿＿＿＿＿＿＿＿＿＿＿＿＿＿＿＿
나. 어떻게 측정을 할 것인지 구체적으로 방법을 적으시오.

＿＿＿＿＿＿＿＿＿＿＿＿＿＿＿＿＿＿＿＿＿＿＿＿＿＿＿＿＿＿＿＿

(2) 책상 위에 놓인 사과의 위치 에너지(교실 바닥에 대한)
가. 어떤 도구가 필요한가?＿＿＿＿＿＿＿＿＿＿＿＿＿＿＿＿＿＿＿
나. 어떻게 측정을 할 것인지 구체적으로 방법을 적으시오.

＿＿＿＿＿＿＿＿＿＿＿＿＿＿＿＿＿＿＿＿＿＿＿＿＿＿＿＿＿＿＿＿

6. 에너지의 단위를 모두 골라서 동그라미 하시오.

J, $N \cdot m$, J/m, $kg \cdot m/s^2$, $Watt$, Wh(왓트시),

N(뉴턴), kg중, m^3, m/s

7. 다음 그림에 나타난 물체의 질량과 시간을 단위까지 쓰시오.

(1) 질량: (2) 시간:

   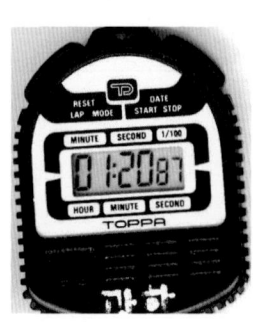

(3) 길이:

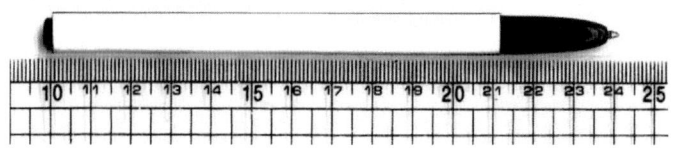

※ 다음 문제를 잘 읽고 해답을 대략적으로 예측하시오.

---

1. 그림과 같이 1m 공중 위로 뛰어 올라 옆으로 이동한 발레리나가 있
   다. 이 발레리나의 역학적 에너지는 총 얼마일까?

예측값:

어떻게 해서 그와 같이 예측했는가?

2. 스키 선수가 그림과 같이 스키를 타고 내려오고 있다. 스키 선수가 속도 조절을 하지 않고 그대로 미끄러지고 있어서 일정하게 가속되었다. 스키 선수가 내려온 비탈의 수직 높이가 20m라고 할 때 얼마의 에너지가 마찰에 의해 손실될지 예상하시오.

예측값:

어떻게 해서 그와 같이 예측했는가?

1. 그림과 같이 1m 공중위로 뛰어 올라 옆으로 이동한 발레리나가 있다. 이 발레리나의 역학적 에너지는 총 얼마일까?

· 발레리나의 질량: 40kg

· 발레리나의 속력: 대략 5m/s

· g값은 $9.8\ m/s^2$인데 편의상 10으로 한다.

(1) 계산과정 및 해답

254

(2) 나의 해답이 옳다고 생각하는가, 아니면 틀리다고 생각하는가?_____
왜 그렇게 생각하게 되었는가?

_____

---

2. 스키 선수가 그림과 같이 스키를 타고 내려오고 있다. 스키 선수가
속도 조절을 하지 않고 그대로 미끄러지고 있어서 일정하게 가속되
었다. 스키 선수가 내려온 비탈의 수직 높이가 20m라고 할 때 얼마
의 에너지가 마찰에 의해 손실되었는지 다음 정보를 이용하여 계산
하시오.

· 스키 선수의 질량: 80kg
· 비탈 아래에서 스키 선수의 속력: 20m/s
· g값은 약 $10 \, m/s^2$이다.

(1) 계산과정 및 해답

(2) 나의 해답이 옳다고 생각하는가, 아니면 틀리다고 생각하는가?_____
왜 그렇게 생각했는가? (   )

부록 8. 속력 2차 평가 문항: 어림, 측정,
개념 이해, 해답 예측, 계산능력

1. 다음 물체의 속력을 어림하라(단위도 쓰시오).

   떨어지는 과학책의 평균속력:

   어떤 방법으로 떨어지고 있는 과학책의 평균 속력을 어림했는가?

   _____

2. 다음 보기를 보고 물음에 답하라.

   보기

자동차, 전철, 거북이, 개미, 비행기, 소리(음속), 걸어가는 사람

   (1) 보기 중에서 그 속력이 대략 10m/s에서 40m/s 정도에 해당하는 것을
       모두 골라 적으시오: _____

       어떤 방법으로 답을 선택했는가?

       _____

       _____

3. 움직이는 물체를 0.5초 간격으로 사진을 찍었더니 첫 번째와 같은 모습
   으로 사진이 찍혔다. 이번에 다른 물체를 동일한 0.5초 간격으로 사진을
   찍었더니 두 번째와 같은 모습이 찍혔다.

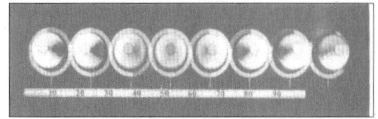 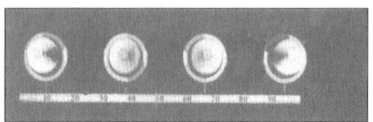

첫 번째 사진   두 번째 사진

(1) 첫 번째 물체의 속력이 1m/s라면 두 번째 물체의 속력은?

(2) 그렇게 생각한 이유를 자세히 적으시오.
   _____

4. 영수는 학교가 끝난 후 다음과 같은 곳엘 들러 본 후 집으로 갔다. 가장
   속력이 빨랐던 구간을 고르시오.

	학교		육교	편의점	우체국	집
시간	30분		10분	5분	15분	
거리	600m		300m	100m	200m	

답: (   )에서 (   )까지

(2) 그렇게 생각한 방법을 자세히 적으시오.
   _____

5. 친구가 걸어가는 평균적인 속력을 측정하고자 한다. 적절한 도구들을 선택하고 어떻게 측정할 것인지 계획하라.

보기

> 5m 줄자, 스톱워치, 윗접시 저울, 메스실린더, 초침이 없고 분침만 있는 시계, 20cm 자, 10cm 자, 비커

(1) 어떤 측정도구를 선택할 것인가?

(2) 어떻게 측정할 것인지 그 방법을 구체적으로 적으시오.

6. 속력의 단위를 골라서 모두 동그라미 하시오.

m/s, h/km, km/h, 초/분, 초/cm, g/cm^3, kg/m^3,
kg중, $kg \cdot cm$, cm/s

7. 다음 그림에 나타난 물체의 길이와 시간을 단위까지 쓰시오.
(1) 길이:＿＿＿＿＿＿＿＿＿＿＿

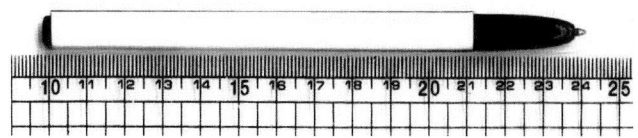

(2) 시간:_____

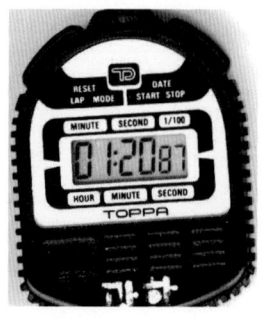

※ 다음 문제를 잘 읽고 해답을 대략적으로 예측하라.

1. 무궁화호 기차가 청량리역을 출발하여 30분 정도 남쪽으로 이동했다.
이 기차가 이동한 거리가 대략 얼마가 될까?

예측값:

어떻게 해서 이동 거리를 예측해 내었는가?

2. 어떤 사람이 그림에 있는 자유의 여신상에서 야구공을 떨어뜨렸다. 이 사람이 떨어뜨린 공이 바닥에 떨어질 때까지 걸리는 시간을 구하라. (자유의 여신상의 높이는 대략 120m이다)

예측값:

어떻게 해서 떨어지는 데 걸리는 시간을 예측해 내었는가?

1. 무궁화호 기차가 청량리역을 출발하여 30분 정도 남쪽으로 이동했다. 이 기차가 이동한 거리가 대략 얼마가 될까?

아래에 제시된 정보를 이용하여 이동 거리를 계산하라.
· 기차의 평균적인 속력을 대략 20m/s라고 하자.

(1) 계산과정 및 해답

(2) 나의 해답이 옳다고 생각하는가, 아니면 틀리다고 생각하는가?
   왜 그렇게 생각했는가? (   )

2. 어떤 사람이 그림에 있는 자유의 여신상에서 야구공을 떨어뜨렸다. 이 사람이 떨어뜨린 공이 바닥에 떨어질 때까지 걸리는 시간을 구하라. (자유의 여신상의 높이는 대략 120m이다)

아래에 제시된 정보를 이용하여 시간을 계산하라.

· 4초가량 가속되어 40m/s가 됨.

· 공기의 저항 때문에 야구공의 속력은 40m/s 이상으로 증가하지는 않음.

(1) 계산과정 및 해답

(2) 나의 해답이 옳다고 생각하는가, 아니면 틀리다고 생각하는가? 왜 그렇게 생각했는가? (　　　　　　　　　　　　　　　　)

부록 9. 밀도 2차 평가 문항: 어림, 측정, 개념 이해, 해답 예측, 계산능력

1. 다음 물질의 밀도를 어림하시오(단위도 쓰시오).

   사과:

   어떤 방법으로 사과의 밀도를 어림했는가?

   _____

2. 다음 보기를 보고 물음에 답하시오.

   보기

고무지우개, 돌, 은반지, 스티로폴, 알루미늄깡통, 산소, 수증기

   위의 보기 중에서 그 밀도가 대략 $1\,g/cm^3$에서 $5\,g/cm^3$ 사이의 물질을 모두 골라 적으시오:_____

   어떤 방법으로 답을 선택했는가?

   _____

3. 물 1000g이 들어있는 그릇에서 10g의 물을 펐다. 이때 10g의 물의 밀도
  는 어떻게 될까?

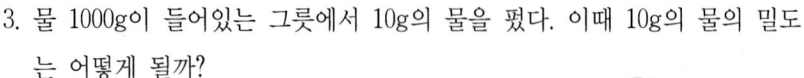

① 1000g의 물의 밀도와 동일한 값이다.
② 1000g의 물의 밀도보다 작아진다.
③ 1000g의 물의 밀도보다 커진다.

그렇게 생각한 이유를 자세히 적으시오.

_____

4-1. 같은 부피의 알루미늄 캔과 철 캔의 질량을 비교하면 어떤 결과가 나
  올까?

① 부피가 같으므로 질량은 동일하다.
② 부피가 동일할 때엔 알루미늄 캔의 질량이 더 크다.
③ 부피가 동일할 때엔 철 캔의 질량이 더 크다.

그렇게 생각한 이유를 밀도와 관련지어 설명하시오.

_____

4-2. 밀도가 무엇인지 그 뜻을 적으시오.

_____

5. 알코올의 평균적인 밀도를 측정하고자 한다. 적절한 도구들을 선택하고
   어떻게 측정할 것인지 계획하시오.

   보기

   ```
   a. 메스실린더,   b. 윗접시 저울,   c. 5L짜리 그릇,   d. 200mL 비커,
   e. 용수철저울,   f. 목욕탕에서 사용하는 큰 저울
   ```

▶ 계획을 세우라.
(1) 내가 선택한 측정도구

(2) 내가 측정할 방법(구체적으로)

6. 밀도의 단위를 골라서 동그라미 하시오.

   g/cm^3, g^3, km/h, N/m^3, kg/m^3, N(뉴턴), kg중, m^3, m/s

7. 다음 그림에 나타난 물체의 질량과 시간을 단위까지 쓰시오.

(1) 질량:_____   (2) 부피:_____

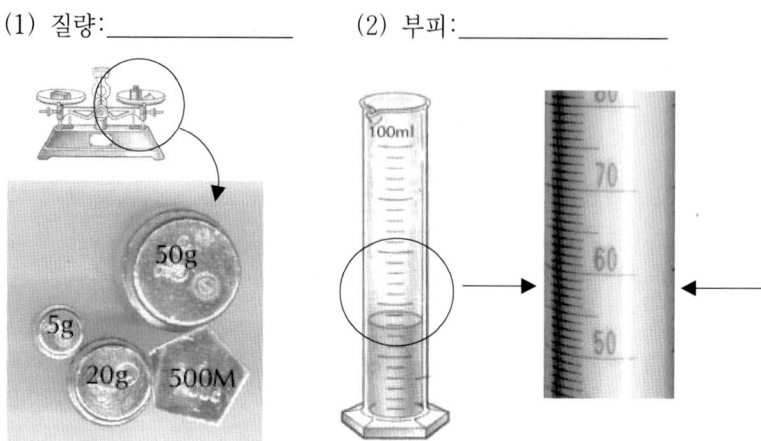

---

1. 금반지를 살 때 18k, 24k라는 말을 종종 듣는다. 이 말은 금의 순도를 표시하는데 24k는 순수한 금을 의미한다. 18k는 18/24가 순수한 금이고 나머지 6/24는 다른 금속(여기서는 은)이 섞인 것을 의미한다. 부피가 동일한 18k, 24k 반지가 있다고 하자. 어느 반지가 더 질량이 클까?

(1) 18k, 24k 반지 중 어느 것의 질량이 더 클 것으로 예상하는가? (부피는 동일함)

(2) 그렇게 생각한 이유는?

2. 알루미늄 청동은 알루미늄에 구리를 첨가한 합금이다. 실용적으로 사용되는 알루미늄 청동은 구리에 알루미늄이 보통 5~12% 첨가된 것이다. 어떤 기계의 부속품을 만드는 회사에서 순수한 구리로 부속품(A)을 만들고 그 다음에는 알루미늄이 10% 포함된 부속품(B)을 만들었다고 하자. 두 개의 질량이 동일했다.
어느 부속품이 그 부피가 더 클까?

(1) 순수한 구리로 만든 부속품 A와 알루미늄 청동으로 만든 부속품 B가 있다고 할 때 어느 것의 부피가 더 클 것으로 예상하는가? (질량은 동일함)

(2) 그렇게 생각한 이유는?

1. 금반지를 살 때 18k, 24k라는 말을 종종 듣는다. 이 말은 금의 순도를 표시하는데 24k는 순수한 금을 의미한다. 18k는 18/24가 순수한 금이고 나머지 6/24는 다른 금속(여기서는 은)이 섞인 것을 의미한다. 부피가 동일한 18k, 24k 반지가 있다고 하자.

(1) 다음 정보를 이용하여 18k 반지와 24k 반지의 질량을 각각 계산하시오.
18k 반지의 밀도: $17 \, g/cm^3$ 24k 반지의 밀도: $19 \, g/cm^3$
두 반지의 부피: 2ml

계산 과정 및 답:

(2) 나의 해답이 예상과 비교하여 볼 때 옳다고 생각하는가, 아니면 틀리다고 생각하는가?_____

왜 그렇게 생각했는가? (   )

---

2. 알루미늄 청동은 알루미늄에 구리를 첨가한 합금이다. 실용적으로 사용되는 알루미늄 청동은 구리에 알루미늄이 보통 5~12% 첨가된 것이다.

어떤 기계의 부속품을 만드는 회사에서 순수한 구리로 부속품(A)을 만들고 그 다음에 는 알루미늄이 10% 포함된 부속품(B)을 만들었다고 하자. 두 개의 질량이 동일했다.

---

(1) 다음 정보를 이용하여 부속품 A, B의 부피를 계산하시오.

알루미늄 청동의 평균 밀도: $7.5 \, g/cm^3$ 　　　　구리의 밀도: $8 \, g/cm^3$

부속품 A, B의 질량: 모두 750g.

계산 과정 및 답:

(2) 나의 해답이 예상과 비교하여 볼 때 옳다고 생각하는가, 아니면 틀리다고 생각하는가?_____

왜 그렇게 생각했는가? (   )

부록 10. 에너지 2차 평가 문항: 어림, 측정, 개념 이해, 해답 예측, 계산능력

1. 다음을 어림하라(단위도 쓰시오).

책상 위에 있는 연필이 지면에 대해 가진 위치 에너지:＿＿＿＿＿＿

어떤 방법으로 위치 에너지를 어림했는가?

＿＿＿＿＿＿＿＿＿＿＿＿＿＿＿＿＿＿＿＿＿＿＿＿＿＿＿＿＿＿＿

2. 다음 보기를 보고 물음에 답하라.

보기

a. 백열등이 1초간 소비한 전기 에너지
b. 교탁 위에 있는 연필이 지면에 대해 가진 위치 에너지
c. 단거리 선수가 달리기를 할 때 운동 에너지
d. 티코가 도심지에서 달릴 때의 운동 에너지
e. 컴퓨터가 1초간 소비한 전기 에너지
f. 의자에 앉은 어른이 바닥에 대하여 가진 위치 에너지
g. 핵폭탄 1톤의 에너지

에너지의 크기가 대략 100J 이상이면서 1000J 이하인 경우를 모두 골라 그 기호를 써라.

_____

어떤 방법으로 답을 선택했는가?_____

3. 좌우로 흔들리는 진자가 중간에 박힌 못을 지나갈 때 어느 높이까지 올라갈까?

(1) 마찰에 의한 손실이 없을 때
① (가)지점까지   ② (나)지점까지
③ (다)지점까지   ④ (라)지점까지

(2) 마찰에 의해 역학적 에너지가
일부 손실될 때
① (가)지점까지 ② (나)지점까지
③ (다)지점까지 ④ (라)지점까지
그렇게 생각한 이유는?_____

(3) 역학적 에너지가 무엇인지 뜻을 적으시오.

_____

4. 마찰이 없는 세 개의 표면 A, B, C에서 질량이 같은 공 (가), (나), (다)가 같은 높이에서 같은 속력으로 출발했다. 세 공이 각각 끝 부분에 도착했을 때 각각의 공이 처음에 비해 위치 에너지가 얼마나 감소했는지 비교한 것으로 옳은 것은?

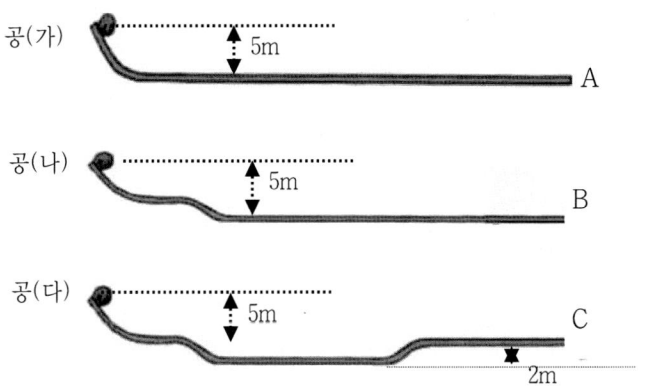

① 공 (가)의 경우 위치 에너지가 처음에 비해 가장 많이 감소했다.
② 공 (다)의 경우 위치 에너지가 처음에 비해 가장 많이 감소했다.
③ 공 (가), (나)의 위치 에너지가 동일한 만큼 감소했다.
④ 공 (나), (다)의 위치 에너지가 동일한 만큼 감소했다.

그렇게 생각한 이유는?_____

5. 다음 보기를 보고 물음에 답하라.

보기

> a. 5m줄자, b. 스톱워치, c. 30cm 자, d. 초침이 없는 손목시계, e. 각도기
> f. 최대 눈금이 500g인 윗접시 저울, g. 최대 눈금이 100kg인 목욕탕용 저울

(1) 친구가 걸어가고 있을 때 평균적인 운동 에너지를 측정하고자 한다.
가. 어떤 도구가 필요한가?_____
나. 어떻게 측정을 할 것인지 구체적으로 방법을 적으시오.

_____

(2) 책상 위에 놓인 과학책의 위치 에너지(교실 바닥에 대한)
가. 어떤 도구가 필요한가?_____
나. 어떻게 측정을 할 것인지 구체적으로 방법을 적으시오.

_____

6. 에너지의 단위를 모두 골라서 동그라미 하시오.

$N \cdot m$, J, m^3, J/m, $kg \cdot m/s^2$, Wh(왓트시),

Watt, N(뉴턴), kg중, m/s

7. 다음 그림에 나타난 물체의 길이와 질량, 시간을 단위까지 쓰시오.

(1) 질량: (2) 시간:

(3) 길이:

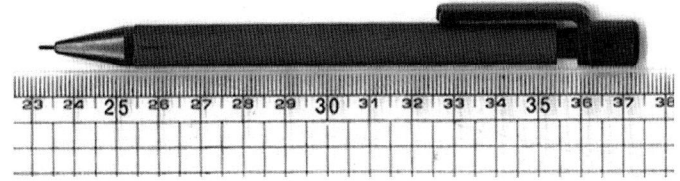

※ 다음 문제를 잘 읽고 해답을 대략적으로 예측하시오.

---

1. 그림과 같이 어떤 공사인부가 150m 건물 철근 위에서 걸어가고 있다. 이 남자가 가진 역학적 에너지는 총 얼마 정도인가?

예측값:

어떻게 해서 그와 같이 예측했는가?

272

2. 돼지가 20m 높이의 미끄럼을 타고 있다. 미끄럼을 모두 내려왔을 때
   얼마의 에너지가 마찰에 의해 손실될 것으로 예상하는가?

예측값:

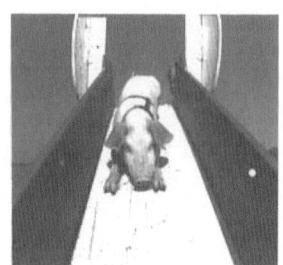

어떻게 해서 그와 같이 예측했는가?

1. 그림과 같이 어떤 공사인부가 150m 건물 철근 위에서 걸어가고 있
   다. 이 남자가 가진 역학적 에너지는 총 얼마 정도인가?

아래에 제시된 정보를 이용하여 에너지를 계산하시오.
· 남자의 질량: 70kg
· 남자의 속력: 대략 0.2m/s
· g값은 약 $10 \ m/s^2$이다.

(1) 계산과정 및 해답

(2) 나의 해답이 옳다고 생각하는가, 아니면 틀리다고 생각하는가?

_____

왜 그렇게 생각하게 되었는가?

_____

_____

---

2. 돼지가 10m 높이의 미끄럼을 타고 있다. 미끄럼틀을 모두 내려왔을
   때 얼마의 에너지가 마찰로 인해 손실되었는지 아래의 정보를 참고
   하여 계산하시오.

·돼지의 질량: 200kg

·미끄럼틀 바닥에서 돼지의 속력: 10m/s

·g값은 약 $10 \ m/s^2$이다.

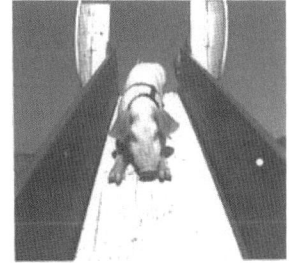

(1) 계산과정 및 해답

(2) 나의 해답이 옳다고 생각하는가, 아니면 틀리다고 생각하는가?

_____

왜 그렇게 생각했는가? (   )

부록 11. 속력 3차 평가 문항: 어림, 측정, 개념 이해, 해답 예측, 계산능력

1. 다음 물체의 속력을 어림하라(단위도 쓰시오).

떨어지는 과학책의 평균속력:

어떤 방법으로 떨어지고 있는 과학책의 평균 속력을 어림했는가?

_____

2. 다음 보기를 보고 물음에 답하라.

보기

자동차, 전철, 거북이, 개미, 비행기, 소리(음속), 걸어가는 사람

보기 중에서 그 속력이 대략 10m/s에서 40m/s 정도에 해당하는 것을 모두 골라 적으시오: _____

어떤 방법으로 답을 선택했는가?

_____

3. 움직이는 물체를 0.1초 간격으로 사진을 찍었더니 첫 번째와 같은 모습
으로 사진이 찍혔다. 이번에 다른 물체를 동일한 0.1초 간격으로 사진을
찍었더니 두 번째와 같은 모습이 찍혔다.

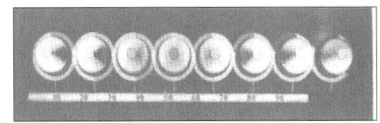
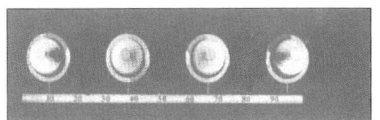

첫 번째 사진   두 번째 사진

(1) 첫 번째 물체의 속력이 2m/s라면 두 번째 물체의 속력은?

(2) 그렇게 생각한 이유를 자세히 적으시오.

_____

4. 속력이란 무엇인가?_____

5. 영수는 학교가 끝난 후 다음과 같은 곳엘 들러 본 후 집으로 갔다. 가장
속력이 빨랐던 구간을 고르시오.

학교		육교		편의점		우체국		집
시간	15분		30분		5분		15분	
거리	500m		300m		100m		200m	

답: (   )에서 (   )까지

(2) 그렇게 생각한 방법을 자세히 적으시오.

_____

6. 친구가 걸어가는 평균적인 속력을 측정하고자 한다. 적절한 도구들을 선택하고 어떻게 측정할 것인지 계획하라.

보기

> 5m 줄자, 스톱워치, 윗접시 저울, 메스실린더, 초침이 없고 분침만 있는 시계, 20cm 자, 10cm 자, 비커

(1) 어떤 측정도구를 선택할 것인가?

(2) 어떻게 측정할 것인지 그 방법을 구체적으로 적으시오.

7. 속력의 단위를 골라서 모두 동그라미 하시오.

   m/s, h/km, km/h, 초/분, 초/cm, g/cm^3, kg/m^3,

   $kg중$, $kg \cdot cm$, cm/s

8. 다음 그림에 나타난 물체의 길이와 시간을 단위까지 쓰시오.

   (1) 길이:_____

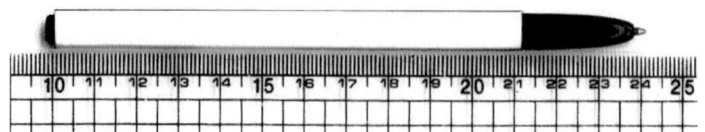

(2) 시간:＿＿＿＿＿＿＿＿＿＿＿＿＿

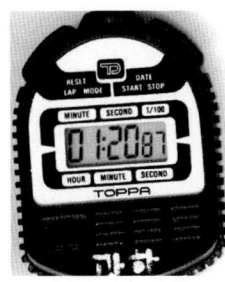

※ 다음 문제를 잘 읽고 해답을 대략적으로 예측하라.

1. 놀이동산에 있는 꼬마열차가 출발하여 5분 정도 이동했다. 이 꼬마열
   차가 이동한 거리가 대략 얼마가 될까? (*꼬마열차: 놀이동산의 어린
   이용 작은 열차)

예측값:

어떻게 해서 이동 거리를 예측해 내었는가?

2. 어떤 사람이 그림에 있는 에펠탑에서 탁구공을 떨어뜨렸다. 이 사람이 떨어뜨린 공이 바닥에 떨어질 때까지 걸리는 시간을 구하라. (에펠탑의 높이는 대략 320m이다)

예측값:

어떻게 해서 떨어지는 데 걸리는 시간을 예측해 내었는가?

1. 놀이동산에 있는 꼬마열차가 출발하여 5분 정도 이동했다. 이 꼬마열차가 이동한 거리가 대략 얼마가 될까?

아래에 제시된 정보를 이용하여 이동 거리를 계산하시오.
· 꼬마열차의 평균적인 속력을 대략 5m/s라고 하자.

(1) 계산과정 및 해답

(2) 나의 해답이 옳다고 생각하는가, 아니면 틀리다고 생각하는가?
    왜 그렇게 생각했는가? (   )

2. 어떤 사람이 그림에 있는 에펠탑에서 탁구공을 떨어
   뜨렸다. 이 사람이 떨어뜨린 공이 바닥에 떨어질 때
   까지 걸리는 시간을 구하시오. (에펠탑의 높이는 대
   략 320m이다)

아래에 제시된 정보를 이용하여 시간을 계산하시오.
· 탁구공은 1초 동안 가속되어 10m/s가 됨.
· 공기의 저항 때문에 탁구공의 속력은 10m/s 이상으로
  증가하지는 않음.

(1) 계산과정 및 해답

(2) 나의 해답이 옳다고 생각하는가, 아니면 틀리다고 생각하는가?
    왜 그렇게 생각했는가? (   )

부록 12. 밀도 3차 평가 문항: 어림, 측정, 개념 이해, 해답 예측, 계산능력

1. 다음 물질의 밀도를 어림하시오(단위도 쓰시오).

유리판:

어떤 방법으로 유리판의 밀도를 어림했는가?

_____

2. 다음 보기를 보고 물음에 답하시오.

보기

유리구슬, 금, 철, 알코올, 나무판자, 산소, 수증기

위의 보기 중에서 그 밀도가 대략 $0.5 \, g/cm^3$에서 $1 \, g/cm^3$ 사이의 물질을 모두 골라 적으시오:_____

어떤 방법으로 답을 선택했는가?

_____

3. 큰 순금 덩어리에서 금을 일부 잘라내었
   다. 잘라낸 작은 순금 조각의 밀도는 원
   래 순금 덩어리의 밀도에 비교할 때 어떠
   할까?

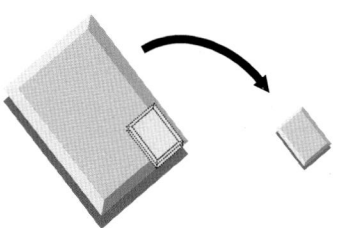

   ① 원래 순금 덩어리의 밀도와 동일하다.
   ② 원래 순금 덩어리의 밀도보다 커진다.
   ③ 원래 순금 덩어리의 밀도보다 작아진다.

그렇게 생각한 이유를 자세히 적으시오.

_____

4-1. 같은 부피의 물과 기름의 질량을 비교하면 어떤 결과가 나올까?

   ① 부피가 같으므로 질량은 동일하다.
   ② 부피가 동일할 때엔 물의 질량이 더 크다.
   ③ 부피가 동일할 때엔 기름의 질량이 더 크다.

그렇게 생각한 이유를 밀도와 관련지어 설명하시오.

_____

4-2. 밀도가 무엇인지 그 뜻을 적으시오.

_____

5. 과학책의 평균적인 밀도를 측정하고자 한다. 적절한 도구들을 선택하고
   어떻게 측정할 것인지 계획하시오.

보기

---

a. 메스실린더,   b. 윗접시 저울(최대눈금 500g),   c. 5L짜리 그릇,

d. 200mL 비커,   e. 자,   f. 목욕탕에서 사용하는 큰 저울

▶ 계획을 세우라.
   (1) 내가 선택한 측정도구

   (2) 내가 측정할 방법(구체적으로)

6. 밀도의 단위를 골라서 동그라미 하시오.

   g/cm^3, g^3, km/h, N/m^3, kg/m^3, N(뉴턴), kg중, m^3, m/s

7. 다음 그림에 나타난 물체의 질량과 시간을 단위까지 쓰시오.

  (1) 질량:＿＿＿＿＿＿＿＿＿   (2) 부피:＿＿＿＿＿＿＿＿＿

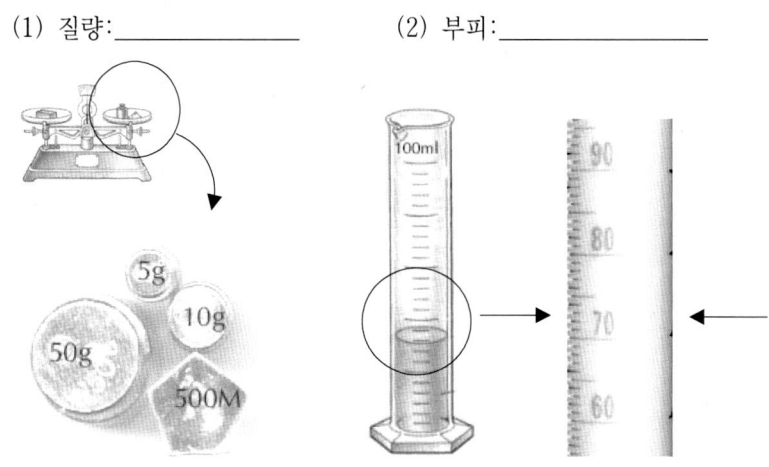

---

1. 전선에는 구리선이 많이 이용되고 있다. 이때 구리가 녹이 스는 것을 방지하고 납땜을 잘 하기 위해서 은을 입힌 은도금 구리선이 특수 용도로 이용된다. 은을 도금한 구리선과 도금하지 않은 구리선의 굵기와 길이가 같다고 가정할 때 어느 전선의 질량이 더 클까?

---

(1) 은도금을 한 구리선과 순수한 구리로만 된 선의 부피가 동일하다고 할 때 어떤 선의 질량이 더 클 것으로 예상하는가?

(2) 그렇게 생각한 이유는?

2. '함석'은 하얀색을 띠는 합금으로서 우리 주변에서 흔히 볼 수 있는 것인데, 철제품 표면에 아연을 도금한 것이다. 아연은 철제품 표면에 입혀져서 철이 녹스는 것을 방지할 수 있기 때문에 많이 사용된다. 철제품과 함석제품이 있을 때 두 제품의 질량이 동일하다면 어떤 것의 부피가 더 클까?

(1) 철제품과 아연 도금을 한 함석제품이 있다고 하자. 어느 것의 부피가 더 클 것으로 예상하는가? (질량이 같다고 하자.)

(2) 그렇게 생각한 이유는?

1. 전선에는 구리선이 많이 이용되고 있다. 이때 구리가 녹이 스는 것을 방지하고 납땜을 잘 하기 위해서 은을 입힌 은도금 구리선이 특수 용도로 이용된다. 은을 도금한 구리선과 도금하지 않은 구리선의 굵기와 길이가 같다고 가정할 때 각 전선의 질량을 계산하시오.

(1) 다음 정보를 이용하여 순수한 구리선과 은도금 구리선의 질량을 계산하시오.

순수한 구리선의 밀도: $9 \, g/cm^3$　은도금 구리선의 밀도: $9.5 \, g/cm^3$

두 전선의 부피: $95 \, cm^3$

계산 과정 및 답:

(2) 예상과 비교하여 볼 때 나의 해답이 옳다고 생각하는가, 아니면 틀리
다고 생각하는가?_____
왜 그렇게 생각했는가? (   )

---

2. '함석'은 하얀색을 띠는 합금으로서 우리 주변에서 흔히 볼 수 있는
것인데, 철제품 표면에 아연을 도금한 것이다. 아연은 철제품 표면에
입혀져서 철이 녹스는 것을 방지할 수 있기 때문에 많이 사용된다.
철제품과 함석제품이 있을 때 아래 정보를 이용하여 두 제품이 부피
를 계산하시오.

---

(1) 다음 정보를 이용하여 철제품의 부피와 함석제품의 부피를 계산하시오.
철제품의 밀도: $8 \, g/cm^3$ 함석제품의 평균밀도: $7.5 \, g/cm^3$
두 제품의 질량: 1000g

계산 과정 및 답:

(2) 예상과 비교하여 볼 때 나의 해답이 옳다고 생각하는가, 아니면 틀리
다고 생각하는가?_____
왜 그렇게 생각했는가? (   )

부록 13. 에너지 3차 평가 문항: 어림, 측정, 개념 이해, 해답 예측, 계산능력

1. 다음을 어림하라(단위도 쓰시오).

교탁 위에 있는 칠판지우개가 지면에 대해 가진 위치 에너지:_____

어떤 방법으로 위치 에너지를 어림했는가?

_____

2. 다음 보기를 보고 물음에 답하라.

보기

---

a. 선풍기가 1초간 소비한 전기 에너지

b. 어른이 물컵을 들고 있을 때 물컵이 지면에 대해 가진 위치 에너지

c. 빨리 걷는 어른의 운동 에너지

d. 자전거로 천천히 달릴 때의 운동 에너지

e. 수력발전소에서 1초간 생성해내는 전기 에너지

f. 63빌딩 위에 있는 사람이 지면에 대해 가진 위치 에너지

g. 하루살이의 운동 에너지

에너지의 크기가 대략 100J 이상이면서 1000J 이하인 경우를 모두 골라 그 기호를 써라.

_____

어떤 방법으로 답을 선택했는가?_____

3. 좌우로 흔들리는 진자가 중간에 박힌 못을 지나갈 때 어느 높이까지 올라 갈까?

(1) 마찰에 의한 손실이 없을 때
① (가)지점까지   ② (나)지점까지
③ (다)지점까지   ④ (라)지점까지

(2) 마찰에 의해 역학적 에너지가 일부 손실될 때
① (가)지점까지   ② (나)지점까지
③ (다)지점까지   ④ (라)지점까지

그렇게 생각한 이유는?_____

(3) 역학적 에너지가 무엇인지 뜻을 적으시오.

_____

4. 자동차 A, B, C가 언덕의 정상을 향하여 그림과 같은 길로 올라가려고 한다.

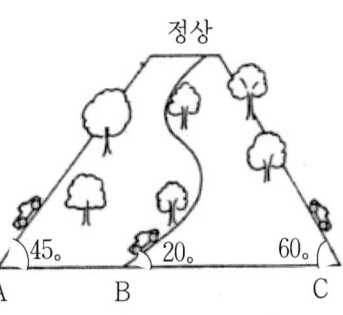

어떤 자동차로 간 경우에 지면에 비해 그 위치 에너지가 가장 많이 증가했을까?

① (A) 자동차처럼 올라갈 때
② (B) 자동차처럼 올라갈 때
③ (C) 자동차처럼 올라갈 때
④ 어떤 경우든지 증가한 위치 에너지는 모두 같다.

그렇게 생각한 이유는?_____

5. 다음 보기를 보고 물음에 답하라.

보기

a. 5m줄자, b. 스톱워치, c. 30cm 자, d. 초침이 없는 손목시계, e. 각도기
f. 최대 눈금이 1kg인 윗접시 저울, g. 최대 눈금이 100kg인 목욕탕용 저울

(1) 장난감 미니 자동차가 굴러가고 있을 때 그 운동 에너지를 측정하고자 한다.
가. 어떤 도구가 필요한가?_____
나. 어떻게 측정을 할 것인지 구체적으로 방법을 적으시오.

_____

(2) 책상 위에 놓인 연필의 위치 에너지(교실 바닥에 대한)

가. 어떤 도구가 필요한가?_____

나. 어떻게 측정을 할 것인지 구체적으로 방법을 적으시오.

_____

6. 에너지의 단위를 모두 골라서 동그라미 하시오.

J, $N \cdot m$, J/ m, $kg \cdot m/s^2$, Watt, Wh(왓트시),

N(뉴턴), kg중, m^3, m/s

7. 다음 그림에 나타난 물체의 질량과 시간을 단위까지 쓰시오.

(1) 질량: (2) 시간:

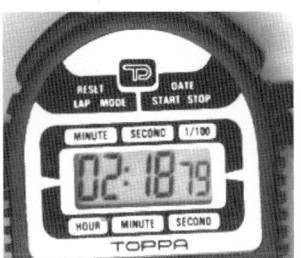

(3) 길이:

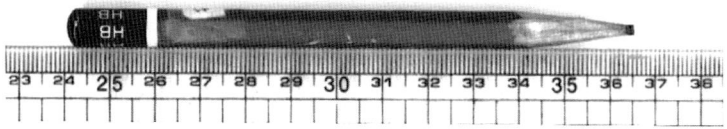

※ 다음 문제를 잘 읽고 해답을 대략적으로 예측하시오.

---

1. 그림과 같이 3m 줄 위에서 줄타기를 하고 있는 남자가 있다. 이 남
   자가 가진 역학적 에너지는 총 얼마 정도인가?

예측값:

어떻게 해서 그와 같이 예측했는가?

---

2. 그림과 같은 롤러코스터(놀이기구)가 있다. 이 롤러코스터가 높이
   50m인 지점에서 높이 20m 지점까지 총 30m를 아래로 내려올 때 얼
   마의 에너지가 마찰로 손실될 것으로 예상되는가?

예측값:

어떻게 해서 그와 같이 예측했는가?

---

1. 그림과 같이 3m 줄 위에서 줄타기를 하고 있는 남자가 있다. 이 남자가 가진 역학적 에너지는 총 얼마 정도인가?

아래에 제시된 정보를 이용하여 에너지를 계산
하시오.

· 남자의 질량: 60kg

· 남자의 속력: 대략 1m/s

· g값은 약 $10\ m/s^2$이다.

(1) 계산과정 및 해답

(2) 나의 해답이 옳다고 생각하는가, 아니면 틀리다고 생각하는가?＿＿＿＿
　　왜 그렇게 생각했는가? (　　　　　　　　　　　　　　　　)

292

2. 그림과 같은 롤러코스터(놀이기구)가 있다. 이 롤러코스터가 높이 50m인 지점에서 높이 20m 지점까지 총 30m를 아래로 내려올 때 얼마의 에너지가 손실되었는지 아래의 정보를 이용하여 계산하시오.

· 롤러코스터의 질량: 3톤
· 높이 20m인 지점에서 롤러코스터의 속력: 대략 20m/s
· g값은 약 $10\ m/s^2$이다.

(1) 계산과정 및 해답

(2) 나의 해답이 옳다고 생각하는가, 아니면 틀리다고 생각하는가?_____
   왜 그렇게 생각했는가? (   )

학회지 발표 논문들

부록 14. 초·중학생의 눈금 읽기 능력 및 측정도구와 단위에 관련된 개념 조사

Investigation on the students' abilities of reading scales and conceptions related with measuring instruments and units

Ⅰ. 서 론

측정은 외부 세계의 경험을 정량화하는 과정을 의미한다. 과학적 탐구 활동 중에 자연 현상에 대한 관찰 및 측정은 자연 법칙에 대한 과학자의 개념을 검증하여 진보하게 하는 수단이다(Physical Science Study Committee, 1996). 측정에 대해 19 세기 영국의 과학자 켈빈이 "당신이 말하고 있는 것을 측정할 수 있어서 수로 표현 가능하다면 당신은 그것에 대해 알고 있는 것이다. 그러나 그렇지 못하다면, 당신이 알고 있는 것은 애매하고 불만족스러운 것에 불과하다: 그런 것은 지식의 출발이기는 하나, 과학과는 거리가 멀다고 할 수 있다"라고 표현한 바가 있을 정도로 측정은 실험의 필수 불가결한 요소로 자리잡고 있다(Baird, 1994). 측정 활동은 과학 탐구 활동에서 중요한 부분이며 이런 이유로 측정이 과학교육과정이나 과학학습 평가 틀에 포함되었다. 예를 들어 TAPS(Bryce, T. et al., 1983)에서 측정기능은 기본 탐구능력 중의 하나로 포함되며 관찰과 측정기능은 다른 탐구기능을 잘 수행하기 위해 필요한 것이다. 그 외에도 APU(Schofield, 1989), 권재술·김범기(1994), 우종옥·이항로·이경훈(1992) 등 다양한 탐구능력 평가 연구 속에 공통적으로 포함되었다.

한국의 제6차 중학교 과학교육 과정에서 측정 교육은 주로 물리량을 간접 측정하기 위한 실험, 즉, 밀도의 측정, 끓는점의 측정, 진자 주기의 측정 등과 같은 실험 활동 중에서 이루어지는데 측정도구의 사용법이나 눈금 읽는 법 자체를 목적으로 하는 활동은 별로 없다. 또한 측정에 관련된 개념,

예를 들어 측정 오차나 평균값에 대한 것은 수학과에서 다루고 있으나 과학 실험과는 무관하게 다루어진다. 물론 각각의 측정기구에 대해 자세히 다루고 실험하는 과정이 초등학교에서 제시되어 있으나, 그 학습 효과가 얼마나 지속적일지 의문이다. 그러나 초등학생과 중학생의 측정능력에 대해 비교 연구된 바가 거의 없다.

 측정을 잘 하기 위해서는 실제 실험실 수업에서 주어진 측정도구를 가지고 눈금을 잘 읽는 것도 필요하지만 이와 더불어 각각의 물리량이 의미하는 것을 정확히 아는 것이 필요하며 또 단위에 대하여도 정확한 개념을 가지고 있어야 한다. 따라서 이 항목들에 대한 실태 조사도 요구된다.

 따라서 본 연구에서는 초·중학교 학생들의 눈금 읽기 능력과 물리량 및 단위에 대한 학생의 개념에 대해 조사하고자 한다. 연구목적을 나열하면 다음과 같다.

 첫째, 초등학교 5학년, 중학교 1학년, 중학교 3학년 학생들을 대상으로 자, 메스실린더, 윗접시 저울, 용수철저울, 온도계, 초시계에 나타난 눈금을 읽는 능력을 평가하고 비교한다.

 둘째, 초등학교 5학년, 중학교 1학년, 중학교 3학년 학생들이 물리량에 대한 개념을 측정도구와 관련하여 조사한다.

 셋째, 초등학교 5학년, 중학교 1학년, 중학교 3학년들이 단위에 대하여 가진 개념을 조사한다.

II. 국내외 연구동향

 탐구과정 요소 중에서 측정기능은 기본적인 요소에 포함된다. 예를 들어 과정 기능 중심 교육과정의 일종인 SAPA(AAAS, 1967)는 8가지의 단순 탐구능력과 6가지의 복합 탐구능력을 구분하고 측정을 단순 탐구능력에 포함시키고 있다. 허명(1984)의 탐구과정 범주는 자료의 수집과 정리, 자료의 해석 및 분석, 자료의 종합 및 평가, 가설 설정 및 실험 설계로 나뉜다. 그리고 측정은 자료의 수집과 정리에 포함되며 그 하위 요소로 불연속적인 양의 측정과 연속적인 양의 측정으로 나뉜다. 그 외에도 TAPS, 클로퍼의 평가틀에서도 모두 측정을 기본 탐구능력의 하나로 포함시키고 있다. 즉 측정기능은 탐구과제를 수행하기 위해 기본적으로 필요한 기능이라고 할 수 있다. 그리고 측정의 세부 평가 항목에는 측정치를 바르게 읽기, 적절한 측정단위 사용하기, 측정도구를 선택하기 등이 포함된다(김미경 · 오희윤 · 박종원, 1996; 우종옥 · 이항로 · 이경훈, 1992).

한국에서는 학생의 측정기능이 주로 여러 가지 탐구과정 기능 속에 포함되어 평가되어 왔다(우종옥 · 김범기 · 한안진 · 허명, 1998; 김미경 · 오희윤 · 박종원, 1996; 정완호 · 허명 · 은경용, 1993). 측정기능에 초점을 두어 평가한 연구로 국내에는 최근에 정귀향 · 김범기(1997)가 초등학생의 길이, 면적, 부피, 모눈 이용능력 등을 평가했다. 연구결과 정답률은 길이 과제에서 가장 높았고 그 다음 면적, 부피 순위였다. 그리고 도구를 이용한 것보다 직접 비교 능력이 더 높았다. 그는 학년별로 측정을 다른 방법으로 가르쳐야 한다고 주장했다.

국외에서는 영국의 APU 연구(Schofield, 1989)를 예로 들 수 있는데, 1982년(n=916명), 1984년(n=842명)에 걸쳐 11, 13, 15학년 아동들의 측정 능력에 대한 조사를 하였다. 눈금 읽기 능력, 눈금 어림하기 능력, 눈금 읽기 능력과 측정능력 간의 비교 조사 등이 이루어졌다. 특히 눈금 읽기 능력은 실제 도구의 눈금을 읽는 능력과 그림이나 사진으로 제시되는 도구에 나온 눈금을 읽는 능력에 대해 비교하여 조사하였다. 842명을 대상으로 한 1984년 연구에서 측정도구에 새겨진 최소 눈금만큼의 오차, 즉 ±1 최소 눈금의 오차를 기록한 학생의 백분율을 조사한 결과, 메스실린더, 용수철저울, 윗접시 저울, 자, 온도계, 초시계 중에서는 온도계(72%)를 가장 정확하게 읽었고, 그 다음으로 용수철저울(62%), 메스실린더(50%), 자(43%), 초시계(33%), 마지막이 윗접시 저울(29%) 순서이었다. 아동들이 눈금을 읽을 때 주로 범하는 오류 중의 하나로 근접한 곳에 숫자가 적힌 눈금이 있다면 숫자가 적힌 그 눈금을 읽는 오류, 실제 값의 $\frac{1}{10}$, ×10, ×100 등으로 읽는 오류, 작은 눈금이 2단위씩 증가할 때 이를 1단위로 읽는 오류, 작은 눈금을 거꾸로 된 방향으로 읽는 오류(예를 들어 48을 52로 읽음), 큰 눈금과 작은 눈금의 혼동(예를 들어 30.3을 33으로 읽음) 등이 있다.

이 연구는 그 외에도 학생들이 자, 힘 측정기구, 메스실린더, 초시계를 이용하여 직접 조작하고 측정하는 능력과 단순히 눈금을 읽는 능력 사이에는 차이가 있음을 알아내었다.

현재까지 한국에는 초등학생과 중학생을 대상으로 측정능력에 집중하여 다양한 측정량이나 측정도구를 사용하는 능력 및 관련 개념에 대한 광범위한 조사가 많이 이루어졌다고 보기 어렵다. 이에 본 연구는 초, 중학생의 눈금 읽기 능력과 측정도구 및 단위에 대한 개념을 조사하고자 한다.

Ⅲ. 연구대상 및 연구방법

1. 연구대상

본 연구의 대상은 초등학교 5학년 72명, 중학교 1학년 69명, 중학교 3학년 80명으로 총 221명이다. 서울 소재 초등학교 한군데와 중학교 두 군데를 선정하여 수행 평가 및 지필 평가를 실시하였다. 이 학생들을 한국 학생들의 측정능력을 대표하는 표본으로 보기는 어려우나, 학생들은 측정과 관련된 정규 교육과정을 빠짐없이 받았으며 특수한 집단이 아니었다. 따라서 이 학생들의 수행능력이나 개념을 보는 것은 현재 과학과에서 다루는 측정 교육의 효과가 어느 정도인지를 파악함에 도움이 된다.

2. 연구방법

눈금 읽기 능력의 평가를 위해 사용한 도구들은 30cm 자, 디지털 초시계, 100mL 메스실린더, 윗접시 저울, 용수철저울, 온도계였다. 디지털 초시계를 제외한 각 측정기구들의 세부 사항은 Table 1에 기록하였다. 학교 현장에서 과학실에 비치되어 있는 기구들을 사용하였으며, 개개의 학생들이 책상에 비치되어 있는 하나의 측정기구의 눈금을 읽고 기록하도록 하였다. 학생의 수행 평가를 위해서는 두 가지의 방식이 사용되었다. 첫째 방식은 칸막이가 있는 책상을 복도에 비치해 놓고 한 학생씩 나와 하나의 눈금을 읽고 그 다음 기구로 이동하는 방식인데, 그동안 나머지의 학생들은 다른 공부를 하거나 쉬었다. 두 번째 방식은 2개의 실험실에서 책상을 여러 개 배치해 놓고 동시에 여러 학생이 여러 곳에서 측정을 하는 것이었다. 첫째 방식의 소요시간은 한 반당 약 2시간, 두 번째 방식은 1시간이었다. 학생들은 눈금을 읽고 나누어준 보고서에 그 값을 적어서 교사에게 제출했다.

Table 1. Details of measuring instruments used in the test

Instrument	Ruler	Measuring cylinder	Balance	Spring balance	Thermometer
Ranges	$0\sim30cm$	$0\sim100mL$	$0\sim191g$	$0\sim10N$	$-10\sim110℃$
Smallest scale of instruments	$1mm$	$1mL$	$0.1g$	$0.1N$	$1℃$

　측정도구 및 단위에 대한 개념 조사를 위해서 지필 평가지를 개발했다. 측정도구에 관련된 개념 조사를 위해서 다양한 측정기구를 그림으로 제시하고 각 기구의 눈금이 의미하는 것이 무엇인지 객관식 평가지에 응답하도록 했다. 단위 개념의 평가를 위해서 각 물리량의 단위로 쓰일 수 있는 것을 보기에서 있는 대로 고르도록 했다.

　연구대상 학급에게 아침 자율학습 시간이나 본 수행 평가가 있기 전 15분 정도 동안 측정도구의 그림 및 단위가 있는 질문지를 배부하고 각자 문제를 풀도록 했다. 그 지필 평가지의 구성 및 예시는 다음 Table 2와 Figure 1과 같다.

Table 2. Contents of questionnaires to investigate students'
conceptions related with measuring instruments and units

Question	Contents of questions
1	Meaning of marks on a syringe
2	Quantities measured by a two plate balance
3	Meaning of marks on a beaker
4	Quantities measured by a measuring cylinder
5	Meaning of marks on a spring balance
6	Meaning of marks on a kitchen scale
7	Quantities measured by a equal arm balance
8	Quantities measured by a spring scale pulling a cart
9	Units(kg, g, $℃$, A, V, mm, m ……)

주사기

Q1. The numbers on the syringe means(   ).

① volume   ② mass   ③ length

④ force   ⑤ weight   ⑥ time

⑦ others _____

Fig 1 Examples of problems in questionnaires on
conceptions related with measuring instruments

IV. 연구결과 및 논의

1. 학생들의 눈금 읽기 능력

각 측정도구에 대한 학생들의 눈금 읽기 능력을 분석하여 나타낸 결과는 다음과 같다.

1) 30cm 자를 이용한 봉투의 길이 측정

30cm 자를 이용하여 봉투의 가로 길이, 세로길이를 측정한 결과는 아래 Table 3에 제시되어 있다.

전체적으로 볼 때, 자를 이용한 길이의 측정에서 5mm 이내의 오차를 범한 학생이 비교적 많았으며 학년 간 큰 차이는 없었다. 봉투의 길이가 자보다 작은 경우, 초등학교 5학년(이하 초등학생으로 약칭), 중학교 1학년(이하 중1 학생으로 약칭), 중3 학생(이하 중3 학생으로 약칭) 순서대로 각각 89%, 86%, 89%가, 그리고 봉투의 길이가 자보다 긴 경우, 학년 순서대로 각각 75%, 94%, 89%의 학생이 5mm 미만의 오차를 내었다. 1cm 이상의 오차를 내며 응답을 한 학생들이 있었는데, 특히 초등학생들은 봉투의 길이가 30cm 자보다 길 경우 14%의 학생이 1cm 이상의 오차를 내었으며 중1 학생들도 경우에 따라 8% 이상의 학생이 1cm 이상의 오차를 내었다.

봉투의 길이가 자보다 작은 경우와 큰 경우를 비교하여 보면, 초등학생의 경우 5mm 미만의 오차를 낸 학생이 89%에서 75%로 감소한 반면 중학생의 경우는 오히려 그 정확도가 증가하는 경향을 볼 수 있었다. 즉 측정도구가 측정량보다 작아 두 번에 걸쳐 측정해야 하는 경우 중학생에게는 난이도의 차이가 없으나 초등학생에게는 그 난이도가 현저하게 증가함을 알 수 있다.

2) 100mL 메스실린더를 이용한 물의 부피 측정

메스실린더를 이용한 부피의 측정과제는 초등학생과 중학생 간의 차이가 가장 크게 벌어진 과제이었다. 5mL 이내의 오차를 낸 학생들은 중1, 중3 학생이 각각 86%, 85% 이상으로서 초등학생 28%보다 훨씬 많았다. 초등학생 담당 교사가 메스실린더 사용하는 법을 아동들이 이미 학습했다고 했음에도 불구하고 초등학생 중 58%가 10mL 이상의 오차를 보이며 메스실린더에 적힌 눈금을 못 읽었다. 이는 메스실린더로 액체의 눈금을 읽는 것 혹은 메스실린더의 눈금체계가 초등학생들에게 무척 어려운 것임을 보여준다.

한편 10% 내외의 중학생도 메스실린더의 눈금을 10mL 이상의 오차를 보이며 읽었다(Table 3 참조).

3) 윗접시 저울을 이용한 비커의 질량 측정

가장 정확도가 높았던 것은 중1 학생으로서 69명 중 71%가 5g 미만의 오차를 냈다. 가장 낮은 학년이 중3 학생으로서 45%만이 5g 미만의 오차를 내었다. 초등학생의 경우와 중1 학생의 경우 자연과 혹은 과학과에서 이 수행평가 직전에 질량 측정 수업을 한 반면 중3 학생의 경우 질량 측정을 해 본 지가 오래되었다는 점이 원인 중의 하나라고 여겨진다.

한편 10g 이상의 오차를 보인 학생의 수가 초등학생의 경우 33%, 중1 학생의 경우 26%, 중3 학생의 경우 31%에 이르러 부피를 제외한 기타 과제보다 많았다. 이는 윗접시 저울의 눈금 읽기가 까다로운 과제이며 실험을 순조롭게 진행하기 위해서는 좀 더 편리하고 손쉬운 측정도구가 도입되어야 함을 말해준다(Table 3 참조).

4) 용수철저울을 이용한 물체의 무게 측정하기

용수철저울의 눈금을 읽는 과제는 다른 과제에 비하여 비교적 수월한 것으로 나타났다. 초등학생의 88%, 중1 학생의 88%, 그리고 중3 학생의 90%의 학생이 0.5N 미만의 오차를 내며 눈금을 읽었다. 1N 이상(100g 이상)의 오차를 낸 학생들도 그 수가 작았다.

힘의 단위로 중학생의 경우 3학년 학생들은 N 단위를 이미 배운 상태이지만 49(60%)명이 무게의 단위로 g을 사용했다. 이것은 초등학교 때 물체의 무게를 용수철저울로 재며 그 단위로 g을 사용한 것에 그 원인이 있다고 여겨진다(Table 3 참조).

  5) 온도계를 이용한 물의 온도 측정하기

  온도계 눈금 읽기 과제도 잘 측정한 학생의 수가 매우 많았다. 초등학생의 88%, 중1 학생의 93%, 중3 학생의 91%가 5℃ 미만의 오차 범위 내에서 눈금을 읽었다. 온도계 눈금 읽기가 비교적 다른 과제보다 정확하게 이루어졌다는 영국 APU 결과(Schofield, 1989)와도 같은데 일상생활에서 흔히 접하는 계기이며 십진법으로 되어있다는 점 등이 그 원인으로 여겨진다.

Table 3. Students' reading abilities of scales on measuring instruments

(Total students number of 5th grade=72, 7th grade=69, and 9th grade=80)

Instruments	Value		% students who are off by			
		Grade	Less than 5*	Less than 10	Greater than 10	No answer
Ruler	24.0cm	5th	89	1	4	6
		7th	86	6	9	0
		9th	89	10	1	0
	33.1cm	5th	75	6	14	6
		7th	94	3	3	0
		9th	89	4	8	0
Measuring Cylinder	67.4mL	5th	28	0	58	14
		7th	86	3	9	3
		9th	85	1	13	1
Two plate balance	93.7g	5th	56	4	33	7
	93.6g	7th	71	1	26	1
		9th	45	24	31	0
Spring Balance	1.57N (160.5g)	5th	88	0	1	11
	3.93N	7th	88	7	3	1
	(401.0g)	9th	90	5	5	0
Thermometer	1℃	5th	88	3	1	8
		7th	93	1	1	4
		9th	91	6	1	1

* less than 5 means that students' errors were within 5 smallest scale divisions of each instruments. For example, in case of a ruler, it meant that percent number of students whose error was within 5mm.

6) 디지털 초시계를 이용한 시간 측정하기

Table 4에서는 디지털 방식의 초시계에 적힌 시간을 읽는 과제 결과를 제시했다. 많은 수의 학생들이 시간을 잘 읽지 못함을 볼 수 있었다. 단위를 혼동하던가 엉뚱한 답, 예를 들면 105.05초, 혹은 3(22/60), 0.0913초 등의 응답을 한 학생들이 초등학생의 경우 44%, 중1 학생의 경우 29%, 중3 학생의 경우 38%이었다.

Table 4 Reading digitalized stop watch
(Total students number of 5th grade=72, 7th grade=69, and 9th grade=80)

	% students		
	5th	7th	9th
Accurate Reading (ex. 1mim 39sec 44)	44	62	46
Copying (ex. 01:39:44)	8	6	15
Confuse with unit (ex. 1 hour 38min 44s)	31	16	10
Other*	11	13	28
no answer	6	1	1

2. 측정도구 및 단위에 대한 학생의 개념

1) 질량 측정도구에 대한 학생의 개념

두 문항이 질량 측정도구와 관련되어 있다(2번, 7번). 윗접시 저울 그림을 보여주고 그 눈금이 어떤 물리량을 의미하는지에 대하여 물어 보았을 때 정답률은 학년별로 각각 1%, 77%, 68%이었다(Table 5 참조). 초등학생은 아직 질량을 안 배웠기 때문에 무게라고 응답했는데 그 학생 수는 92%이었다. 중학생의 경우도 나머지 대부분의 학생들은 초등학교 때 배웠던 대로 무게라고 응답했다. 초등학교 때 무게와 질량을 구분하지 않고 가르치는 것이 중학교에서 질량 개념의 학습에 어려움을 초래하고 있다고 할 수 있다.

양팔 저울이 측정할 수 있는 물리량이 무엇인지에 대한 문항(7번)에서는 윗접시 저울에 비해 좀 더 답이 여러 항목으로 분산됨을 볼 수 있었다.

중1 학생의 경우에는 윗접시 저울에서 77% 이상의 학생들이 질량 측정도 구라고 응답했으나 양팔 저울의 경우에는 그 수가 48%로 줄어들었다. 학 교에서 주로 윗접시 저울을 사용하고 있다는 점을 고려할 때, 이는 학생들 이 질량의 개념을 정확히 알았다고 하기보다는 각 저울이 사용되었던 상황 을 더 기억한다는 것을 보여준다.

Table 5. Students' conceptions related with mass measuring instruments
(% students)

(Total students number of 5th grade=72, 7th grade=69, and 9th grade=80)

Questions	Quantities measured by a two plate balance			Quantities measured by a equal arm balance		
Items\Grade	5th	7th	9th	5th	7th	9th
Volume	1	3	0	6	9	3
Mass*	1	77	68	11	48	55
Length	0	0	0	1	0	1
Force	4	1	0	11	1	0
Weight	92	20	31	68	41	40
Time	0	0	0	-	-	-
Temperature	-	-	-	0	0	0
Other	0	0	0	1	0	0
No answer	1	0	1	1	1	1

* means the right answer
(－) means it is not included in the real questionnaires

2) 부피 측정도구에 대한 학생의 개념

총 세 문항(1번, 3번, 4번)이 부피 측정도구와 관련되어 있다. 각각 주사 기, 비커, 메스실린더 등 부피 측정기구의 그림을 보며 각 기구의 눈금이 의미하는 물리량을 보기에서 고르라는 과제였다. 각 결과는 Table 6에 나 와 있다.

주사기의 눈금이 그 안에 들어있는 공기의 (무엇)을 의미하는지 쓰라는 1번 문항에서 '부피'를 선택한 학생의 수는 중3 학생이 가장 많았고(75%) 그 다음이 중1 학생(68%), 초등학생의 경우 28%이었다. 초등학교 학생들의 낮은 정답률은 초등학생들이 부피 개념을 학습하는 것에 어려움을 겪고 있음을 보여 준다. 반면 힘이라고 응답한 학생의 수가 초등학생은 32%, 중학생은 1학년이 7%, 3학년이 10%로 있었는데 이것은 학생들이 부피 개념을 제대로 이해하지 못하고 도구들이 사용된 용도, 예를 들면 공기를 압축했던 상황을 더 기억하고 있음을 보여 주는 것이다.

비커에 담긴 물 그림을 보여 주고 비커의 눈금이 의미하는 바를 선택하라는 문항(3번)에서 학생의 정답률이 더욱 낮아졌다(초등학생 26%, 중1 학생 65%, 중3 학생 60%). 초, 중학생 모두 비커의 눈금을 질량이라고 여기는 학생이 21% 이상이었으며, 길이 혹은 온도라고 생각하는 학생도 적지 않았다.

온도 혹은 질량이라고 응답한 학생들은 주사기 문제(1번)와 같이 비커가 사용되었던 용도를 기억한 것이라고 생각된다. 위의 결과들은 학생들의 물리량 개념의 혼동을 보여준다. 전반적으로 중학생들의 정답률은 초등학생을 훨씬 넘었다.

메스실린더의 용도에 대한 질문(4번)에서도 학생들의 부피 개념의 어려움이 그대로 나타나서 특히, 초등학생들의 경우 부피라고 응답한 학생수가 17%밖에 되지 않았다. 그 외에도 모든 학년에 걸쳐 15% 이상이 질량이라고 응답했는데, 이는 부피, 질량 개념의 혼동을 보여준다.

Table 6. Students' conceptions related with volume measuring instruments (% students)

(Total students number of 5th grade=72, 7th grade=69, and 9th grade=80)

Questions Items\Grdae	Meaning of number on a syringe			Meaning of number on a beaker			Quantities measured by a measuring cylinder		
	5th	7th	9th	5th	7th	9th	5th	7th	9th
Volume*	28	68	75	26	65	60	17	75	64
Mass	17	17	11	29	21	24	15	16	24
Length	7	0	1	14	10	5	10	3	3
Force	32	7	10	0	0	0	-	-	-
Gravity	-	-	-	-	-	-	46	1	4
Weight	7	3	0	-	-	-	3	1	1
Time	0	0	0	1	0	0	-	-	-
Temper-ature	-	-	-	19	4	8	4	1	1
Other	10	6	0	8	0	1	4	1	3
No answer	0	0	3	1	0	3	1	0	1

* means the right answer

(-) means it is not included in the real questionnaires

3) 힘 측정도구에 대한 학생의 개념

총 세 개의 문항이 힘 측정도구와 관련되어 있다(5번, 6번, 8번). 각각의 문항에는 용수철저울, 부엌용 저울 그림이 주어져 있다(Table 7 참조).

용수철저울에 물체가 매달린 그림을 제시하고 무엇을 측정하고 있는 것인지 선택하라는 질문(5번)의 경우, 반수를 넘는 학생들이 "무게"라고 옳게 응답했다(초등학생 60%, 중1 학생 78%, 중3 학생 66%). 그러나 한편으로 초등학생의 경우 24%의 학생들이 이를 "길이"라고 응답하였는데, 이는 초등학생들의 경우 무게나 질량, 길이, 부피 개념이 혼동되고 있음을 보여주고 있다. 또, 중3 학생들 중 21%가 이를 질량이라고 응답하였는데 이는 질량과 무게 개념의 혼동을 보여준다.

부엌용 저울의 그림을 제시하고 "왼쪽 그림에서 저울의 바늘이 가리키는 숫자는 그 과일의 (무엇)을(를) 뜻한다."에 답하게 한 질문(6번)에서는 무게가 중력의 크기임을 아는지에 대하여 묻기 위하여 무게라는 응답을 선택답안에서 없애고 그 대신 중력의 크기를 넣었다. 중력의 크기라고 응답한 학생의 수는 크게 줄었고 대신 많은 수의 학생이 기타에 '무게'라고 썼다. 이때 중력의 크기라고 응답한 학생 수는 중3 학생이 31%로 가장 많았다. 초등학생의 경우, 기타에서 무게라고 응답한 학생의 수와 '중력의 크기'라고 응답한 학생 수를 합하면 이전 문항 5번의 정답률과 동일하다. 그러나 중학생의 경우 5번 문항에 비해 질량이라고 답한 학생의 수가 많아짐을 볼 수 있어서 중학생의 경우 무게와 질량을 동일한 것으로 여기는 경향이 있음을 알 수 있다.

수레를 용수철저울로 잡아당기는 그림을 제시하고 "왼쪽 그림은 용수철저울을 이용해서 (무엇)을(를) 측정하고 있다"에 답하게 한 질문(8번)에서는 초등학생의 85%, 중1 학생의 70%, 중3 학생의 73%가 "수레에 작용한 힘"이라고 바르게 선택했다. 그러나 중1 학생의 11%, 중3 학생의 16%가 질량이라고 응답했고, 중1 학생의 11%, 중3 학생의 5%가 중력의 크기라고 응답하여 힘의 작용 방향에 대한 이해의 부족을 보여준다. 또한 측정기구의 원리에 대한 이해 부족을 보여 주기도 하는데, 용수철저울은 단지 무게의 측정도구라는 인식이 있기 때문에 그 힘이 수평으로 작용했음에도 불구하고 무게라고 응답을 한 것으로 보인다.

Table 7. Students' conceptions related with force measuring instruments (% students)

(Total students number of 5th grade=72, 7th grade=69, and 9th grade=80)

Questions	Meaning of number on a spring balance			Meaning of number on a kitchen scale			Quantities measured by a spring scale pulling a cart		
Items\Grade	5th	7th	9th	5th	7th	9th	5th	7th	9th
Volume	6	3	3	14	6	1	7	3	0
Mass	3	9	21	25	51	51	1	11	16
Length	24	6	5	0	0	1	4	1	1
Force*	-	-	-	-	-	-	85	70	73
Gravity*	-	-	-	17	19	31	1	11	5
Weight*	60	78	66	-	-	-	-	-	-
Time	0	1	0	0	0	0	-	-	-
Temper-ature	4	3	0	0	1	0	-	-	-
Other	4	0	1	44	23	14	1	3	4
No answer	0	0	0	0	0	1	0	0	1

* means the right answer

(-) means it is not included in the real questionnaires

4) 단위에 대한 학생의 개념

단위에 대한 학생의 개념을 평가하기 위해서 7개의 문항을 개발했다. 길이, 부피, 시간, 질량, 온도, 힘, 무게 각각에 해당하는 단위를 보기에서 있는 대로 선택하는 문항이었다. 보기는 다음과 같다.

〈보기〉

m, kg, l, mL, N, cm, 초, g, kg중, ℃, min, A, V, mm, °, cm^3, $kg \cdot m/s^2$

결과는 Table 8에 요약했다. 학생은 위의 보기에서 2개 이상의 답을 선택해도 되었다.

보기에서 길이의 단위를 모두 고르라는 문항에서 거의 모든 학생들이 m, cm, mm를 올바르게 선택했다. 길이의 단위가 아님에도 불구하고 길이의 단위로 여겨지는 단위의 대표적인 예는 부피의 단위인 mL, cm^3이었다. mL 단위는 초등학생의 23%가 길이의 단위로 생각했고, cm^3 단위는 초등학생의 73%, 그리고 중1 학생의 34%, 중3 학생의 22%가 길이의 단위로 생각했다. mL, cm^3는 길이의 단위인 m, cm와 비슷하기 때문인 것으로 여겨진다.

부피의 단위에 해당하는 것을 선택하는 문항에서 l를 선택한 학생 수는 초등학생, 중1 학생, 중3 학생의 경우 각각 31%, 57%, 56%이었고, mL를 선택한 학생 수는 각각 34%, 57%, 55%이었다. 또한 cm^3를 선택한 학생 수는 각각 21%, 64%, 76%이었다. 초등학생들은 부피의 단위를 올바르게 선택한 율이 중학생에 비해 매우 낮았다. 부피 단위가 아님에도 불구하고 부피의 단위로 여겨진 단위들의 예로 N, A, V, $kg \cdot m/s^2$ 등을 들 수 있다. 이 단위들은 학생들이 흔히 접하지 못한 단위들인데 어려운 개념일 경우 이와 같은 생소한 단위를 선택하는 율이 높아진다. 특히 중3 학생의 경우 V를 부피의 단위로 여기는 율이 31%로 다른 학년에 비해 매우 높았다. 중학교 2학년 1단원에 보일 샤를의 법칙에서 부피의 기호로 Volume의 약자인 V를 사용하는데 그것이 원인 중의 하나일 것으로 여겨진다. 이는 학생들이 단위를 선택할 때 혼동을 가져오는 원인 중의 하나로 물리 기호의 사용이 있음을 시사한다.

시간의 단위를 선택하는 정답률도 길이의 단위처럼 매우 높았다. 초등학생의 94%, 중1, 중3 학생의 100%가 초를 선택했고 초등학생의 98%, 중1 학생의 98%, 중3 학생의 99%가 분을 선택했는데 그중에는 A, V 혹은 $kg \cdot m/s^2$가 초의 단위라고 생각하는 학생도 일부 있었다.

질량의 단위를 선택하는 문항에서 초등학생이 질량이라는 개념을 아직 학습하지 않았기 때문에 초등학생의 낮은 정답률은 당연한 결과라고 하겠다. 그러나 중학교 학생들의 정답률도 별로 높지 않은데 kg의 경우 중1

학생, 중3 학생이 각각 24%, 29% 그리고 g의 경우 25%, 38%에 불과했다. g 단위의 정답률이 약간 더 높았는데, 이는 학교에서 질량을 잴 때 kg 단위보다는 g 단위를 더 많이 사용하는 것이 원인으로 여겨진다. 질량의 단위가 아님에도 불구하고 질량의 단위로 사용되는 예는 부피의 단위인 l, mL, 힘의 단위인 N, kg중, $kg \cdot m/s^2$, 초등학생의 경우 A, V 등을 예로 들 수 있다.

온도의 단위는 초등학생과 중학생 모두 정답률이 다른 물리량에 비해 비교적 높았다. 온도의 단위가 아님에도 온도의 단위로 여겨지는 율이 높은 단위는 각도의 단위인 °이다. 읽는 방법이 같기 때문에 동일한 단위로 여기는 학생의 수가 매우 많았다.

힘 개념은 초등학생은 아직 배우지 않은 개념이다. 그러나 초등학생 중에도 N을 선택한 초등학생 수는 26%, $kg \cdot m/s^2$을 선택한 학생 수는 45%이었다. 아직 학습하지 않은 개념이기 때문에 눈이 익지 않은 새로운 단위를 선택한 것으로 여겨진다. 중학생의 경우, N을 선택한 율은 1학년이 61%, 3학년이 71%이었다. 그리고 $kg \cdot m/s^2$를 선택한 율은 그보다는 낮아 각각 34%, 40%이었다. 초등학생과 중학생 모두에게 힘의 단위가 아님에도 선택률이 높은 단위는 A, V이었다.

무게의 단위로 N을 선택한 율은 중1 학생이 14%, 중3 학생이 13%이었다. kg중을 선택한 율은 중1 학생이 52%, 3학년이 45%이었다. 그리고 $kg \cdot m/s^2$를 선택한 율은 중1 학생이 23%, 중 3학생이 21%이었다. 초등학교에서 무게와 질량을 동일한 단위로 쓰기 때문에 무게의 단위로 kg이나 g을 쓰는 학생이 매우 많은데 먼저 kg을 사용하는 학생 수는 초등학생, 중1 학생, 중3 학생 순서대로 각각 84%, 71%, 65%이었고 g을 사용한 학생 수는 각각 95%, 70%, 58%이었다.

Table 8. Results of questionnaires for students' conceptions on
units
(% students)

(Total students number of 5th grade=72, 7th grade=69, and 9th grade=80)

Units	Length	Volume	Time	Mass	Temper -ature	Force	Weight
m	94/95/99*	1/0/0	0/0/0	1/2/0	0/2/0	1/2/0	0/0/1
kg	1/0/0	6/0/1	0/0/0	1/24/29	0/0/0	6/0/0	84/71/65
l	6/0/2	31/57/56	0/0/0	38/35/38	0/0/0	17/6/2	6/2/3
mL	23/0/1	34/57/55	4/0/0	26/41/40	0/0/0	9/0/0	2/2/3
N	2/0/0	28/4/0	4/0/0	37/18/11	0/2/0	26/61/71	2/14/13
cm	97/100/100	2/0/0	0/0/0	0/0/0	0/0/0	2/0/0	0/0/0
sec	0/0/0	3/0/0	94/100/100	0/0/0	0/0/0	3/0/0	0/0/0
g	2/0/0	0/0/1	0/0/0	0/25/38	0/0/0	2/0/0	95/70/58
kgf	2/0/0	7/6/2	0/0/0	4/22/28	0/0/0	18/20/23	65/52/45
$℃$	0/0/0	0/0/0	2/0/0	2/0/0	95/100/99	2/0/0	0/0/0
min	0/0/0	2/0/0	98/98/99	0/0/0	0/2/1	0/0/0	0/0/0
A	2/0/0	28/11/13	4/0/0	30/7/13	2/0/0	30/80/74	0/2/0
V	2/0/0	19/11/31	8/4/3	35/6/6	0/0/0	35/78/58	0/0/3
mm	98/98/99	2/0/0	0/0/0	0/0/0	0/0/0	0/2/0	0/0/1
$°$	4/2/0	0/0/0	0/2/0	2/0/0	91/94/98	2/2/2	0/0/0
cm^3	73/34/22	21/64/76	0/0/0	0/0/0	2/0/0	4/0/0	0/2/0
$kg \cdot m/s^2$	7/3/0	10/14/11	0/0/13	14/26/16	0/0/0	45/34/40	21/23/21

* 94/95/99 means 94% among 5th grade students, 95% among 7th grade students
& 99% among 9th grade students

V. 결론 및 제언

눈금 읽기 능력을 조사한 결과, 초등학교와 중학교 학생들의 눈금 읽기
의 정확도는 각 측정도구에 따라 정확도가 달랐다. 자나 용수철저울, 온도
계 등의 정확도는 비교적 높은 반면 메스실린더나 윗접시 저울의 경우 오
차가 다른 것에 비해 큼을 알 수 있었다. 특히 초등학생들의 경우는 메스

실린더, 중학교 학생들의 경우는 윗접시 저울이 가장 어려워하는 측정도구였다. 메스실린더와 윗접시 저울은 일상생활 중에서 접하기가 어렵다는 점과 메스실린더의 경우 액체의 표면을 읽을 때 오차가 발생하기 쉬우며 눈금 자체가 혼동을 일으킬 수 있도록 되어 있는 것이 그 원인으로 여겨진다. 윗접시 저울의 경우 분동의 숫자를 읽는 것이 학생들에게 어려웠다. 디지털 방식의 시계를 읽는 과제의 경우, 적지 않은 학생들이 단위를 혼동하거나 이해할 수 없는 방식으로 숫자를 읽어 익숙하지 않은 측정도구를 학생들이 어려워함을 보여주었다. 자의 길이보다 물체의 길이가 더 긴 경우의 측정과제와 메스실린더를 이용한 부피 측정과제에서 초등학생들은 중등학생들에 비해 편차가 많이 났다.

측정도구에 관련된 개념에 대한 조사 결과, 초등학교와 중학교 학생들이 범한 대표적인 오류는 기존에 실험실에서 도구를 사용했던 용도와 그 도구 자체가 측정할 수 있는 물리량에 대한 혼동이었다. 주사기의 경우, 학생들은 주사기의 다른 용도 혹은 기존 실험에서 사용했던 용도에 이미 익숙해져 있어 부피를 재는 기구로 인식하지 않았다. 또한 비커의 경우도 온도를 재거나 질량을 재던 용도에 익숙해져서 비커 위의 숫자가 의미하는 것이 부피라고 인식하지 못하는 학생들이 많았다. 질량과 무게를 재는 도구에 대해 그 용도를 혼동하는 경우가 많았고, 초등학교 학생의 경우 특히 부피를 재는 도구의 용도에 대해서 많이 어려워했다.

단위 개념 조사 결과, 초등학교와 중학교 학생들은 길이나 온도, 시간 등의 단위는 잘 선택했으나 부피, 질량, 무게 등의 단위 선택에 어려움을 겪었다. 질량과 무게의 단위를 혼동해서 사용했고 각도의 단위를 온도의 단위로 여기는 학생이 매우 많았다. 단위와 기호를 혼동하는 경우도 있었다.

결국, 초등학교와 중학교 학생들의 눈금 읽기의 정확도는 각 측정도구에 따라 정확도가 달랐으며, 특히 익숙하지 않은 측정도구나 눈금이 혼동을 일으키기 쉬운 도구의 경우 정확도가 낮았다. 또 학생들은 측정량과 단위 개념을 혼동하고 있었으며, 그 결과 각 측정도구가 측정할 수 있는 양에 대하여 올바르게 선택할 수가 없었다. 이는 정규 교육과정을 받았던 초등학생, 중1 학생, 중3 학생들 중에서 적지 않은 수의 학생들이 측정할 때 눈금 읽기 능력이나 단위, 혹은 측정량 개념 이해의 부족으로 인해 어려움을 겪고 있음을 보여준다.

이상의 연구결과는 측정 교육에 대해 다음과 같은 시사점을 제시한다.

첫째, 눈금 읽기 능력이 부족한 학생들을 위해서 측정기구를 좀 더 쉽게 만들어야 한다. 학생들은 특히 윗접시 저울을 이용한 질량 측정에서 분동의 질량을 읽는 것에 많은 어려움을 겪고 있다. 메스실린더의 이중 눈금 등에 대한 어려움도 보이고 있다. 둘째, 부피나 질량 등의 물리량에 대한 학생들의 이해가 부족하므로 부피나 질량이 무엇인지에 대해 좀 더 구체적인 교육이 필요할 것이다. 셋째, 단위에 대한 연습과 이해가 더 필요하다. 마지막으로, 용어의 사용과 측정기구의 사용, 단위의 사용에 있어서 학년 간 일관성 있는 교육이 필요하다. 예를 들어 초등학교에서 무게라는 용어로 통칭되었던 질량, 무게, 중력의 크기 등은 중학교에 학생들의 개념과 단위 선택에서 혼동스러운 개념이 되었다.

적 요

본 연구에서는 초·중등 학생들의 눈금 읽기 능력과 측정도구의 용도 및 단위에 대한 개념을 조사했다. 초등학생 72명, 중1 학생 69명, 중3 학생 80명의 학생을 대상으로 수행 평가 및 지필 평가를 실시했다.

눈금 읽기 능력을 평가하기 위해서 개별 수행 평가를 실시했는데, 학생 개개인은 서류 봉투의 가로 세로 길이, 물의 온도, 물의 부피 등을 실험실에서 주로 사용하는 주어진 측정도구를 사용하여 측정했다. 측정도구 및 단위와 관련된 개념을 평가하기 위해서는 그림과 사진이 그려진 질문지를 사용했다.

눈금 읽기 능력 면에서 각 학년마다 적지 않은 측정 오차를 내는 학생이 있음이 드러났으며 특히 질량이나 부피 측정의 경우 그 수가 더욱 증가했다.

측정도구에 대한 학생의 개념 조사 결과 학생들은 물리량 개념이 정확하지가 않아 측정도구가 측정할 수 있는 물리량을 제대로 지적하지 못했다.

또한 단위에 대해서도 혼동이 있어서 특히 질량, 무게, 부피나 힘의 단위 등을 어려워하고 있음을 알 수 있었다.

참고 문헌

권재술 · 김범기(1994). 초 · 중학생들의 과학탐구능력 측정도구의 개발. <u>한국과학교육학회지</u>. 14(3). 251-264.

김미경 · 오희윤 · 박종원(1996). 물리 탐구 실험의 평가를 위한 도구의 개발과 분석. <u>한국과학교육학회지</u>. 16(1). 51-60.

우종옥 · 김범기 · 한안진 · 허명(1998). 국가 수준의 과학 탐구능력 평가 체제 개발. 한국 과학교육 학회지. 18(4). 617-626.

우종옥 · 이항로 · 이경훈(1992). 대학 수학 능력 시험의 자연과학 탐구능력 평가를 위한 행동 요소의 추출과 평가 목표의 세분화 연구 Ⅱ. <u>한국과학교육학회지</u>. 12(2). 81-95.

정귀향 · 김범기(1997). 초등학교 학생들의 측정 수행능력 평가. <u>한국과학교육학회지</u>. 17(2). 127-137.

정완호 · 허명 · 은경용(1993). 국민학생의 과학 탐구능력 측정을 위한 평가 도구 개발. <u>한국과학교육학회지</u>. 13(1). 80-91.

허명(1984). 과학 탐구 평가표의 개발. <u>한국과학교육학회지</u>. 4(1). 57-63.

American Association for the Advancement of Science(1967). *Science-A Process Approach*. Xerox Co.

Baird, D. C(1995). *Experimentation, an Introduction to measurement theory and experiment design*, 3rd ed. Prentice-Hall. N.J.

Physical Science Study Committee(1996). *PSSC 물리.* PSSC 번역위원회 역. 탐구당. 189-199.

Schofield, B.(1989). Use of apparatus and measuring instruments. Assessment of performance unit. *Science at age 13: A review of APU Survey findings 1980-84.* 55-71. London: Her Majesty's Stationary Office.

Bryce, T., McCall, J., MacGregor, J., Robertson, I., & Weston, R.(1983). *Techniques for the Assessment of Practical Skills in Foundation Science.* Heinemann Education Books.

부록 15. 측정이론에 관한 중학교 1학년 학생의 선개념 조사

Ⅰ. 연구동기 및 연구목적

측정은 과학 이론의 생성 과정에서 이론의 반증이나 확증에 중요한 역할을 해왔다(PSSC, 1965). 특히 18, 19세기에는 과학 이론에 '정량화'가 도입되어 자연계의 여러 상수들을 만들어내고 이론을 발전시키는 것이 더욱 활발해 졌는데, 쿤(Kuhn, 1962)은 이를 '과학혁명'이라고까지 표현하였다. 과학자들은 측정을 통하여 과학이론을 검증하고 발달시키면서 동시에 측정 자체에 대하여 — 측정이란 무엇인가, 측정은 어떻게 하는 것인가, 어떤 제약이 따르는가 그리고 그 까닭은 무엇인가 등 — 논의를 해 왔다(PSSC, 1965).

중등학교에서도 측정의 중요성을 인식하여 밀도, 속력, 위치 에너지와 같이 정량적인 개념을 다룰 때에 측정과정이 포함된 실험을 하고 있다. 그런데 6차, 7차 과학교육과정에는 측정과 관련된 이론들 — 반복 측정, 반복 측정 후 결과 값의 처리, 오차의 원인, 측정의 불확실성 등 — 에 대한 내용이 거의 다루어지지 않고 있다. 즉 측정과정이 포함된 실험은 자주 등장하지만 측정 자체에 대한 학습은 제대로 이루어지고 있지 않은 것이다. 이것은 여러 가지 문제점을 초래할 수 있다.

예를 들어 밀도 측정 실험의 경우 6차 교육과정 교과서에 제시된 철의 밀도가 $7.9 \, g/cm^3$(김시중 외, 1995; 정창희 외 1995)인데, 학생들이 측정과정에서 오차가 필연적으로 발생할 수밖에 없으며 여러 번 측정한 결과의 평균값이 참값에 근사해짐을 이해하지 못하고 단 한번 측정한 결과가 교과서와 동일해야 한다고 생각한다면 과학적으로 틀린 개념을 가진 것이라고 볼 수 있다. 과학의 과정을 가르치기 위하여 실험교육이 도입되었지만 그 실험교육은 오히려 과학의 과정에서 중요한 자료 수집에 관련된 학생의 선개념을 유발하는 결과를 가져올 수도 있다.

　과학사를 살펴보면, 측정 결과를 기존의 권위적인 이론으로 설명하기 어려운 경우에 오히려 새로운 발견을 한 적이 있다. 예를 들어 갈릴레이는 망원경을 이용한 관측을 통하여 지동설을 증명하였고, 러더포드도 α입자의 산란각을 측정하다가 기존 이론으로 설명하기 어려운 결과들을 발견하여 새로운 원자의 구조를 생각해 내었다. 즉 과학의 발전과정에는 기존의 이론에 의하여 예상된 것과 다른 결과를 얻을 때, 의심을 품고 원인을 찾으며 새로운 사실을 발견하는 경우가 있다. 그러기 위해 측정을 하는 사람은 자신의 측정 결과를 신뢰할 수 있어야 하는데, 이는 학생의 경우도 마찬가지이다.

　측정의 결과를 신뢰하기 위해서는 반복 측정, 대표값 선정, 오차, 측정의 불확실성 등의 이론이 필요하다(송인명 외, 1973; Lubben & Millar, 1996). 즉 측정의 불확실성으로 인하여 오차가 존재하며, 측정과정에서 특별한 실수가 없는 한 수많은 반복 측정의 평균값은 참값에 근사해진다는 이론은 측정을 가능하게 하는 것이다.

　그런데 만일 학생들이 이에 대하여 무지하다면 반복 측정의 필요성을 모르는 채 단 한번의 측정값으로 결론을 내리려 할 것이며 그 결론이 기대했던 것과 다를 경우 당황할 수 있을 것이다. 물론 중학교 수준에서 이와 같은 측정이론을 알고 있는 것이 모든 탐구 실험에 필요한 것은 아니나 몇 가지 중요한 정량적인 실험들이나 학생의 개인적인 탐구과정에 필요하다.

　본 연구는 이에 관련된 기초 연구로서 중학생들을 대상으로 반복 측정, 대표값 선정, 오차, 측정의 불확실성에 관련된 선개념을 조사하였다. 비록 수학과 교과서에 오차와 평균 등에 대한 내용이 다루어지고는 있으나(서정아, 2000), 실제 측정과정과 함께 다루어지는 것이 아니며, 정작 실제 측정활동이 이루어지는 과학과 교육과정에서는 거의 다루고 있지 못하다. 따라서 학생들은 측정 이론에 대하여 다양한 선개념을 가지고 있을 것으로 여겨진다. 본 연구의 목표를 항목화하면 다음과 같다.

첫째, 중학생들이 반복 측정에 대하여 가진 개념을 조사한다.

둘째, 중학생들이 반복 측정 후 대표값을 어떤 방법으로 선정하는지 조사한다.

셋째, 중학생들이 오차의 원인이라고 생각하는 것은 무엇인지 조사한다.

넷째, 중학생들이 측정의 불확실성에 대하여 어떤 개념을 가지고 있는지 조사한다.

II. 이론적 배경

오늘날 과학자뿐만 아니라 일반인들은 일상생활의 많은 부분에서 다른 사람이 수집한 실험적인 정보들에 의거하여 판단을 하는 경우가 많다 (Baird, 1995). 이를 위해서 먼저 측정의 본성에 대한 지식을 알 필요가 있으며, 그중 특히 측정의 한계에 대하여 명확히 인식해야 한다(Baird, 1995). 예를 들어, TV프로그램에서 '어떤 약품의 효능이 검증되었다'라고 보도하였을 때, 그 결과가 어느 정도의 신뢰도를 가지는지 알아볼 필요가 있다. 만일 그 실험을 무조건 100% 신뢰하고 그 약품을 산다면 더 큰 어려움이 발생할 수 있다.

측정의 한계, 즉 '측정의 불확실성'은 측정도구의 한계에서 비롯될 수도 있고 혹은 측정되고 있는 물리량에 기인할 수도 있다. 불확실성의 근원이 무엇이든 간에 그것이 존재한다는 것을 알고 있어야 하며 측정값에 대하여 어느 정도의 확신을 가질 수 있는지를 인식해야만 한다(Baird, 1995). 이에 대하여 PSSC(1965)에서 다음과 같이 설명하고 있다.

"판단을 내린다는 것은 항상 가능한 것은 아니다. 이것이 측정의 한계, 다시 말해서 오차라 불리는 것의 시초이다. 책상의 길이를 측정할 때도 책상 끝의 톱자리가 너무 거칠어서 나무의 섬유의 어떤 것은 눈금을 넘고 어떤 것은 넘지 않는 수도 있을 수 있다. 미터의 눈금에는 얼마간의 폭이 있어서 지침(指針)이 눈금을 넘었는지 안 넘었는지를 확실히 말할 수 없을 때가 많다. 만약 눈금의 줄이 대단히 가늘다면 측정의 정밀도를 올릴 수 있어서 눈금의 어느 쪽에 지침이 있는 가를 명확히 결정지을 수 있다. 그러나 실제로는 그렇지 못하므로, 눈금선 자체를 세분하지 않고서는 더 이상 진행시킬 수 없는 어떤 한도가 있다. 좀 더 정밀도를 높이면 분자의 불규칙한 운동, 즉 브라운 운동이 한계로서 나타난다. ……(중략)…… 브라운 운동은 어떤 측정에도 "잡음"을 일으키며 특히 민감하고 미묘한 측정에서는 그릇된 판단을 내리게 하는 위험성을 가지고 있다.(PSSC, 1965. 191~193쪽)."

측정 오차를 그 원인에 따라 분류하면, 도구의 문제점, 측정시의 환경, 근사식의 사용, 측정자의 버릇 등으로 인하여 생긴 계통오차와, 아무리 기능을 숙달하고 알려진 오류를 수정해도 피할 수 없는 우연오차, 또 측정자의 과실로 인한 과실오차가 있다(송인명 등, 1973). 우연오차만 존재한다고 할 때, 수많은 반복 측정을 통해 얻은 측정값은 정규분포의 형태를 띨 것이므로 측정값의 평균은 참값에 가까울 것이다(송인명 등, 1973).

6차, 7차 교육과정에 따른 과학 교과서는 측정의 불확실성이나 오차의 원인, 측정값의 처리에 대하여 다루고 있지 않다. 과학 교과서에서 질량, 밀도, 에너지, 전류 등 많은 정량적인 물리량을 측정하도록 요구하고 있지만 측정 결과를 어떻게 다루어야 하는지에 대하여 자세히 나오지 않았다. 그러므로 학생들이 측정은 할 수 있지만 측정값 처리를 할 줄 몰라서 자신의 측정값을 불신하거나 혹은 과신할 수 있다.

외국의 선행 연구들을 통하여 학생들이 측정값 처리과정에 대하여 선개념을 있음을 알 수 있다. 루벤과 밀러(Lubben & Millar, 1996)는 실험 자료의 신뢰도에 대한 학생의 개념을 조사하였다. 11세, 14세, 16세 학생 1000명을 대상으로 지필형 설문지를 이용하였다. 반복 측정을 하는 이유, 반복 측정 시 자료의 결과를 처리하는 방법, 유의수준 등에 대한 학생의 개념이 조사되었다. 반복 측정의 이유에 대한 설문 결과, '반복 측정은 시간과 물자의 낭비이다' 등의 이유로 반대를 하는 학생들이 있었고, 반복 측정하는 이유로 '첫 번째 측정한 것을 확인하기 위해서'라고 대답한 학생들도 있었다. 전체적으로 반복 측정에 대한 비과학적인 설명유형은 저학년의 경우에 많았고 과학적인 설명은 고학년으로 갈수록 증가하였다. 반복 측정 시 결과처리방법에 대하여 '마지막 값을 선택해야 한다'는 등의 비과학적인 설명을 하는 학생들도 많았으며, 최빈치를 선택하는 경우도 많았다. 그러나 전반적으로 평균값을 취해야 한다고 응답하는 학생 수가 고학년으로 갈수록 증가하였다. 이 연구에 의하면 반복 측정이나 측정값 처리에 대하여 학생들이 다양한 선개념을 가지고 있음을 알 수 있다.

바렐라스(Varelas, 1997)는 반복 측정과 측정의 대표값에 대한 초등학교 3학년, 4학년 학생의 개념을 조사하였다. 그는 학생들의 개념이 과학자의 개념과 다르며 다양하게 존재함을 밝혔다. 대부분의 학생들은 반복 측정을 하면 다양한 측정값이 나온다고 생각하고 있었다. 어떤 학생들은 계통오차 와 우연오차의 차이를 이해하고 있는 듯하였으나 그 외 많은 학생들은 자신의 실수도 우연오차로 여겨 우연오차와 계통오차의 구분을 하지 않았다. 또한 학생들은 측정값의 대표값을 어떻게 결정해야 하는지에 대하여 모르고 있었다.

초중등학생뿐 아니라 대학생들도 측정에 대한 비과학적인 개념을 가지고 있음을 밝힌 연구도 있다. 세르(Sere, 1993)는 대학 1학년생을 대상으로 측정에 대한 개념을 조사하였다. 연구결과 학생들은 실험을 할 때 첫 번째 나온 측정값을 가장 중요하게 생각하며 반복 측정을 해야 하는 필요성을 이해하고 있지 못하였다. 또한 우연오차와 계통오차를 구분하지 못하였다. 유의수준에 대하여 정확하게 이해하는 학생들도 거의 없었다. 일반적으로 학생들은 측정을 많이 하면 할수록 좋은 결과가 나온다고 생각은 하고 있으나 여기서 '좋은 결과'가 무엇을 의미하는지는 이해하지 못하는 것으로 밝혀졌다.

이상의 선행 연구들은 올바르게 측정을 하기 위하여 학생들이 측정 이론을 이해할 필요가 있음을 밝히고 있으며, 초중등학생과 대학생이 이에 대하여 과학자와는 다른 선개념을 가질 수 있음을 보여주었다. 그러나 이 결과들은 외국의 결과이기 때문에, 한국의 중학생들이 이와 같은 개념을 가지고 있다고 단정하기는 어렵다. 따라서 본 연구에서는 한국의 중학생을 대상으로 측정 이론에 대한 선개념을 조사하고자 하였다.

Ⅲ. 연구대상과 시기 및 연구방법

1. 연구대상과 시기

중학교 1학년 학생 30명이 연구에 참여하였다. 서울에서 중간 수준의 사회·경제적 환경에 해당하는 지역의 학교에서 추첨을 통하여 한 학급을 지정하였다. 그 학교의 1학년 모든 학급이 실험을 한 횟수나 내용이 동일하였으며, 본 조사의 질문 내용 자체가 과학교육과정에 없는 것이었기 때문에 학급의 성적 등은 고려하지 않고 무선 할당을 하였다. 본 연구는 1997년 2학기 말, 중학교 1학년 과정을 거의 마친 다음에 수행되었다. 연구대상 학생이 일 년 동안에 한 실험 중 측정과정이 포함된 것은 '질량 측정', '밀도 측정', '끓는점 측정', '어는점 측정', '고체의 용해도와 온도 관계', '힘의 크기 측정', '두 힘의 합성과 평형'이었다. 조사 시기는 6차 교육과정이 시행되던 시기였으나 현행 7차 교육과정 역시 6차와 마찬가지로 측정 이론에 대한 내용이 다루어지는 바가 거의 없다. 예를 들어 '나란하지 않은 방향으로 작용하는 두 힘의 합성' 실험의 경우 K 출판사의 6차, 7차 교과서의 내용이 거의 비슷하여, 반복 측정이나 측정의 오차에 대한 고려 없이 단 한 번의 측정을 통하여 평행사변형법을 유도해 내도록 안내되어 있다.

2. 연구방법

반복 측정에 대한 학생의 개념을 알아보기 위하여 학생들에게 시간을 측정하는 과제를 제시하였다. 연구자는 학생들이 시간을 측정할 때 몇 번씩 반복 측정을 하는지 관찰하여 기록하였으며, 이 활동 후 반복 측정값 처리, 즉 대표값 선정에 대한 면담을 실시하였다. 그리고 이어서 오차의 원인과 측정의 불확실성에 대한 면담을 하였다. 한 학생당 측정 및 면담에 소요된 시간은 대략 6분~10분이었다. 연구자는 이와 관련된 학생의 응답을 요약하여 응답지에 기록하였다. 연구자가 학생의 응답을 기록할 때 보조원이 옆에서 학생의 응답과 연구자의 요약을 비교하여 확인하였다. 따라서 본 연구는 학생의 행동에 대한 연구자의 관찰 결과와 연구자가 요약하여 기록한 면담 응답지에 대한 분석을 통하여 이루어진 것이다.

다음 Table 1은 연구자가 관찰하거나 면담할 때 학생들에게 질문한 목록이다.

Table 1. Items of observation and interviewed questions

Conceptions	Method	Contents
Repeating measurements	Observation	· Numbers of repeating measurements
How to handle repeat measurements	Interview	· What is the best representative of your data? · Tell me the reason why.
Measurement errors	Interview	· Your result is different from the true value. Why do you think so? · Your result is different from others. Why do you think so? · If you repeat it one week later, will the result be the same as now?
Uncertainty	Interview	· Do you think completely accurate measuring is possible? If possible, how can you do it?

시간을 측정하는 과제는 두 가지 부분으로 이루어졌다. 과제 1은 초시계를 작동하는 법을 미리 연습하기 위해 부수적으로 제시된 것이며 메트로놈의 추의 주기를 측정하는 과제 2가 본 연구에서 반복 측정의 횟수를 기록

한 주 과제이었다.

과제1: 15초가 되는 순간 초시계의 버튼을 누르시오.
과제2: 메트로놈의 추가 한번 왕복하는 시간을 측정하시오.

IV. 연구결과 및 토의

1. 반복 측정

연구자는 학생들이 메트로놈의 주기를 측정할 때 '만일 원한다면 여러 번 측정해도 된다'라고 말하였다. Table 2는 반복 측정의 횟수와 이에 해당하는 학생들의 수이다. Table 2를 보면 알 수 있듯이 30명의 학생 중 단한번만 측정한 학생은 5명(17%), 두 번 측정한 학생은 15명(50%), 세 번 측정한 학생은 7명(23%), 네 번을 측정한 학생은 3명(10%)이었다. 다섯 번 이상 측정한 학생은 없었다.

반복 측정을 하지 않고 단 한번의 측정을 한 학생들에게 왜 안 하는지 물어보자 첫 번째 측정값을 믿기 때문에 다시 할 필요는 없다고 하였다. 이 5명의 학생들은 처음 측정했을 때 자신이 비교적 잘하였다고 느껴지자 측정을 다시 하지 않았던 것이다.

처음 측정 후 다시 한번 주기를 측정한 학생 15명(50%)에게 다시 측정하는 이유에 대하여 물어보자, 일부는 움직이는 추의 시간을 측정하는 것에 익숙하지 않아서 연습이 필요하기 때문이라고 하였다. 이 경우 학생들은 처음 측정에 신뢰를 갖지 않았기 때문에 다시 한번 측정을 한 것인데 이는 과학자들이 생각하는 반복 측정의 이유와는 다른 것이다. 반복 측정의 이유에 대한 좀 더 구체적인 면담 결과는 반복 측정 후 대표값 선정에 대하여 면담을 하면서 이루어졌으며 다음 절에 제시하였다.

Table 2. Number of repeating measurements

Number of repeating measurement	1	2	3	4	Total
Number of students(%)	5(17)	15(50)	7(23)	3(10)	30(100)

2. 반복 측정 후 대표값 선정

Table 3은 학생들이 측정한 값 중 어느 것을 대표값으로 선정하였는지를 보여주는 것이다. 단 한번만 측정한 학생들은 모두 단 한번의 측정 결과 값을 대표값으로 선정하였다. 나머지 학생들 중에서 6명(20%)은 처음 측정한 값을, 3명(10%)은 두 번째나 세 번째 측정값을 선택하였다. 11명(37%)의 학생은 마지막 값을 선택하였으며 4명(13%)의 학생만이 평균값을 선택하였다. 1명(3%)의 학생은 '몇 초에서 몇 초 사이에 있는 값일 것이다'라며 구간으로 응답하였다.

Table 3. Determining the best representative of data

Representative of data	Number of students(%)
Only one trial	5(17)
First trial	6(20)
2nd, 3rd trial	3(10)
Final trial	11(37)
Average	4(13)
Interval	1(3)
Total	30(100)

연구자는 학생들에게 측정한 값 중 왜 그 값을 대표값으로 선정하였는지 물어보았다. Table 4에 이에 대한 학생들의 설명 유형이 제시되어 있다.

Table 4. Handling repeat measurements

	Students' explanations	Number of students(%)
Selecting specific data	It was accurate at that time	9(30)
	My hands accurately acted at that time	6(20)
	I accurately pressed the button at beginning and finishing at that time	3(10)
	The final was done after exercises.	2(7)
	I did it inaccurately at the final, so the first one is better.	3(10)
Calculating Average	When we measure something several times, different results will come out, so we should average them	3(10)
	The true value may be near the average	1(3)
Interval	The true value will be in the range of the results	1(3)
Other		2(6)
Total	-	30(100)

여러 번 측정을 한 경우 그 측정값 중에서 특정한 값을 선택해야 한다고 응답한 학생은 30명 중 23명(77%)이었다. 이 사실은 반복 측정 후 평균값을 대표값으로 처리하는 방법이 측정 실험만 하면 자연스럽게 터득할 수 있는 것이 아니며 이에 대한 별도의 교육이 필요함을 보여주는 것이다. 학생들에게 왜 그 값을 선택하였는지 물어보았을 때 그중 9명(30%)은 '그때 정확하게 측정을 하였다'라고 응답하였고, 6명(20%)은 '나의 손이 측정 도구를 정확하게 조작하였다'라고 하였으며, 3명(10%)은 '측정할 때 버튼을 정확하게 눌렀다'라고 하였다. 2명(7%)은 측정의 순서를 고려하여 '연습을 한 후 마지막에 측정한 값'이 바람직한 결과 값이라고 하였고 3명(10%)은 마지막에 부정확하였고 '차라리 처음 측정값이 정확한 값'이었다고 응답하였다. 즉 이 23명(77%)의 응답은 모두 비슷한 유형으로 볼 수 있는데, 이 학생들은 측정을 한 다음 가장 정확하게 측정을 했다고 주관적으로 느껴지는 값을 대표값으로 선택하였던 것이다.

30명 중 4명(13%)의 학생은 여러 번의 측정이 이루어졌을 때 그 평균값을 결과로 제시하여야 한다고 응답하였다. 그 학생들에게 이유를 물어보자, 학생들은 '측정값들이 제각기 다르기 때문에', 혹은 '참값이 평균에 가까울 것 같아서'라는 등으로 응답하였다. 물론 학생들이 평균을 내야 하는 이유를 과학적으로 정확히 알고 자신감 있게 설명한 것은 아니었으나 과학적인 결과 처리 방법을 어렴풋하게 인식한 것으로 보였다.

한 명의 학생은 평균을 내기보다는 자신이 측정한 값의 범위로 응답하였다. 즉 대표값은 자신이 측정한 값 중의 최소값에서 최대값 사이에 있다고 생각하였다. 이 학생은 비록 대표값을 말하지는 못하였지만 측정값을 통하여 참값을 알아낼 수 있다는 생각을 가지고 있는 듯하였다.

3. 오차

연구자는 학생에게 '당신의 측정값이 참값과 차이가 난다. 그 원인이 무엇이라고 생각하는가?'라고 물어보았다. 이 질문은 학생들이 우연오차나 계통오차, 과실오차에 대한 기본적인 개념을 가지고 있는지 알아보기 위한 것이었다. 예를 들어 학생들이 측정도구의 문제점이나 자신의 버릇 등을 지적하였다면, 이것은 계통오차 개념을 가지고 있음을 의미한다. 반면 '측정이 완전히 정확할 수는 없다'라는 등으로 말한다면 기본적인 우연오차의 개념을 가지고 있는 것으로 볼 수 있다. 또 측정을 하는 동안 중대한 과실을 범한 것을 지적한다면, 측정자는 개인의 과실을 오차의 원인으로 생각하고 자신의 측정값을 신뢰하지 않는 것을 의미한다. 이에 대한 학생들의 응답을 Table 5에 제시하였다.

Table 5. Students' explanations about the causes of measurement
errors

	Explanation	Number of students(%)
Systematic error	Instrument	3(10)
	Measurer's habit	4(13)
Random error	Random error	0(0)
Mistake	Mistake	18(60)
No answer	I don't know	5(17)
	Total	30(100)

대략 3명(10%)의 학생들은 측정의 대상체인 메트로놈이나 시계에 문제
가 있다고 하였다. 또 4명(13%)은 측정자의 버릇 등 개인간의 차이를 언
급하였다. 즉 참값도 개인이 측정한 것이라고 할 때 개인 간에 차이가 있
을 수 있다는 응답이었다.

반면 우연오차의 개념을 가진 것으로 보이는 학생들은 없었다.

18명(60%)의 학생들은 측정 오차의 원인을 자기의 과실 때문이라고 응
답하였다. 예를 들면, '내가 좀 늦게 눌렀다', '난 측정을 잘 못한다', '반응
시간이 좀 늦어서 그렇다', '내가 실수를 하였다. 영점 조정 등을 하지 않았
다'라는 등의 응답이었다. 본 과제에서 학생들이 측정을 여러 번 할 수 있
도록 허용하였고 원하는 대로 대표값을 정하도록 하였으나, 측정 결과가
참값과 다르다는 말을 하고 그 원인을 물어보자 다른 오차의 원인보다는
측정과정에서 자신이 잘못한 점을 생각해 내었다. 이는 학생들이 측정에
익숙하지 못하여 자신감이 부족함을 의미하기도 한다.

이와 관련하여 부가적으로 질문을 변형하여 보았다. 질문은 '당신의 측
정값은 다른 친구들의 측정값과 다르다. 그 이유는 무엇이라고 생각하는
가?'이었다. 즉 '참값' 대신 '다른 친구의 측정값'이라고 용어를 바꾼 것이
다. '참값'과의 차이를 물어보았을 때 '참값'이라는 권위에 눌려 자기 자신
의 실수만을 언급할 수도 있으므로 '다른 친구의 측정값'과의 차이를 물어

본 것이다. 결과는 Table 6에 제시하였다.

이 질문에 대하여 26명(87%)의 학생들은 개인차가 존재한다고 응답하였다. 예를 들면, '개인별로 초시계를 시작하고 누를 때 반응시간이 다르다', '측정 능력은 사람마다 다르다', '반응 시간이 다르다', '다른 사람의 결과는 내 것과 다르다. 왜냐하면 손이 다르게 움직이기 때문이다'라는 등으로 응답하였다. 30명 중 3(10%)명은 자신의 실수를 언급하였다. 결과적으로 이 질문에 대하여 측정값의 차이는 자신의 실수 때문이기보다는 개인적인 차이에 의한 것이라고 생각하는 학생이 대부분이었다.

위의 두 가지 질문 결과를 통하여 알 수 있는 점은 다음과 같다. 즉 학생들은 자신이 측정한 값이 권위에 의하여 제시된 참값과 다를 경우 자신의 실수 때문이라고 인정하려 하는 반면, 다른 친구와 다를 경우에는 개인의 차이를 그 원인으로 생각하는 경향이 있다는 점이다.

Table 6. Students' explanations about the various results by different persons

	Explanation	Number of students(%)
Systematic error	Instrument	0(0)
	Measurer's habit	26(87)
Random error	Random error	0(0)
Mistake	Mistake	3(10)
No answer	I don't know	1(3)
	Total	30(100)

이와 관련된 다른 질문으로 '만일 일주일 후에 다시 측정한다면, 결과가 같을까?'라고 물어보았다. 대부분의 학생들이 오차의 원인을 자신의 실수나 개인의 차이 등 인간에 의한 것으로 보았기 때문에, 이번에는 동일한 사람이 시간차를 두고 측정을 한 경우에 대하여 질문한 것이다. 이 질문에 대한 응답은 Table 7에 제시하였다.

Table 7. Students' explanations about the results of the same measurer after a week

	Explanation	Number of students(%)
Result will be changed	Human's change through time	22(73)
	The change of environment	5(17)
Result will not be changed	The same person will measure.	3(10)
	Total	30(100)

22명(73%)은 '달라질 것이다'라고 응답하였다. 그들은 '손이 다르게 움직인다', '사람의 움직임이 다르다', '일주일 후에 기술이 늘어난다'는 등으로 응답하여, 이 질문의 경우에도 인간의 변화에 의한 측정값의 차이를 언급하였다. 그러나 5명(17%)의 학생은 환경의 변화에 의한 차이를 언급하였다. 그들은 '환경에 차이가 생긴다', '물체들은 그때마다 다르게 움직인다'라는 등의 응답이었다. 나머지 3명(10%)의 학생은 결과가 동일할 것이라고 응답하였다. '만일 우리가 주의해서 측정하기만 한다면, 결과는 똑같을 것이다', '동일한 사람이 측정을 하는 것이기 때문에 결과는 같을 것이다', '동일한 것을 측정하는 것이기 때문에 결과는 같다'라고 응답하였다. 이 3명의 학생은 오직 '오차란 인간에 의해서만 생긴다'고 생각하였기 때문에 동일한 인간이 측정한다면 시간이나 장소와 관계없이 결과가 동일할 것이라고 응답한 것으로 보였다. 여전히 많은 학생들이 시간적 간격을 둔 측정값의 차이에 영향을 미치는 요인으로 인간을 가장 중요하게 생각하고 있었다.

오차에 대한 면담 결과를 요약하면 다음과 같다. 대부분의 학생들은 측정한 값이 참값이나 다른 사람의 측정값과 다를 경우 그 원인을 측정도구나 환경의 차이보다는 개인의 과실이나 습관 때문이라고 생각하였고, 동일한 사람이 시간간격을 두고 같은 측정과제를 하는 경우에도 환경 등의 변화보다는 측정하는 사람의 변화에 의한 오차를 더 많이 언급하고 있음이 드러났다. 즉 학생들은 측정 오차의 원인을 측정도구, 환경보다는 인간의 불완전성으로 생각하고 있었다. 한편, 우연오차의 개념을 가지고 있는 것으로 보이는 학생들은 거의 없었다. 또한 학생들은 권위에 의해 주어진 참값과 자신의 측정값이 다를 경우 자신의 측정 과실을 인정하는 경우가 많아 자신이 측정한 값을 신뢰하지 않는다는 것을 알 수 있었다.

4. 측정의 불확실성

마지막 질문은 '당신은 완전히 정확한 측정이 가능하다고 생각하는가? 만일 그렇다면 어떻게 할 수 있는가? 불가능하다면 그 이유는?'이었다.

Table 8. Students' reponses about uncertainty

Possibility of completely accurate measuring & the way or reason			Number of students(%)
Possible	Using tools	If I use a machine	3(10)
		If the tool is good enough	1(3)
		Machine is accurate, but human is not	3(10)
	Careful measurement by measurer	If one measures it well	2(7)
		If one measures it as directed by theory	1(3)
		If one measures it repeatedly and practices it many times	1(3)
	Incident	Occasionally	1(3)
Impossible	Due to human's mistake or difference	Because human will	3(10)
		Human will make a mistake	2(7)
		One did not do it carefully	1(3)
		Due to individual differences	3(10)
	Due to the mistakes by machine and human	Both machine and human can make mistakes	1(3)
Other		It depends on what one measures	3(10)
		No answer	5(17)
		Total	30(100)

이 질문에 대하여 12명(40%)의 학생이 가능하다고 응답하였다. 그중 7명(23%)의 학생은 기계나 좋은 도구를 이용하면 된다고 하여 기계가 인간보다 측정을 정확하게 할 수 있다고 응답하였다. 4명(13%)의 학생은 인간이 좀 더 주의를 기울여 측정한다면 가능하다고 하였고 1명(3%)은 여러 번의 측정 중에서 우연히 한 번쯤은 참값이 된다고 하였다. 즉 이 학생들은 참값이 고유하게 존재하며 기계를 이용하거나 인간이 주의한다면 참값이 나올 것으로 생각하고 있었다.

334

불가능하다고 생각한 학생은 10명(33%)이었다. 이 중 9명(30%)의 학생은 인간의 실수를 언급하였다. 이 학생들은 인간은 불완전하기 때문에 참값을 찾을 수 없다고 하였다. 특히 그중 1명(3%)의 학생은 인간뿐 아니라 기계도 실수를 하기 때문에 참값을 찾아 낼 수는 없다고 하여 절대적인 불완전성을 언급하였다. 학생들 중 3명(10%)은 측정 대상체에 따라서 다르다고 하였다. 즉 길이 등은 변하지 않으므로 완전한 측정이 가능하지만 물의 부피 등은 환경에 따라서 달라지기 때문에 측정이 불완전하다는 것이다.

학생들은 측정의 불확실성의 원인을 주로 인간의 실수 때문이라고 생각하고 있다. 학생들 스스로가 측정의 초보자이기 때문에 그렇게 응답한 것은 오히려 자연스러운 결과라고 볼 수도 있다. 그러나 이 결과는 또한 학생들이 자신의 측정 결과를 불신하고 있다는 사실을 보여준다.

V. 결론 및 시사점

반복 측정, 대표값 선정, 오차, 측정의 불확실성에 대한 연구결과, 학생들은 과학자들과는 다른 개념을 가지고 있음을 알 수 있었다. 50%의 학생들이 두 번만 측정하였고, 5번 이상 측정한 학생은 없었다. 그리고 반복 측정 후 대표값을 선정할 때 주관적으로 정확하였다고 느껴지는 특정한 값을 선택한 학생의 수가 77%이었다. 즉 학생들이 반복 측정을 해야 하는 이유나 처리 방법에 대하여 잘 모르고 있음을 알 수 있었다. 또한 자신의 측정값이 권위에 의해 주어진 참값과 다를 때에는 쉽게 자신의 과실이라고 인정하는 것으로 보아, 자기의 측정능력에 대한 신뢰도가 낮다는 것을 알 수 있었다. 그리고 학생들은 측정 오차의 원인으로 온도나 기압 등의 물리적인 환경이나 측정도구의 문제점, 측정의 본질적인 불확실성보다는 자신의 실수나 개인의 차이 등 인간을 그 원인으로 생각하는 경향이 강하였다. 측정의 불확실성에 대하여 완전히 정확한 측정이 가능하다고 생각한 학생이 40%, 그것은 불가능하다고 생각한 학생이 33%이었는데, 많은 학생들이 인간의 한계를 불확실성의 주요 원인으로 생각하고 있었다. 즉 완전히 정확한 측정이 가능하다고 응답한 학생들도 이를 위해서는 '개인의 주의 집중'이나 '아주 좋은 측정도구의 사용'등이 필요하다고 주장하였고, 완전한 측정이 불가능하다고 생각한 학생들도 그 이유를 '인간이 불완전하기 때문'이라고 주장하였던 것이다.

결론적으로, 반수 이상의 학생들은 반복 측정이나 대표값 선정 방법을 잘 모르고 있었고, 측정 오차의 원인을 측정 당시 환경이나 측정도구의 문제보다는 자신의 과실로 생각함을 알 수 있었다. 또한 다양한 측정값이나 측정의 불확실성의 원인이 주로 인간에 기인한 것으로 보는 경향이 컸음을 알 수 있었다.

본 연구결과의 시사점은 다음과 같다. 측정을 하는 학생들은 우선 측정 오차의 원인에 인간의 실수나 개인 차 외에도 다양한 것이 존재함을 학습해야 한다. 오직 인간의 실수나 개인차만을 고려한다면 더 중요한 오차의 원인을 간과할 가능성이 크다. 예를 들어 용수철저울을 사용할 때 도구 자체에 문제가 있을 수도 있으며 끓는점을 측정할 때엔 환경의 영향을 받을 수도 있다는 점이다. 이와 더불어 측정의 불확실성에 대한 이해가 필요하다. 아무리 측정에 대한 연습을 히였고 훌륭한 도구를 사용하였다고 하더라도 측정이 완전할 수는 없다는 것을 이해하고 이와 함께 측정의 방법을 개선하려 노력한다면 학생들은 자신의 측정값에 대한 신뢰도를 높여 나갈 수 있을 것이다. 또한 학생의 측정값의 정확성을 증진시키기 위하여 구체적으로 반복 측정을 해보고 대표값을 처리하는 연습을 실제 탐구활동에서 해 보는 것이 필요할 것이다.

VI. 연구의 한계 및 후속 연구과제

본 연구는 서울시내 중학교 1학년 학생들의 측정 이론의 대한 개념을 조사한 것이다. 표본이 중학생 전체를 대표한다고 보기 어려우므로, 일반화

할 수 있는 통계 자료가 필요하다면 표본의 수를 증가시킬 필요가 있다. 그러나 본 연구에서는 면담을 이용하여 정성적인 분석을 시도하였기에 본 연구를 기초로 하여 설문지를 작성하여 지필 검사를 한다면 측정 이론에 대하여 학생이 지닌 선개념을 보다 광범위하게 조사할 수 있을 것이다.

또한 본 연구가 중학교 수준의 학생을 대상으로 한 것이므로 연구대상을 고등학생으로 확장한다면 중등학생의 측정이론 관련 개념을 알아내는 것에 도움이 될 것이다.

본 연구에서 사용된 질문들은 비교적 추상적이어서 중학교 1학년 수준에 어려울 수도 있었다. 면담 시에 질문을 못 알아들을 경우 설명을 해 주었으나 만일 지필 평가를 한다면 좀 더 학생에게 쉬운 용어로 고칠 필요가 있다.

중학교 1학년 학생들이 탐구를 수행할 때 필요한 측정 관련 이론들을 소개해 준다면 학생들이 탐구를 수행할 때 자료 처리과정을 직접 경험해 보는 데에 도움을 줄 수 있다고 하였지만, 어떤 수준과 방법으로 측정 이론을 중학교 학생들에게 소개할 수 있는지에 대하여 연구한 것이 아니므로 이에 대한 사후 연구가 필요할 것이다.

적 요

본 연구는 중학교 1학년 학생 30명을 대상으로 반복 측정, 대표값 선정, 오차, 측정의 불확실성에 대한 선개념을 관찰 및 면담을 통하여 조사하였다. 조사 결과 50%의 학생들이 단 두 번만 측정하였고, 5번 이상 측정한 학생은 없었다. 반복 측정 후에 77%의 학생들은 자신의 느낌에 의거하여 측정값 중에서 대표값을 선택하였고, 13%의 학생만 평균값을 계산하여 대표값으로 정하였다. 60%의 학생은 측정 오차의 원인을 환경이나 측정도구보다는 자신의 과실 때문이라고 하였다. 또한 대부분의 학생들은 다른 사람들에 의한 측정값이나 시간차를 둔 측정값이 달라지는 원인을 인간 때문이라고 생각하였다. 측정의 불확실성에 대하여 묻는 질문에 대하여 완전히 정확한 측정이 가능하다고 응답한 학생이 40%, 측정은 불확실하다고 응답한 학생이 33%이었다. 학생들은 이에 대한 판단 근거로 주로 인간의 한계를 생각하였다.

결론적으로 반수 이상의 학생들이 반복 측정 및 대표값 선정에 대하여 이해하지 못하였고 측정 오차의 원인을 자신의 과실로 생각하였다. 또한 대부분의 학생들은 측정 결과가 다르거나, 측정이 불확실한 원인을 인간으로 생각하였다.

참고 문헌

김시중・정완호・한복수・우종옥・이종면・임경배・정근화・민경덕・구창현・이광석・최돈형・김병국・이상진・박범익.(1995). 중학교 과학 1. 금성교과서. 189.

서정아(2000). 정량적 물리개념에 대한 어림활동과 측정활동이 문제해결과 성에 미치는 영향. 서울대학교 박사학위논문.

송인명・박승재・고재걸・오길한・김대중・이춘우(1973). <u>새로운 물리학 실험</u>. 탐구당. 8-23.

정창희・이원식・강만식・이인규・송희성・윤흥식・이금휘・한인섭・박은호・문찬호・윤용(1995). 중학교 과학 1. 교학사. 183.

Baird, D. C.(1995). *Experimentation, an Introduction to Measurement Theory and Experiment Design*, 3rd ed. Prentice-Hall. N.J.

Kuhn, T. S.(1962). *The Structure of Scientific Revolution*. 김명자(역). 서울: 동아출판사.

Lubben, F. & Millar, R.(1996). Children's ideas about the reliability of experimental data. *International Journal of Science Education*,

18(8). 955-968.

PSSC(1965). *PSSC Physics.* PSSC 번역위원회(역). 탐구당.

Sere, M.(1993). Learning the statistical analysis of measurement errors. *International Journal of Science Education.* 15(4). 427-438.

Varelas, M.(1997). Third and fourth graders' conceptions of repeated trials and best representatives in science experiments. *Journal of Research in Science Teaching.* 34(9). 853-872.

부록 16. 중학생의 속력과 밀도에 대한 어림 및 측정 활동이 관련 사항 이해와 능력 함양에 미치는 영향

I. 서 론

과학 이론의 발전을 위하여 측정은 매우 중요한 역할을 해왔다. 과학자들은 과학 이론의 '정량화'를 통하여 자연계의 여러 상수들을 만들어 내었고 이론을 발전시켰다. 과학의 과정에서 과학자들이 측정을 한다는 것은 단순한 눈금 읽기와 같은 기능만을 의미하지는 않는다. 즉 이론과 관련지어 측정의 필요성을 인식하고 측정을 계획한 후 측정값이 물리적으로 무엇을 의미하는지 등과 관련된 일련의 과정 모두가 측정의 과정 속에 내재되어 있다.

학교 실험실에서 학생들이 하는 일련의 활동은 과학자가 하는 것과 같은 '실제' 과학을 반영하지 못한다는 것은 잘 알려져 있다[1]. 예를 들어 측정의 경우, 학생들이 과학자처럼 측정과정 전반을 계획하고 측정값의 물리적 의미를 따져본다고 보기는 어렵다. 실제로 6차, 7차 교육과정의 과학 교과서에서 측정과 관련된 실험을 보면 학생들에게 측정과정을 계획하도록 하는 경우는 거의 없다. 학생들이 실험 수업을 할 때 자신이 무엇을 하는 지도 모르고 하고 있으며 실험실 활동이 마치 요리 실습과 같이 행하여지는 경우가 대부분이다[2]. 또한 단위에 대한 교육 역시 체계적으로 이루어지는 못한 것처럼 보이며 학생들이 단위에 대하여 가진 이해 또한 저조하다[3-4]. 이와 같이 실험실에서 측정을 할 때, 측정의 과정을 계획할 줄 모르고 교사가 지시한 대로 측정을 하거나, 측정의 기본 단위가 어느 정도의 물리량인지에 대하여 알지도 못하고 측정을 한다면, 이는 기계적으로 기능만 연습하는 것과 같다.

어림은 '측정도구 없이 물리량의 크기를 필요에 따라 대략적으로 알아내는 과정'[4]이다. 즉, 지하철을 보고서 그 길이가 어느 정도인지 가늠하거나 혹은 100mL의 물이 어느 정도의 부피인지 대략 생각해 보는 것 등도 어림이라고 할 수 있다. 어림을 잘하는 학생들은 측정을 효율적으로 계획할 수 있을 것이다. 예를 들어 커다란 나무 도막의 부피를 측정해야 하는 경우 그 나무 도막의 부피를 측정하기에 적절한 도구를 선택하기 위하여 부피에 대한 어림능력이 필요하다. 또 단위를 이해하기 위해서 어림은 필요하다. 즉 부피의 단위와 질량의 단위를 학습할 때 1mL는 대략 어느 정도의 부피인지, 1g은 어느 정도의 질량인지 이해하는 것은 부피의 단위가 mL, 질량의 단위가 g이라고 단순히 외우는 것과는 큰 차이가 있다. 나아가서 측정을 한 후 오류를 쉽게 찾아내기 위해서도 어림능력은 필요하다.

본 연구자는 어림활동이 측정의 수행, 특히 측정을 계획하고 단위를 이해하는 면에서 도움을 줄 수 있다고 가정하였다. 어림은 측정을 효과적으로 할 수 있도록 도울 뿐 아니라 측정하고 있는 단위가 어느 정도의 물리량인지 파악하는 것에도 도움을 줄 수 있기 때문에 기능적인 눈금읽기에 치중한 기존의 측정활동에 비하여 효과적일 것으로 보았다. 국내외 탐구기능의 평가틀을 보면 어림기능이 간혹 측정기능의 하위 범주로 포함되는 경우가 있다[5-6]. 이는 측정을 잘하기 위하여 어림이 필요하다는 것을 의미한다. 한편, 제6차, 7차 교육과정 교과서에 어림을 다룬 내용은 거의 없다. 반면 실험 중 측정을 하도록 하는 것은 많은데, 어림능력이 측정활동을 통하여 향상되는지는 알 수가 없으며 이에 대하여 연구를 해 보는 것은 필요하다. 즉 사과의 질량을 측정해서 값을 보고서에 기록한 학생에게 자신의 신발의 질량을 어림하라고 하였을 때 0.3g, 3kg 혹은 100mL라고 대답한다면 측정 교육에 문제가 있다고 볼 수 있으며 어림교육의 필요성을 보여 주는 결과일 것이다.

따라서 본 연구의 목적은 어림활동과 측정활동이 어림능력의 향상과 측정계획능력 및 단위에 대한 이해에 어떤 영향을 주는지에 대하여 밝히는 것이다.

연구의 질문을 항목화하면 아래와 같다.

첫째, 어림활동과 측정활동은 어림능력의 향상에 기여하는가?

둘째, 어림활동과 측정활동은 측정을 계획하고 측정량의 단위를 이해하는 데에 기여하는가?

II. 과 정

1. 연구대상

연구대상은 서울 시내의 중간 정도의 사회·경제적 지위를 지닌 지역에 위치한 중학교 1학년 남학생 6개 학급, 192명이었다. 학생들을 어림먼저반과 측정먼저반으로 3개 학급씩 나누어 수업을 실시하였다. 어림먼저반은 어림활동을 한 다음 측정활동을 하는 반이었고, 측정먼저반은 측정활동을 한 후 어림활동을 하는 반이었다. 본 연구에서 다룬 물리량은 속력과 밀도 개념이었는데 속력 수업 학생 수는 어림먼저반이 89명, 측정먼저반이 93명 이었고 밀도 수업 참여 학생수는 어림먼저반이 93명, 측정먼저반이 94명이었다. 속력과 밀도에 대하여 모두 동일한 학생들을 대상으로 활동을 실시하였으나 학생의 수가 변경된 원인은 전학 혹은 학생의 참여 거부 때문이었다.

2. 어림활동과 측정활동의 실시

어림활동과 측정활동은 각각 두 시간씩 이루어졌다. 어림활동 1차 시는 각 물리량의 크기가 어느 정도의 물리적 의미를 지니는지 어림하는 활동이었고 어림활동 2차 시는 실제 물체를 보고 물리량의 크기를 직접 어림하는 활동이었다. 측정활동은 1, 2차 시 모두 다양한 물체의 물리량을 측정하는 것이었는데 제6차 교육과정 교과서의 측정 실험 내용을 응용하여 제시한 활동이었다.

표 1. 어림활동과 측정활동의 내용

개념	차시	어 림 활 동	측 정 활 동
속 력	1	· 1km/h와 1m/s의 단위 크기 어림하기 · 여러 물체의 속력 비교표(km/h, m/s 단위로 동시에 제시) 확인 하기 · 떨어지는 물체의 속력의 크기 어림하기	· 친구의 걸어가는 속력 측정하기 (교실 바닥에 1m, 2m, 3m 지점 을 표시 한 후 걸어가게 하여 각 지점을 지나는 순간 초시계를 눌 러 속력을 측정하기)
	2	· 친구가 걸어가는 속력 어림하기 · 떨어지는 추의 속력 어림하기	· 떨어지는 물체의 속력 측정하기 (기록테이프를 이용하여 물체가 떨어지는 동안의 평균 속력을 측 정하기)
밀 도	1	· 금으로 된 정육면체의 질량과 얼음으로 된 정육면체의 질량, 밀도의 크기 어림하기 · 태양과 지구의 질량, 밀도 크기 어림하기 · 벌새와 골프공의 질량, 밀도 크 기 어림하기	· 동전의 밀도를 측정하기 (동전의 질량, 부피를 측정하여 밀도를 알아내기)
	2	· 다양한 물질의 밀도표 확인하기 · 사람의 밀도 크기 어림하기 · 쇠로 만든 추의 밀도 어림하기 · 나무 도막의 밀도 어림하기	· 액체의 밀도를 측정하기 (사이다 혹은 물의 부피와 질량 을 측정하여 밀도를 알아내기)

3. 평가도구와 평가방법

본 연구의 평가도구는 어림능력 2문항, 측정 계획 2문항, 단위 이해 1문
항으로 구성되어 있었다. 추측요인을 배제하기 위하여 주관식 지필형으로
출제하였다. 본 검사지는 과학교육 전문가의 안면타당도 검증을 받았고 답
과 설명 유형을 동시에 점수에 반영하였다.

(1) 어림능력 평가도구

어림능력 검사도구는 두 개의 평가문항으로 되어 있다. 첫 번째 문항은 물체를 보고 물리량을 어림하는 것이었다. 두 번째 문항은 물리량의 크기가 주어지고 그 범위에 속하는 물체를 고르는 것이었다. 어림능력 1번 문항을 위하여 실물을 제시하였다. 브라이트[7]에 의하면 1번 문항은 "물체 명시"이고 2번 문항은 "측정값 명시" 어림과 비슷한 형태의 것이다.

예를 들어 속력의 사전 어림능력 검사도구를 제시하면 아래와 같다.

---

1. 다음 물체의 속력을 어림하라(단위도 쓰시오).
   떨어지는 과학책의 평균속력:
   어떤 방법으로 떨어지고 있는 과학책의 평균 속력을 어림했는가?

2. 다음 보기를 보고 물음에 답하라.

   보기: 자동차, 전철, 거북이, 개미, 비행기, 소리, 걸어가는 사람

   보기 중에서 그 속력이 대략 10m/s에서 40m/s 정도에 해당하는 것을 모두 골라 적으시오:
   어떤 방법으로 답을 선택했는가?

그림 1. 본 연구에서 사용한 사전 어림능력 검사도구

(2) 측정의 계획, 단위에 대한 이해 평가도구와 방법

측정의 계획능력 중 도구 선택 영역 문항에서는 보기에 주어진 다양한 측정도구 중 본 실험의 목적에 적합한 측정도구를 선택하도록 하였다. 예를 들어 친구가 걸어가는 속력을 측정하는 실험의 경우 30cm 자보다는 5m 줄자가 편리하며, 손목시계보다는 스톱워치가 적당하다. 따라서 다양한 측정도구 중에서 이와 같이 효율적인 도구들을 적절히 선택하는지를 평가하였다. 또 그 도구를 이용하여 구체적인 측정 방법을 계획하여 작성하도록 하여 측정 방법 계획영역을 평가하였다.

　측정의 단위에 대한 이해 평가를 위하여 여러 가지 단위들을 제시하고 그중에서 측정하고자 하는 물리량의 단위에 해당하는 것을 모두 선택하도록 하였다.

　이에 대한 문항의 예시는 다음 그림 2와 같다.

---

1. 친구가 걸어가는 평균적인 속력을 측정하고자 한다. 적절한 도구들을 선택하고 어떻게 측정할 것인지 계획하라.

보기: 5m 줄자, 스톱워치, 윗접시 저울, 메스실린더,
　　　초침이 없고 분침만 있는 시계, 20cm 자, 10cm 자, 비커
(1) 어떤 측정도구를 선택할 것인가?
(2) 어떻게 측정할 것인지 그 방법을 구체적으로 적으시오.

2. 속력의 단위를 골라서 모두 동그라미 하시오.
　m/s, h/km, km/h, 초/분, 초/cm, g/cm^3, kg/m^3, kg중, kg·cm, cm/s

---

그림 2. 본 연구에서 사용한 측정 계획 및 단위에 대한 평가 문항 예시

(3) 평가 채점 방법

　어림능력, 측정 계획영역, 단위 영역의 점수는 각각 10점 만점으로 하였다. 각 영역별로 구체적인 채점틀을 제시하면 다음과 같다.

　어림능력 평가도구는 각 문항 당 10점인데, 학생의 답(5점)과 이유 설명(5점)을 함께 평가에 반영하였다. 학생의 답과 설명을 채점한 기준을 제시하면 표 2와 같다. 어림능력 점수는 두 문항의 평균 점수로 하였다.

표 2 어림능력 평가 채점틀

	1번 문항(어림값)	2번 문항(물체)	1번 이유, 2번 이유
5점	참값의 10% 미만	두 가지 모두 선택	설명이 자세하고 과학적임 (예) 과학책이 1초 동안 약 3m 떨어짐, 1m 정도에서 떨어지는데 0.5초 정도 걸리는 것 같다.
3점	참값의 10% 이상, 50% 미만	한 가지 옳은 것만 선택	설명이 과학적이지만 불충분함 (예) 과학책을 떨어뜨려서 시간을 어림잡았다, 눈짐작으로 교탁의 높이를 재보았다.
1점/ 0점	참값의 50% 이상 80% 미만(1점)	두 가지 틀린 답을 선택(0점)	설명이 없거나 불명확함 (예) 실험도 안 해보았고 과학책 무게도 모른다, 찍었다.

  측정 계획능력 평가도구는 도구선택영역, 계획영역으로 세분하여 각 5점씩 배점한 후 합산하였고, 측정단위 선택 영역은 10점 만점으로 하였는데, 그 채점 기준표는 각각 표 3, 표 4와 같다.

표 3. 측정계획 평가 채점틀

	측정계획	
	도구 선택	측정 방법 서술
5점	필요하고 적절한 도구 선택 (예) 5m 줄자와 스톱워치 선택(친구 속력 측정과제) 메스실린더와 윗접시 저울 선택(알코올 밀도 측정과제)	과학적으로 정확하게 서술 (예) 5m 거리를 친구가 걸어가는 데 걸리는 시간을 잰다(친구 속력 측정과제)
3점	필요한 도구와 불필요한 도구를 함께 선택 (예) 5m 줄자, 20cm 자, 10cm 자, 스톱워치 선택(친구 속력 측정과제)	맞기는 하지만 비효율적임 (예) 5m, 20cm, 10cm를 이어 줄자 끝에서 끝으로 오는 시간을 구해 평균 속력을 구한다(친구 속력 측정과제)
1점	비효율적인 도구들만 선택(1점)	과학적으로 틀림(0점) (예) 5m를 재고 1m씩 나누어 걷는 사람의 시간을 대략 잰다(친구 속력 측정과제)

표 4. 측정단위 평가 채점틀

	측정 단위	비고
10점	두 개 모두 선택	
5점	한 가지만 선택	틀린 단위를 선택할 때마다 2점 감점
0점	선택 안함	

4. 연구의 수행 시기 및 진행 과정

본 연구의 수업을 1999년도 학년 말에 실시하였다. 11월 중순에 속력에 대하여 어림활동과 측정활동을 실시하였으며 기말 고사 후 12월 초에 밀도에 대하여 어림활동과 측정활동을 실시하였다.

어림먼저반과 측정먼저반 모두 사전에 어림능력, 측정능력에 대한 1차 검사를 실시하였다. 각각 어림활동과 측정활동을 두 시간씩 한 후 2차 검

사를 실시하였다. 따라서 2차 검사는 어림먼저반의 경우 어림활동만 실시
한 후, 측정먼저반의 경우 측정활동만 실시한 후에 수행된 것이다. 그 다음
어림먼저반의 경우 측정활동을, 측정먼저반의 경우 어림활동을 두 시간에
걸쳐 실시한 후 3차 검사를 하였다. 따라서 어림먼저반의 경우 어림활동 2
차 시, 측정활동 2차 시를 마친 후에 3차 평가를 한 것이며 측정먼저반의
경우 측정활동 2차 시, 어림활동 2차 시를 모두 마친 후 3차 평가를 한 것
이다. 이 과정을 도식화하면 다음과 같다.

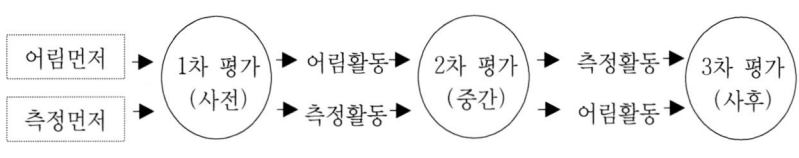

그림 3. 연구 과정의 개요

5. 자료 분석 방법

평가 답안지 채점 후 점수의 변화를 통계적으로 알아보기 위하여 Windows
용 SPSS 7.0을 이용하여 분석하였다. 어림활동과 측정활동반 각각 사전, 사
후 검사의 비교를 위하여 two-tailed t-test를 하였고 어림활동반, 측정활동
반 비교를 위해서는 공변량분산분석을 실시하였다.

III. 연구 결과 및 논의

1. 어림활동과 측정활동 후 어림능력의 변화

본 연구에서 어림먼저반(어림활동 후 측정활동을 실시한 반)과 측정먼
저반(측정활동 후 어림활동을 실시한 반)의 어림능력 검사결과를 비교하여
보면 다음과 같다.

각 반의 사전(1차), 중간(2차)검사 결과(어림먼저반의 경우 어림활동을 실시한 후, 측정먼저반의 경우 측정활동을 실시한 후)를 비교하여 보면 속력의 경우 어림활동 후에만 유의미하게 증가하였고 측정활동 후에 유의미한 변화가 없었다(어림활동 후 $t = -5.22$, $p < .01$). 밀도의 경우 어림활동과 측정활동 모두 어림능력 향상에 도움을 주었다(어림활동 후 $t = -10.70$, $p < .01$; 측정활동 후 $t = -6.67$, $p < .01$). 그러나 어림활동이 측정활동보다 더 효과적이었다(공변량 분석, $F = 19.07$, $p < .01$). 이 결과를 통해 알 수 있듯이 중학생의 경우 어림능력은 물리량의 값의 크기에 대하여 경험과 관련지어 생각할 수 있도록 돕는 어림활동을 통하여 효과적으로 증진된다.

각 반의 사후(3차) 검사 결과(어림먼저반의 경우 어림활동, 측정활동 순서대로 실시한 후, 측정먼저반의 경우 측정활동, 어림활동 순서대로 실시한 후)를 2차 검사 결과와 비교하여 분석하여 보면 다음과 같다. 속력과 밀도 어림활동은 측정활동 후에 실시한 경우에도 어림능력 향상에 도움이 되었다(속력 $t = -5.77$, $p < .01$; 밀도 $t = -3.52$, $p < .01$). 반면, 속력 측정활동은 어림능력에 아무런 변화를 주지 않았다. 밀도의 경우 어림활동 후에 한 측정활동은 어림활동으로 향상된 학생의 어림능력을 오히려 감소시켰다($t = 2.47$, $p < .05$).

각 반의 1차, 3차 검사 결과를 비교하여 보면 어림먼저반, 측정먼저반 모두 1차 검사에 비하여 유의미하게 어림능력이 증가하였다(표 5).

전체적으로 보면, 어림먼저반의 경우 어림활동 후에 어림능력이 유의미하게 향상하였고 측정활동 후에는 밀도의 어림능력이 오히려 약간 줄어들었다. 반면 측정먼저반의 경우 측정활동 후에 속력에 대한 어림능력의 변화가 없었지만, 어림활동까지 하였을 때 어림능력이 모두 유의미하게 향상함을 알 수 있었다. 이는 그림 4와 그림 5를 통하여 잘 드러난다. 그림 4는 속력과 밀도에 대한 어림먼저반의 어림능력 점수의 변화를 나타낸 것이다. 어림활동을 실시한 후 평가한 2차 검사에서 어림능력 점수가 매우 많이 향상하였다. 그러나 측정활동을 그 후에 실시하였을 때 2차 검사 결과에 비하여 어림능력이 별로 향상한 것처럼 보이지 않는다. 그림 5는 속력과 밀도에 대한 측정먼저반의 어림능력 점수의 변화이다. 측정활동을 실시한 후 평가한 2차 검사에서 어림능력 점수가 향상하였는데 어림활동을 실시한 후 3차 검사를 하였을 때에도 계속적으로 향상함을 볼 수 있다.

이 결과는 속력과 밀도의 어림능력이 측정활동만 한 경우보다 어림활동까지 모두 하였을 때 효과적으로 향상할 수 있다는 것을 보여준다. 따라서 어림능력의 향상을 위하여 어림활동이 효과적이며, 측정활동만 실시하는 것보다는 어림활동과 함께 실시되는 것이 바람직함을 보여준다.

표 5. 어림먼저반과 측정먼저반의 어림능력 점수 비교

개념	반	대상 (명)	1차 평가	2차 평가	3차 평가	1차, 2차 점수비교 t 값	2차, 3차 점수비교 t 값	1차, 3차 점수비교 t 값
속력	어림 먼저반[a]	93	2.45[b] (2.11)[c]	3.60 (2.40)	3.80 (2.28)	-5.22**[d]	-1.08	-6.18**
	측정 먼저반	94	2.10 (1.67)	2.44 (1.82)	3.75 (2.26)	-1.56	-5.77**	-6.21**
밀도	어림 먼저반	89	1.69 (1.68)	4.13 (2.28)	3.42 (2.58)	-10.7**	2.47*	-6.32**
	측정 먼저반	93	1.32 (1.53)	2.63 (2.08)	3.54 (2.59)	-6.67**	-3.52**	-9.12**

[a]: 어림먼저반은 어림활동 후 측정활동을 한 반을 의미한다.
　　측정먼저반은 측정활동 후 어림활동을 한 반을 의미한다.
[b]: 평균 점수(10점 만점)
[c]: 표준편차
[d]: * p<.05, ** p<.01

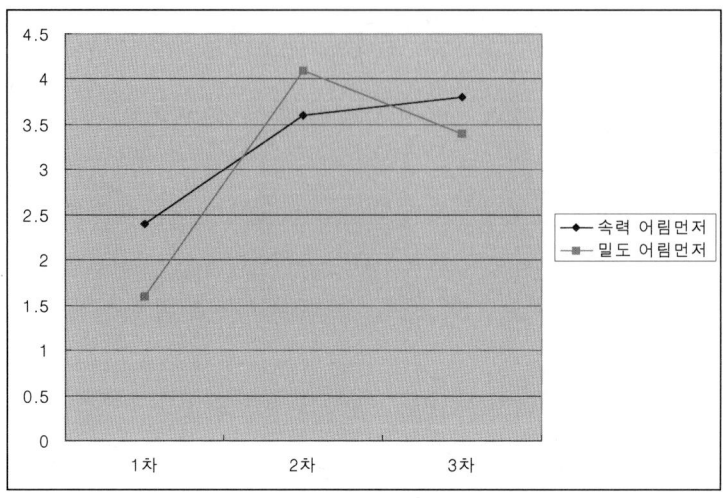

그림 4. 어림먼저반의 어림능력 변화

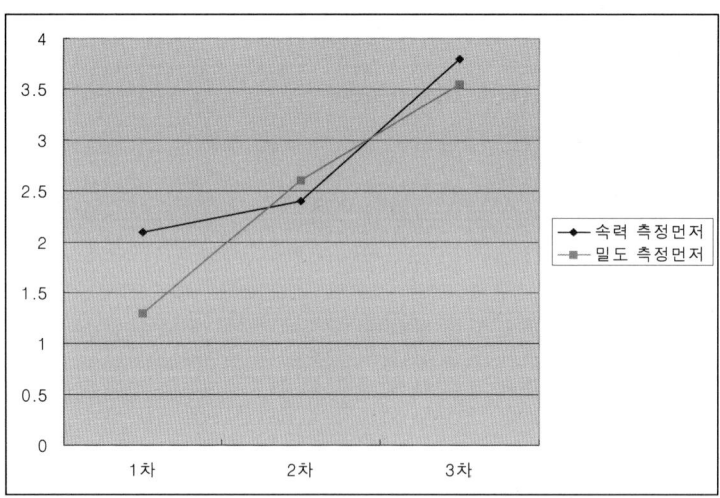

그림 5. 측정먼저반의 어림능력 변화

2. 어림활동과 측정활동 후 측정 계획능력 및 단위 이해 정도의 변화

본 연구에서 어림먼저반과 측정먼저반의 측정 계획영역, 단위 영역의 점수를 비교한 것은 다음 표 6과 같다.

먼저, 각 반의 1차, 2차 검사 결과를 비교하여 보면 속력의 경우 어림활동은 계획과 단위 이해면에서 유의미한 효과가 있었고(계획, $t = -3.86$, $p < .01$; 단위, $t = -3.49$, $p < .01$), 측정활동은 계획영역에서 유의미한 효과가 있었다($t = -2.37$, $p < .05$). 밀도 측정능력 평가 결과, 어림활동은 속력에서와 같이 단위 이해의 점수가 유의미하게 증가하였다($t = -3.51$, $p < .01$). 이와 같은 연구결과는 단위에 대한 이해를 돕는 어림활동의 특성상 비롯된 것이라고 볼 수 있다. 어림활동은 속력의 단위인 1 km/h 나 1m/s가 일상생활 중에서 이느 정도의 빠르기인지 학습히는 등의 괴정이 포함되어 있기 때문이다. 각 물리량의 기본 단위의 크기를 어림하는 과정을 통하여 단위에 대한 이해 정도가 증가한 것으로 보인다.

각 반이 어림활동과 측정활동을 모두 마친 3차 검사 결과를 2차 검사 결과와 비교하여 분석하면 다음과 같다. 속력과 밀도에 대하여 어림활동 후 측정활동을 한 경우, 어림활동만 한 경우에 비하여 별다른 차이가 나타나지 않았으며 측정활동 후 어림활동을 한 경우에도 측정활동만 한 경우에 비하여 차이가 나타나지 않았다. 다만 속력의 경우 비록 유의미한 차이는 아니었으나 계획, 단위 영역에서 측정활동만 하였을 때에 비하여 측정활동 후 어림활동까지 모두 하였을 때 평균 1.4점 이상 향상하였다.

각 반의 3차 검사 결과를 1차 검사 결과와 비교하여 보면 다음과 같다. 속력과 밀도 모두측정먼저반의 학생들의 단위 영역의 점수가 측정활동만 하였을 때 유의미한 향상이 없었으나, 어림활동까지 모두 마쳤을 때 처음(1차 검사)에 비하여 유의미하게 향상하였다(속력 $t = -3.41$, $p < .01$; 밀도 $t = -2.63$, $p < .05$). 이는 그림 6, 7을 보면 잘 드러난다. 어림먼저반의 경우 어림활동 후 평가한 2차 검사에서 학생들의 단위 이해 정도가 많이 증가하였

으며 측정먼저반의 경우 2차, 3차에 걸쳐 계속 증가하고 있음을 알 수 있다. 이 결과는 기존의 전통적인 방식, 즉 측정 방법을 교사가 제시하고 학생들은 그대로 측정을 하는 방식을 따르는 측정활동만으로는 단위에 대한 이해를 돕기가 어렵지만 측정값에 대한 어림활동을 하는 경우 이를 도울 수 있다는 것을 보여준다. 한편 계획영역은 속력의 경우 어림활동, 측정활동 모두 첫 번째 활동 후 유의미한 향상을 보였으나 밀도의 경우 어떤 활동도 효과적이지 못하였다. 이 결과는 측정의 계획영역을 위하여 어림활동과 측정활동만으로는 부족하다는 사실을 보여 주었다.

표 6. 어림먼저반과 측정먼저반의 측정계획, 단위 점수 비교

개념	반	영역	대상(명)	1차 평가	2차 평가	3차 평가	1차, 2차 점수비교 t 값	2차, 3차 점수비교 t 값	1차, 3차 점수비교 t 값
속력	어림 먼저반[a]	계획	93	5.74[b] (4.93)[c]	7.40 (3.82)	7.62 (3.82)	-3.86**[d]	-0.91	-4.33**
		단위		5.1 (3.59)	6.41 (0.33)	6.43 (3.39)	-3.49**	-0.61	-3.27**
	측정 먼저반	계획	94	5.77 (4.44)	6.55 (4.15)	6.99 (3.99)	-2.37*	-1.84	-3.86**
		단위		6.03 (3.72)	6.72 (3.49)	7.22 (3.30)	-1.84	-1.42	-3.41**
밀도	어림 먼저반[a]	계획	89	3.03 (4.02)	2.89 (3.11)	3.38 (3.11)	0.42	-1.33	-0.85
		단위		5.10 (4.04)	6.76 (3.65)	6.91 (3.36)	-3.51**	-0.49	-4.22**
	측정 먼저반	계획	93	3.42 (4.15)	3.99 (3.40)	3.72 (3.26)	-1.25	0.88	-0.39
		단위		6.19 (4.13)	6.98 (3.65)	7.26 (3.35)	-1.91	-0.76	-2.63*

[a]: 어림먼저반은 어림활동 후 측정활동을 한 반을 의미한다.
　　측정먼저반은 측정활동 후 어림활동을 한 반을 의미한다.
[b]: 평균 점수(10점 만점)
[c]: 표준편차
[d]: * p<.05, ** p<.01

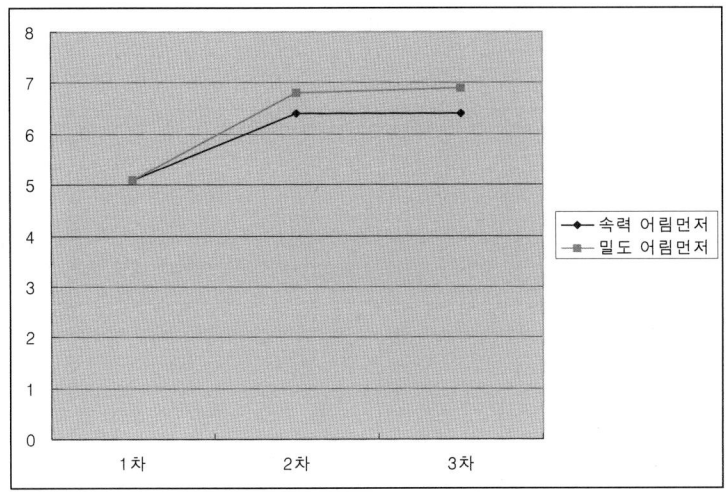

그림 6. 어림먼저반의 단위 이해

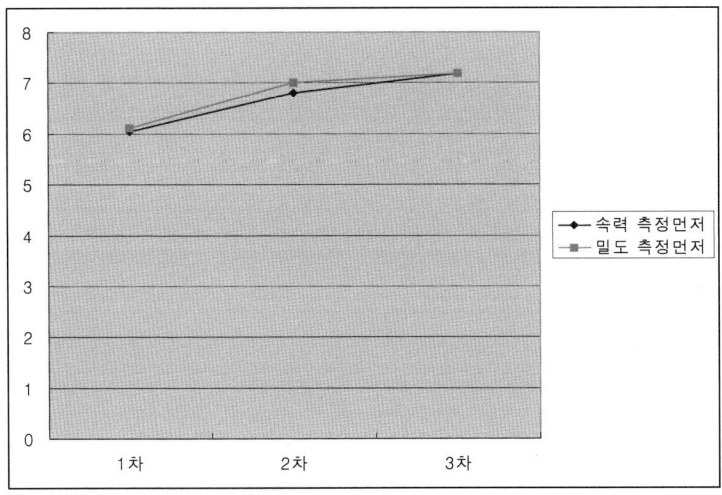

그림 7. 측정먼저반의 단위 이해

Ⅳ. 결론과 시사점 및 후속 연구과제

속력을 어림하는 능력은 어림활동을 통하여 유의미하게 향상하였으며, 밀도를 어림하는 능력은 어림활동, 측정활동 모두 효과적이었으나 어림활동을 통하여 더 많이 향상하였다. 즉 어림능력의 향상을 위하여 어림활동을 도입하는 것이 측정활동에 비하여 더 효과적이었다. 측정을 계획하는 능력은 속력의 경우 어림활동, 측정활동 모두 효과적이었고 밀도의 경우 모두 유의미한 차이가 나타나지 않았다. 단위 이해 정도는 속력과 밀도 모두 어림활동을 통하여 유의미하게 향상하여 어림활동이 단위에 대한 이해를 형성하도록 한다는 것을 보여주었다.

결론적으로 중학생을 대상으로 한 어림활동은 물리량의 값을 어림하는 능력을 향상시키고 물리량의 단위에 대하여 이해를 하도록 돕는다는 것을 알 수 있었으며, 측정활동이 항상 이와 같은 능력이나 이해에 큰 영향을 주지는 못하는 것을 알 수 있었다.

본 연구의 결과는 현재 교육과정에서 측정 교육과 관련된 시사점을 제공한다. 교과서의 실험들은 주로 실험 목표, 실험 방법을 제시하고 학생들은 그에 따라 실험을 하도록 안내된다. 이와 같이 제시된 실험 목표 하에서 주어진 도구로 측정 실험을 할 경우 학생들은 측정을 하고 있다고 하여도 측정값에 대한 아무런 고찰 없이 기계적인 활동을 할 수도 있다는 점이다. 본 연구에서 측정 실험 후에도 속력을 어림하는 능력이 별로 달라지지 않았다는 사실이 이를 뒷받침한다. 또한 이는 학생들이 측정을 하는 동안 초시계, 자, 메스실린더, 윗접시 저울 등과 같은 측정도구의 사용법을 배우기만 한다는 사실을 의미한다. 측정값에 대한 고찰이라고 할 수 있는 어림활동은 측정교육과 함께 실시되어야 할 것이다. 어림교육을 병행하여 측정교육을 한다면 학생들은 측정값의 크기가 어느 정도인지 생각하기 때문에 측정값의 실제적인 의미를 파악하기 위해 노력할 것이다.

본 연구는 중학교 1학년 남학생을 대상으로 수행되었기 때문에 연구대상을 좀 더 확장하는 것이 필요할 것이다. 또한 측정기능 중 측정의 계획과 단위 영역만 평가하였는데 측정기능의 다른 측면들에 대한 연구가 지속되는 것이 바람직하다. 측정의 계획에 대한 평가 결과 어림활동과 측정활동의 효과가 미비하였는데 실제 실험실에서 측정과제를 수행하는 상황에서 비교한다면 다른 결과가 나올 수 있으므로 이와 관련된 연구가 필요하다. 이와 더불어 어림활동의 효과를 측정능력이 아닌 다른 영역에서도 고찰하는 것이 후속 연구되어야 할 것이다.

참고문헌

[1] J. Wellington, *Practical Work in School Science*, 과학실험실습교육, 황성원 역, 11(시그마프레스 출판사 2001).

[2] D. Hodson, *Practical Work in School Science*, 과학실험실습교육, 황성원 역, 111(시그마프레스 출판사 2001).

[3] 서정아, 정희경, 정용재, 한국과학교육학회지, 20, 1(2000).

[4] 서정아, 정량적 물리개념에 대한 어림활동과 측정활동이 문제 해결과정에 미치는 영향, 서울대학교 박사학위논문(2000).

[5] B. Schofield, Use of apparatus and measuring instruments. *Assessment of performance unit. Science at age 13: A review of APU Survey findings* 1980-84, 55(Her Majesty's Stationary Office 1989).

[6] 우종옥, 이항로, 이경훈, 한국과학교육학회지, 12, 81(1992).

[7] G. Bright, School Science and Mathematics, 79, 581(1979).

부록 17. 근사 비율을 이용한 어림 정확도 분석틀의 개발과 중학생의 물리량에 대한 어림 경향 분석

Ⅰ. 서 론

1. 측정과 어림의 관계

측정은 물리 지식의 축적과 의사교환에 중요한 역할을 한다. 물리학의 발전과정에서 나타나듯이, 실험 결과에 대한 대략적인 진술만을 가지고 정밀한 지식을 축적하기는 어려우므로, 과학자들은 계량화(計量化)를 추구하였다[1]. 정밀한 측정 결과는 때때로 정상과학을 확립시키거나, 새로운 패러다임을 만드는 데 결정적인 역할을 하였다[2].

그러나 물리학자들은 단순히 물리량을 측정하는 데 그치지 않고, 측정으로 얻은 물리량의 의미를 파악하려고 노력하였으며, 이 과정에서 자연스럽게 어림을 활용하였다. 예를 들어 Rutherford(1871-1937)는 알파 입자의 산란각도를 기존 이론에 따라 예상하고 이를 실제 관측결과와 비교하였는데, 고전적인 원자 모형을 완성하기 위하여 이런 과정을 수없이 되풀이하였다[3]. 또한 Fermi(1901-1954)는 정확한 측정값이나 계산값을 가지고 있지 않더라도 문제에서 요구하는 물리량의 차수 등을 어림하여 물리적인 해석을 시도하였다[4, 5]. 이와 같이 어림은 과학자들이 측정량의 의미를 파악하여 실제 현상을 물리적으로 해석하는 데 기여하고, 문제 해결과정에서 반성의 기준이 되기도 한다.

2. 어림교육과 학생 어림능력의 실태

과학 교육의 기초 탐구기능에 측정활동이 포함되어 있으나, 물리량을 어림하고 측정 결과를 이해할 수 있는 능력에 대한 내용은 구체적으로 언급되지 않고 있다. 학교 실험의 목적은 학생들에게 과학자와 같은 경험을 할수 있도록 기회를 주고 과학지식의 학습에 도움을 주는 것이지만, 실제 학교 실험들은 맹목적인 따라하기일 뿐이라는 비판이 제기되고 있다[6, 7]. 우리나라의 교육과정을 살펴보아도 측정활동은 상대적으로 여러 번 언급되고 있으나, 물리량의 의미를 파악하고 어림하는 활동은 거의 다루어지지 않고 있다[8]. 또한 Fortgang은 일선 교사들이 간혹 물리를 수학처럼 여기고 있다고 언급하면서, 학생들이 계산과정만 알면 당연히 물리적으로 적용할 수 있을 것으로 교사들은 생각한다고 주장하였다[9].

실제로 국내외에서 행해진 연구들을 살펴보면, 학생들은 기초 물리량에 대한 어림조차 제대로 하지 못하는 것으로 나타났다. Steen은 학생들이 광년, 시간, 마이크론 등의 단위들을 배우지만, 관련된 상황에서 그 단위들을 적절히 사용할 수 있을지를 알 수 없다고 지적하였다[10]. 기본적인 물리량에 대한 어림능력을 조사한 Schofield도 영국의 중등 학생이 큰 오차 범위로 어림을 하고 있다는 결과를 발표하였다[11]. 우리나라의 경우도 상당수의 중학생들이 단위와 물리량의 관계를 제대로 연결하지 못하였다[12]. 또 생활에서 쉽게 볼 수 있는 사물의 물리량을 어림하는 과제에서 참가 학생의 반 이상이 물리량의 차수를 참값과 다르게 어림하고 있었는데, 차원이 복잡한 유도량이거나 크기가 작을수록 차수 어림능력이 떨어졌다[13]. 그러나 우리나라 중등학생들의 어림능력에 대한 구체적인 조사 연구는 학계에 보고되지 않았다.

3. 새 어림 분석틀 개발의 필요성

어림값을 평가하기 위하여 기준이 되는 참값이 있어야 하고, 어림값을 참값과 비교하는 과정이 필요하다. 어림값과 참값의 차이나 비율을 계산하는 과정이 필수적인데, 이것은 측정에서 정확도를 판정하는 방법과 비슷하다. 그러나 어림 경향을 분석하기 위하여, 측정활동에서 사용하는 오차의 개념을 그대로 적용하는 경우에 몇 가지 단점이 있다.

첫째, 절대오차를 이용하면, 다른 물리량을 어림한 경우에 전반적인 경향성을 파악할 수 없다. 절대오차는 어림값에서 참값을 뺀 값이므로 물리량의 단위를 포함하고 있다. 서로 다른 물리량에 대한 어림 경향을 비교할 경우에 단위가 다른 오차값들을 비교해야 하는데, 같은 물리량이 아니므로 한꺼번에 통계적으로 처리할 수가 없다.

둘째, 상대오차는 참값보다 작은 값을 제시하는 데 한계가 있다. 상대오차는 절대오차를 참값으로 나눈 값이므로 무차원이다. 따라서 다른 물리량인 경우라도 공통적인 경향성을 파악하는 통계분석에 상대오차를 사용할 수 있다. 그런데 일상적인 물리량을 어림하면 대부분 양수이다. 가장 작더라도 0이고, 이때 상대오차가 -100%이다. 그러나 참값보다 크게 어림한 값의 상대오차는 이론적으로 무한대까지 가능하다. 즉 상대오차를 이용하여 비교하면, 크게 어림한 경우는 한계가 없으나, 작게 어림한 경우는 제한적이다.

이처럼 측정의 절대오차와 상대오차는 여러 물리량을 어림한 경우나 참값보다 작은 값을 어림한 경우에, 어림의 경향성을 효과적으로 제시하는 데 한계가 있다. 따라서 여러 물리량에 대한 학생들의 어림 경향을 비교하는 연구에서는 새로운 분석틀이 필요하다.

II. 연구목적

어림활동은 학생들이 측정 결과를 이해하고 과학지식을 학습하는 데 도움을 줄 수 있다. 그러나 교육과정에서조차 거의 다루어지지 않고 있으며, 학생들은 물리량값의 정량적 의미를 이해하는 데 어려움을 겪고 있었다. 또 어림에 관한 선행 연구들에서 주로 사용되었던 측정의 오차 개념은, 여러 물리량을 어림한 경우나 참값보다 작게 어림한 경우에 어림 경향을 제대로 반영하지 못 하는 단점이 있다. 따라서 물리학습에 대한 시사점을 얻기 위하여 학생들의 어림능력을 구체적으로 조사하고, 어림 경향을 종합적으로 분석할 필요가 있다. 이 연구에서는 어림 분석틀을 개발하고, 이를 이용하여 실물에 대한 중학생의 어림 경향을 조사하고자 한다. 구체적인 연구내용은 다음과 같다.

첫째, 여러 물리량에서 공통적으로 드러나는 어림 경향을 파악하기 위하여, 참값에 대한 어림값의 비율을 이용한 분석틀을 개발한다.

둘째, 중학생이 실물을 보고 어림한 물리량 값을 조사하고, 새 분석틀을 이용하여 물리량과 학생의 성별에 따른 어림 경향을 분석한다.

Ⅲ. 근사 비율을 이용한 어림 정확도 분석틀의 개발

근사 비율 분포는 여러 물리량에 대한 학생들의 어림 경향을 전체적으로 파악할 수 있고, 작게 어림한 경우와 크게 어림한 경우를 동등하게 제시할 수 있도록 고안된 새로운 분석틀이다. 어림 정확도, 근사 비율, 어림 집단, 근사 비율 분포의 의미를 규정하면서 새 분석틀을 설명하고자 한다.

1. 어림 정확도와 근사 비율

어림 정확도(accuracy of estimation)는 어림값이 참값에 일치하는 정도이다. 이는 측정 정확도(accuracy of measurement)의 정의를 참고한 것인데, 한국표준과학연구원에 따르면 측정 정확도는 "측정 결과와 측정량의 참값이 서로 일치하는 정도"이며, 정확도는 "정성적인 개념의 용어"이다 [14]. 따라서 이 연구에서는 정확도를 정성적이고 일반적인 의미로 한정짓고자 하며, 어림능력의 요소로 사용하고자 한다. 그러나 실제 비교과정에서는 정확도를 판단하기 위한 정량적 값이 필요하다.

근사 비율(approximation rate)은 어림 정확도를 정량적으로 나타낸 값으로, 참값에 대한 어림값의 비율이다. 이 용어를 근사 비율이라고 한 이유는 근사(近似, approximation)가 참값에 가깝다는 뜻을 포함하고 있기 때문이다[15-17]. 근사 비율이 1에 가까울수록 어림 정확도가 높은데, 1보다 큰 경우는 그 값을 그대로 적고, 1보다 작은 경우는 분자를 1로 하는 단위 분수의 형태로 나타내었다. 예를 들어 5.0m 길이의 칠판을 0.5m로 어림하였다면 근사 비율은 1/10이다.

근사 비율을 이용하면 절대오차나 상대오차를 이용한 평가방법에 비하여 몇 가지 장점이 있다. 첫째, 근사 비율은 비교의 개념이 들어가면서도 단순하다. 상대오차는 뺄셈과 나눗셈을 모두 포함하므로, 통계 처리를 위하여 자료가 가공될수록 원래 자료값과 통계값의 관계가 복잡해진다. 그러나 근사 비율은 어림값을 상수(참값)로 나누는 과정만 거치기 때문에, 원래 자료값을 그대로 포함한다. 게다가 어림값과 참값의 관계에 대한 일차 정보를 담고 있어, 통계처리를 한 후에도 통계값의 의미를 파악하기가 쉽다. 예를 들어, 근사 비율의 평균에 참값을 곱하면 전체 어림값들의 평균에 해당한다. 그리고 근사 비율은 상대오차에 1을 더한 값이므로, 상대오차로 쉽게 변환할 수 있다.

둘째, 근사 비율을 이용하면 전체적인 어림 경향을 파악할 때에 종합적인 통계 처리를 할 수 있다. 근사 비율은 같은 물리량에 대한 비율이므로 무차원이다. 따라서 어림 대상이 다르거나 물리량이 다른 경우에도 비교나 자료 통합이 가능하며, 이를 통하여 어림의 전체적인 경향성을 파악할 수 있다. 반면에 절대오차는 물리량을 표시하는 단위와 함께 사용되기 때문에, 물리량이 다를 경우에 종합적인 통계 처리를 하지 못하는 단점이 있다.

셋째, 참값보다 작게 어림한 경우를 평가할 때에 상대오차보다 자세한 정보를 제공한다. 일반적으로 참값보다 작게 어림한 값을 상대오차로 나타내면 -100~0% 사이의 값이다. 그러나 근사 비율은 작게 어림한 값을 단위 분수로 나타내므로, 작게 어림한 경우도 크게 어림한 경우처럼 표시 범위의 한계가 없다. 따라서 근사 비율을 활용하면, 작게 어림한 값을 포함한 경우에도 세밀한 분석이 가능하다.

2. 어림 집단과 근사 비율 분포

그러나 참값에 비하여 훨씬 크거나 작게 어림한 국외자(outlier)가 한 두 개만 있어도, 근사 비율의 통계적 의미가 왜곡될 수 있다. 예를 들어 5.0m 의 칠판을 100.0m로 어림하였다면, 근사 비율은 20이다. 다른 자료의 근사 비율이 주로 1/2~2의 값에 해당한다고 가정하면, 이 근사 비율 때문에 전 체 평균과 표준편차 등이 크게 변하게 된다. 또한 아무리 작게 어림하였다 고 하더라도 근사 비율은 0~1이므로, 크게 어림한 경우에 비하여 작게 어 림한 값은 통계적으로 동등하게 취급되지 않는다. 따라서 국외자가 포함되 어 생기는 정보의 왜곡을 막으면서 전체적인 경향성을 파악하기 위하여, 이 연구에서는 근사 비율을 구간별로 나누어 전체 자료를 몇 집단으로 구 분하였다. 이것이 어림구간 집단(group of estimate interval)인데, 줄여서 어림 집단이라 부르고자 한다. 그리고 근사 비율의 평균을 대신하여, 각 어 림 집단에 해당하는 빈도를 이용하는 방식으로 전체적인 어림 경향을 파악 하는 것이 근사 비율 분포(approximation rate distribution)이다.

차수와 배수의 기본적인 개념과 선행 연구들을 참고하여, 이 연구에서는 어림 집단을 구분하는 기준값들을 다음과 같이 정하였다. 먼저 어림에 관 한 APU의 연구에서는 오차가 ±10% 이하인 경우를 만점으로 처리하였는 데[11], 이는 참값의 1.1배에 해당한다. 또 비교를 위하여 자기만의 기준인 어림 도구를 사용하는 경향[8, 18]이 있으므로, 가장 기본적인 배수인 2배 도 하나의 기준으로 삼았다. 그리고 페르미(Fermi)와 같은 물리학자들은 참값과 차수가 같게 어림할 수 있는 능력을 중요하게 여겼는데[5], 10배는 차수가 완전히 달라지는 값이므로 세 번째 기준으로 정하였다.

이렇게 하여 1.1, 2, 10배를 구분의 기준값으로 정하였는데, 이 연구는 사 물을 실제로 보여주고 어림하는 형태이므로 10배 이상을 세분하지 않았다. 어림값이 참값보다 큰 경우뿐만 아니라 작은 경우에도 같은 방식을 적용하 였기 때문에 1/1.1, 1/2, 1/10배는 작게 어림한 값을 구분하는 기준값이다. 따라서 〈1/10, 1/10~1/2, 1/2~1/1.1, 1/1.1~1.1, 1.1~2, 2~10, 10≤의 일곱 집단으로 나누었다. 예컨대 〈1/10은 참값의 1/10배 미만으로 어림한 경우이고, 1/10~1/2은 참값의 1/10배 이상이면서 1/2배 미만으로 어림한 경우를 뜻한다.

어림 경향을 정성적으로 서술하기 위하여, 이렇게 구분한 어림 집단을 재분류하였다. 1/1.1~1.1배 집단은 다른 집단에 비하여 참값과 가장 근사하므로, '참값 어림 집단'이라 이름지어 다른 집단과 구분하였다. 또한 분포의 특징을 제시할 때에 필요에 따라서 '작게 어림 집단'(1/1.1배보다 작게 어림한 세 집단), '크게 어림 집단'(1.1배보다 크게 어림한 세 집단), '비슷 어림 집단'(참값 어림 집단을 포함한 1/2배~2배 사이의 세 집단) 등으로 기존 일곱 집단을 재구성하였다. 실제 분석과정에서는 국외자에 의한 자료 왜곡을 막고, 각 집단의 특징을 정량적으로 제시하기 위하여, 참값 어림 집단을 {0}으로 정하고 각 집단에 번호를 부여한 후, 실제 분석과정에서 통계적으로 이용하였다. 지금까지 설명한 새 분석틀의 내용 중에서 오차와 근사 비율의 관계를 구체적인 예로 나타낸 것이 표 1이고, 근사 비율의 구간에 따른 어림 집단의 구분을 선형적으로 나타낸 것이 그림 1이다.

표 1. 어림값, 오차, 근사 비율의 관계 예

	영수	철수	명수	병수	현수	비고
어림값	0.0m	0.5m	5.1m	9.5m	100.0m	참값이 5.0m인 경우
절대오차	-5.0m	-4.5m	0.1m	4.5m	95.0m	절대오차=어림값-참값
상대오차	-100%	-90%	2%	90%	1900%	상대오차(%)=(절대오차 / 참값) × 100
근사 비율	1/∞	1/10	1.02	1.9	20	근사비율=어림값 / 참값
어림 집단	〈1/10	1/10~1/2	1/1.1~1.1	1.1~2	10≤	기준에 따라 근사비율을 어림 집단으로 구분
집단 번호	{-3}	{-2}	{0}	{1}	{3}	참값 어림 집단을 {0}으로 표시

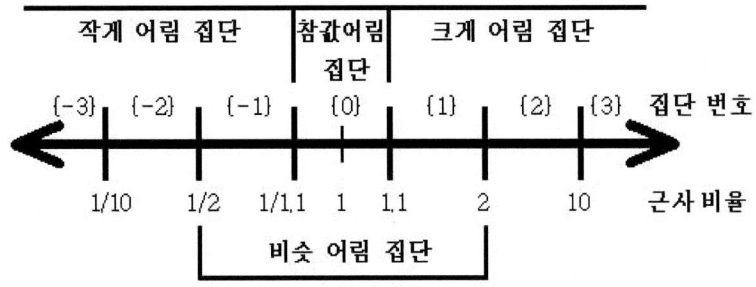

그림 1. 근사 비율에 따른 어림 집단과 집단 번호

Ⅳ. 어림 경향 조사연구의 방법

1. 연구대상

사회·경제적 환경이 비슷한, 서울의 두 중학교를 다니고 있는 2학년 남학생 73명과 여학생 67명을 대상으로 어림의 정확도에 대하여 조사하였다. 설문에 참여한 학생들은 질문에 해당하는 물리량과 개념들을 학습한 상태였다. 이 중에서 불성실하게 응답한 학생들을 제외하여, 남학생 71명과 여학생 64명의 응답만을 실제로 분석하였다. 그러나 개별 응답의 일부가 분석에서 제외된 경우가 있으므로, 유효 응답 수는 문항마다 다르다.

2. 조사과정

이 연구에서 조사한 내용은 주로 역학에 관한 물리량이었다. 초등학교와 중학교 교육과정에 자주 나오는 물리량 중에서 직접적인 관찰을 통하여 어림할 수 있는 물리량은 대부분 역학과 관련된 물리량이다. 구체적으로 시간, 길이, 질량, 속력, 부피가 조사 내용에 해당한다. 국제단위계(SI)의 일곱 기본량 중에서 역학과 관련된 시간, 길이, 질량을 포함하였고, 속력과 부피는 이 기본량으로 표현할 수 있는 유도량이므로 함께 조사하였다.

364

어림 정확도 평가 문항은 연구자들이 제작하였다. 칠판, 실내화, 참외 등과 같이 일상생활에서 쉽게 관찰이 가능한 사물이나 현상을 평가 문항의 상황으로 제시하였다. 한 물리량마다 두 문항씩 질문하였는데, 한 참값이 다른 참값의 1.5~3배 정도만 차이가 나게 하였으며, 참값의 차수를 같게 조절하였다. 참값의 크기에 상관없이 문항들을 무작위로 배치하여, 학생이 출제의 경향성을 파악하여 어림할 가능성을 최소화하였다. 그리고 과학교육전공 교수를 비롯한 네 명의 전문가가 이 문항들의 타당성을 검토하였다. 구체적인 문항 내용은 연구결과를 제시할 때 함께 언급하였다.

실제 조사는 설문지에 어림값과 단위를 쓰는 방식으로 실시하였다. 학생들은 실제 사물이나 현상을 보면서 어림하였는데, 어림 대상에 가까이 다가가 관찰하거나 손으로 물건을 만지는 행동 등은 허용되었다. 그러나 시계, 자, 저울과 같은 기구를 사용하여 측정하지는 않았다.

3. 분석과정

먼저 실제 사물에 대한 참값을 정하였다. 주어진 물리량에 대한 참값(true value)은 본성적으로 확정된 것이 아니므로, 이 연구에서는 연구자들이 사물의 물리량을 여러 차례 측정하여 평균값을 구한 후, 이를 참값으로 간주하였다.

학생들이 응답한 어림값을 몇 가지 규칙과 기준에 따라 판정하여, 실제 분석에서 사용할 유효 응답을 문항별로 골랐다. 응답을 하지 않은 경우, 단위를 표기하지 않은 경우, 다른 물리량의 단위를 표시한 경우는 모두 무응답으로 처리하였다. 즉 해당 물리량에 대한 단위를 제대로 알고 있는 경우에 한하여 유효 응답으로 인정하였다. 이러한 과정을 거친 후, 다섯 문항 이상에서 무응답 판정을 받은 학생들을 불성실 응답자로 간주하였고, 모든 분석에서 제외하였다.

근사 비율을 계산하기 위하여, 유효 응답에 해당하는 어림값의 단위를 조정하였다. MKS 단위계를 사용하여 표기하는 것을 원칙으로 하였으나,

부피의 경우는 사물의 크기를 고려하여 cm^3를 표기 기준으로 정하였다. 학생이 다른 단위계를 사용하여 답한 경우는 환산하여 처리하였으며, 어림값을 구간으로 나타낸 경우는 중간값을 대표값으로 하였다.

마지막 단계로 유효 응답에 대한 근사 비율을 구하고, 물리량과 학생의 성별에 따른 근사 비율 분포를 만들어 어림 경향을 분석하였다. 구체적으로 살펴보면, 먼저 개별 유효 응답에 대하여 근사 비율을 구하고, 분석틀에서 정한 기준에 의하여 어림 집단으로 나누었다. 물리량과 학생의 성별에 따라 근사 비율 분포를 만들어서, 이를 바탕으로 어림 경향을 분석하였다. 응답 자료에 해당하는 집단 번호는 -3에서 3 사이의 정수에 해당하는데, 학생들의 어림 경향을 분석하기 위한 서술통계에서 이용하였다. 사용한 통계 프로그램은 Microsoft(R) Excel 2000이다.

Ⅳ. 어림 경향 조사연구의 결과와 토의

이 연구에서 분석한 문항 내용, 참값, 무응답 수 등을 나타낸 것이 표 2다. 실제 조사는 국제단위계에서 표시하는 순서에 따라 길이, 질량, 시간 순으로 실시하였으나, 세 가지가 모두 기본량이므로 조사결과를 참고하여 시간, 길이, 질량의 순서로 결과를 제시하였다. 그리고 차원을 고려하여 부피보다 속력을 먼저 언급하였다.

표 2. 조사 문항의 내용, 참값, 무응답 수

물리량 [차원]	상황	참값	무응답(%)	
시간 [T]	(교사가 임의로 정한) 시간1	26s	1	(0.7)
시간 [T]	(교사가 임의로 정한) 시간2	49s	1	(0.7)
길이 [L]	칠판의 길이	4.21m	6	(4.4)
길이 [L]	교실의 가로 길이	7.28m	7	(5.2)
질량 [M]	실내화 한 짝	0.32kg	14	(10.4)
질량 [M]	과학 교과서	0.48kg	13	(9.6)
속력 [LT^{-1}]	걸어 다니는 사람	1.0m/s	49	(36.2)
속력 [LT^{-1}]	움직이는 풍선	1.5m/s	52	(38.5)
부피 [L^3]	물이 담긴 종이컵	195cm^3	20	(14.8)
부피 [L^3]	참외	440cm^3	21	(15.6)

전체 분석대상자는 남학생 71명, 여학생 64명이었는데, 문항별로 무응답의 수를 살펴보면 속력 〉 부피 〉 질량 〉 길이 〉 시간의 순서였다. 속력의 경우는 삼분의 일 가량이 무응답으로 분류되었고, 부피의 경우도 약 15%가 이에 해당한다. 무응답으로 분류된 사례 중에는 단위를 안 쓰거나 다른 단위를 쓴 경우가 많았는데, 학생들이 유도량의 단위를 제대로 파악하지 못한다는 기존 연구결과와 일치한다[12].

1. 물리량에 따른 특징

학생들의 유효 응답을 각 문항의 참값에 따라 근사 비율로 바꾸고, 이에 해당하는 어림 집단의 분포를 물리량별로 분석한 것이 표 3이다. 시간의 경우는 두 문항에서 유효 응답에 해당하는 268개의 응답을 합쳐서 분석하였다. 시간에 대한 학생들의 근사 비율 분포를 살펴보면, 비슷 어림 집단 (1/2~2)이 약 90%로 다섯 물리량 중에서 어림을 가장 정확하게 하였고, 특히 참값 어림 집단(1/1.1~1.1)이 43.7%로 다른 어림 집단에 비하여 가장 많았다. 시간의 경우에 집단 번호의 평균이 -0.19이므로, 학생들이 참값에 가깝게 어림하는 경향이 있음을 알 수 있다. 또 표준편차가 가장 작고, 특정한 값을 중심으로 몰리는 집중 경향이 있었다. 이처럼 학생들은 대체로 참값 근처의 정해진 범위에서 시간을 어림하였다.

표 3. 물리량에 따른 어림값의 근사 비율 분포표

물리량	차원	유효 응답 수	근사 비율 분포(%)							집단 번호의 평균 (표준편차)
			$\langle 1/10$ {-3}	$1/10 \sim 1/2$ {-2}	$1/2 \sim 1/1.1$ {-1}	$1/1.1 \sim 1.1$ {0}	$1.1 \sim 2$ {1}	$2 \sim 10$ {2}	$10 \le$ {3}	
시간	[T]	268	0.4*	1.5	36.6	43.7	14.9	2.6	0.4	-0.19(0.84)
길이	[L]	257	1.2	13.2	33.9	20.6	27.2	1.6	2.3	-0.26(1.20)
질량	[M]	243	26.4	18.1	13.6	8.6	21.4	10.3	1.6	-0.82(1.83)
속력	[LT^{-1}]	169	7.1	21.4	24.9	2.9	20.0	10.1	13.6	-0.08(1.89)
부피	[L^3]	229	14.9	27.5	32.3	11.8	9.6	2.2	1.7	-1.13(1.35)

* 해당 어림 집단의 빈도수를 물리량별 전체 유효 응답 수에 대한 백분율로 표시

길이에 대한 어림도 비교적 정확하였다. 비슷 어림 집단이 80% 이상이었고, 전체의 약 삼분의 일에 해당하는 응답들이 $1/2 \sim 1/1.1$배 집단에 해당하는 어림값이었다. 이 어림 집단에 해당하는 응답이 길이의 어림 집단 중에서 가장 많았다. 집단 번호의 평균과 표준편차를 고려하여 살펴보면, 학생들의 어림값은 대부분 평균값의 근처에 몰려 있으며 참값을 중심으로 고르게 분포하고 있었다. 이는 중학생들이 실물을 보지 않고 물리량의 차수를 어림할 때에 상대적으로 길이 어림을 잘 하는 것으로 나타난 선행 연구 [13]와도 비슷하다.

학생들은 질량에 대한 어림을 할 때, 참값보다 작게 어림하는 경향이 있었다. 질량의 경우는 작게 어림 집단이 약 60%이었고, 1/10보다 작게 어림한 경우가 26.4%로 가장 빈번하였다. 통계값을 살펴보아도 평균이 -0.82이고 표준편차가 1.83이므로, 질량의 경우에 작게 어림하는 경향이 있으며 어

림값이 한 값으로 집중하기보다는 흩어지는 경향이 있음을 알 수 있다.

속력의 경우는 참값 어림 집단이 2.9%인데, 속력의 어림 집단들 중에서 가장 비율이 낮을 뿐만 아니라, 참값 어림 집단만의 비율을 비교해보아도 다섯 물리량 중에서 가장 낮았다. 그러나 1/2~1/1.1배 집단과 1.1~2배 집단의 비율이 20% 이상이어서, 비슷 어림 집단이 전체의 약 50%에 해당한다. 평균은 -0.08로 0에 가장 가까우나, 표준편차를 고려하면 학생들의 어림값이 넓게 퍼져 있음을 알 수 있다.

학생들은 부피에 대한 어림 문항에서 작게 어림하는 경향이 두드러졌다. 작게 어림 집단이 전체의 75% 이상이었고, 평균도 다섯 물리량 중에서 가장 낮았다. 1/2~1/1.1배 집단에 해당하는 어림값이 전체의 32.3%로 부피의 일곱 어림 집단 중에 가장 많았으며, 참값 어림 집단은 10% 남짓이었다. 전체적으로 부피의 어림값은 참값보다 평균적으로 작았고, 작게 어림하는 경향이 뚜렷하였다.

다섯 물리량의 근사 비율 분포를 그래프로 비교한 것이 그림 2다. 시간의 경우는 참값 어림 집단이 가장 많고, 참값에 가깝게 선택한 어림값이 상대적으로 많은 단봉분포(unimodal distribution)의 형태인데, 학생들이 정확하게 어림하는 전형적인 예에 해당한다. 길이의 경우는 비슷 어림 집단이 대부분이나, 참값 어림 집단의 비율이 다른 두 어림 집단보다 낮아서 이봉분포(bimodal distribution)의 형태이다. 질량과 속력의 경우도 이봉분포를 보이고 있는데, 1/2배보다 작게 어림하거나 2배보다 크게 어림한 어림값이 시간이나 길이의 경우보다 많다. 즉 시간이나 길이보다 질량과 속력을 부정확하게 어림하는 경향이 있었다. 부피의 경우는 1/2~1/1.1배에 해당하는 어림을 한 집단이 가장 많은 단봉분포로, 작게 어림하는 경향이 뚜렷하게 나타났다.

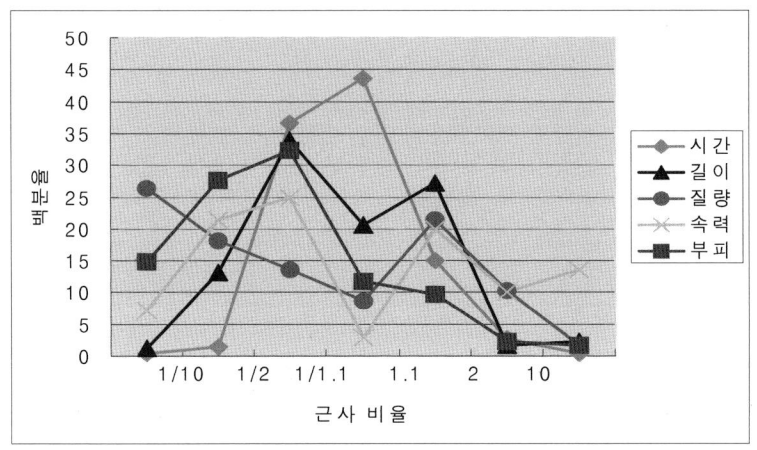

그림 8. 물리량에 따른 어림값의 근사 비율 분포도

전체적으로 학생들의 어림값을 물리량에 따라서 살펴볼 때, 참값의 1/2~2배에 해당하는 비슷 어림 집단은 모든 물리량에서 40% 이상이었다. 시간과 길이에 대한 어림은 비교적 정확하나, 질량과 부피의 경우는 참값보다 작게 어림하는 경향이 있었다. 이것은 대학구성원이 기본량을 어림할 때에 일반적으로 길이에 대한 어림이 정확하고, 질량에 대한 어림이 상대적으로 부정확하다는 선행 연구결과와 부분적으로 일치한다[18]. 그러나 응답자의 물리 지식수준, 어림의 대상물, 분석의 방법 등이 다르므로, 결과를 직접 비교할 수 없다.

2. 학생의 성별에 따른 특징

학생의 성별에 따라서 어림 정확도를 분석한 결과가 표 4다. 참값의 1/2~2배에 해당하는 비슷 어림 집단의 경우에 남학생은 전체 학생의 75% 이상이 이에 속하였으나, 여학생들은 50% 남짓한 학생들이 이 집단에 속하였다. 그리고 남학생 응답의 25.3%가 참값 어림 집단에 해당하였으나, 여학생은 남학생의 절반 수준인 12.1%이었다. 서술통계값을 고려하여 보아

도, 남학생들의 어림값은 비교적 참값에 근접하였고, 평균값으로 몰리는 집
중경향이 있었다. 반면에, 여학생들의 어림값은 대체로 참값보다 작았고,
다양하게 흩어져 있었다. 이 연구에 참여한 전체 학생들의 집단 번호 평균
은 -0.48이므로, 전반적으로 작게 어림하는 경향이 있었으며, 전체 어림값
의 66.4%가 참값의 1/2~2배에 해당하였다.

표 4. 학생의 성별에 따른 어림값의 근사 비율 분포표

성별	유효 응답 수	근사 비율 분포(%)							집단 번호의 평균 (표준편차)
		<1/10 {-3}	1/10~ 1/2 {-2}	1/2~ 1/1.1 {-1}	1/1.1~ 1.1 {0}	1.1~2 {1}	2~10 {2}	10≤ {3}	
남	621	4.3*	12.4	29.8	25.3	22.1	4.0	2.1	-0.31(1.29)
여	545	16.0	19.1	27.3	12.1	14.9	6.1	4.6	-0.73(1.66)
전체	1161	9.8	15.5	28.6	19.1	18.7	5.0	3.3	-0.48(1.49)

* 해당 어림 집단의 빈도수를 성별 전체 유효 응답 수에 대한 백분율로 표시

성별에 따른 어림 경향을 그림 3에 시각적으로 제시하였다. 남학생들은
참값의 1/2~2배에 해당하는 값으로 어림하는 경향이 있고, 여학생들은 주
로 참값보다 작게 응답하였음을 알 수 있다. 남학생의 경우는 1/2~1/1.1배
에 해당하는 집단이 가장 많은 단봉분포이나, 여학생의 경우는 이봉분포를
이루고 있으며 참값과 다르게 어림하는 경향이 있었다.

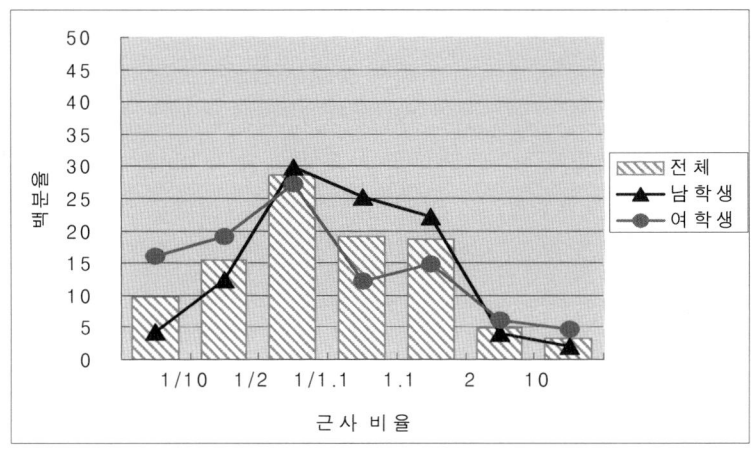

그림 9. 학생의 성별에 따른 어림값의 근사 비율 분포도

V. 요약과 결론

이 연구에서는 물리량의 어림 정확도를 평가하기 위한 분석틀을 개발하고, 이를 이용하여 중학생들의 어림 경향을 알아보았다. 연구에 대한 요약과 결론은 다음과 같다.

1. 근사 비율 분포의 특징

첫째, 어림 정확도 평가에서 근사 비율을 이용하면, 전체적인 어림 경향성을 종합적으로 파악할 수 있다. 근사 비율은 참값에 대한 어림값의 비율이므로 무차원이다. 따라서 물리량의 차원이 다른 경우에도 전체적인 어림 경향성을 파악하기 위한 통계처리를 종합적으로 할 수 있다. 그리고 참값보다 작게 어림한 경우에 근사 비율은 자세한 정보를 제공할 수 있다. 대부분의 경우에 상대오차의 최소값은 -100%인 반면에 최대값은 한계가 없다. 그러나 근사 비율은 작게 어림한 경우를 단위 분수로 표시하므로, 작게 어림한 값도 크게 어림한 값과 같이 표시의 한계가 없다.

둘째, 근사 비율을 기준에 따라 구간으로 나눈 근사 비율 분포를 이용하면, 참값에 비하여 상당히 크거나 작은 값이 자료 전체의 의미를 왜곡하는 경우를 줄일 수 있다. 예를 들어 참값보다 10배 이상 크게 어림한 경우는 전체 자료의 기술통계값에 지나치게 큰 영향을 줄 수 있고, 0에 가깝도록 작게 어림한 값은 무시될 수 있다. 따라서 이 연구에서는 일정한 배율을 기준으로 집단을 구분하여, 국외자로 인한 자료 왜곡을 줄였다. 결과적으로 학생들이 작게 어림하는 경우나 크게 어림하는 경우에 드러나는 특징을 동시에 살펴볼 수 있었다.

2. 중학생의 물리량에 대한 어림 경향

중학교 2학년 학생들이 실물을 보고 어림한 값을 근사 비율 분포를 이용하여 조사・분석하였다. 전체적으로 참값보다 작게 어림하는 경향이 있었는데, 구체적인 경향성을 물리량과 학생의 성별에 따라 분석하였다.

첫째, 물리량에 따라서 어림의 정확도가 달랐으나, 대체로 참값보다 작게 어림하는 경향이 있었다. 시간과 길이의 경우는 80% 이상의 학생들이 참값의 1/2~2배에 해당하는 값으로 어림하여 비교적 어림이 정확하였다. 그러나 질량과 부피의 경우는 작게 어림하는 경향이 두드러졌고, 속력의 경우는 어림값이 다양하였다.

둘째, 전체적으로 남학생이 여학생보다 어림을 정확하게 하였다. 남학생 응답의 75% 이상이 참값의 1/2~2배에 해당하는 어림값이었으나, 여학생의 경우는 50% 남짓이었다. 남학생은 여학생보다 어림값의 집중경향이 두드러졌고, 여학생은 참값보다 작게 어림하는 경향이 있었다.

3. 결론과 제언

근사 비율 분포를 이용하여 학생의 어림 정확도를 분석하는 방법은 어림 경향을 파악하는 데 효과적이었다. 물리량의 차원이 다른 경우에도 전체적인 경향성을 파악하기 위한 통계처리가 가능하였고, 참값보다 작게 어림한 경우와 크게 어림한 경우에 대한 개별적인 정보를 제공하였다.

근사 비율 분포를 이용하여 중학생의 어림 경향을 살펴본 결과, 물리량과 학생의 성별에 따라 어림하는 경향이 달랐다. 시간과 길이는 상대적으로 어림을 정확하게 하였으나, 질량과 부피는 작게 어림하는 경향이 두드러졌고, 속력에 대한 어림은 학생들마다 다양한 어림값을 제시하였다. 또한 남학생이 여학생보다 정확하게 어림하는 경향이 있었고, 여학생들은 작게 어림하는 경향이 있었다.

그러나 근사 비율 분포를 구하는 과정에서 연속변수인 근사 비율을 비연속변수인 구간으로 처리하였기 때문에, 통계처리 과정에서 불가피하게 자료의 축소(reduction)가 일어났다. 따라서 근사 비율 분포를 이용하여 전체적인 경향성을 파악하고자 한다면, 자료가 충분히 많아야 한다. 그리고 중학생의 어림 경향에 대한 연구를 할 때, 통계적으로 엄밀하게 표본 설정을 하지 않고 탐색적으로 접근하였으므로, 앞서 언급한 특징들을 일반화하기에는 한계가 있다.

이 연구에 이어 어림 경향의 차이에 대한 구체적인 후속 연구가 진행되어야 할 것이다. 학생들의 응답을 살펴보면, 기본량의 경우보다 유도량에 관련된 문항에서 다른 물리량의 단위를 쓰거나 아예 답을 쓰지 않은 학생들이 많았다. 따라서 어림과 물리량에 대한 후속 연구에서 물체의 모양, 크기, 특징 등에 따른 어림 경향을 체계적으로 조사할 필요가 있다. 또 어림 경향의 성차(gender difference)에 대한 심층적인 연구가 필요하다. 그리고 이러한 결과들을 통하여 어림 정확도를 높여주고, 어림값을 정량적 물리 개념과 관련지어 학습할 수 있는 수업 모형의 개발이 가능할 것으로 기대한다.

참고문헌

[1] 장회익, *과학과 메타과학*((주) 지식산업사, 서울, 1990), p.33.

[2] T. S. Kuhn, *The Essential Tension: Selected Studies in Scientific Tradition and Change*(University of Chicago Press, Chicago, 1977), pp.178-201.

[3] E. N. da C. Andrade, Rutherford and the nature of the atom, 안운선 옮김, 러더퍼드와 원자의 본질: 20세기의 연금술사(전파과학사, 서울, 1993).

[4] R. P. Feynman and R. Leighton, *Surely You're Joking, Mr. Feynman: Adventures of a Curious Character*(Bantam Books, New York, 1985), pp.114-115.

[5] D. Halliday and R. Resnick, *Fundamentals of physics*, 3rd ed. extended(John Wiley & Sons, New York, 1988), p.240-241.

[6] R. Millar, in *Practical Work in School Science: Which Way Now?*, edited by J. Wellington(London, Routledge, 1998), pp.16-20.

[7] D. Hodson in *Practical Work in School Science: Which Way Now?*, edited by J. Wellington(London, Routledge, 1998), pp.93-94.

[8] 서정아, 정량적 물리개념에 대한 어림활동과 측정활동이 문제 해결과정에 미치는 영향(서울대학교 박사학위논문, 2000).

[9] A. Fortgang, Science Teacher, **61**, 32-36(1995).

[10] L. A. Steen, in *Why numbers count. Quantitative Literacy for Tomorrow's America*. edited by L. A. Steen(The College Board, New York, 1997).

[11] B. Schofield, *Assessment of performance unit. Science at age 13: A review of APU Survey findings 1980-84*.(Her Majesty's Stationary Office, London, 1989), pp.55-71.

[12] 서정아, 정희경, 정용재, 한국과학교육학회지, **20**, 1-11(2000).

[13] 서정아, 조광희, 박승재, 한국과학교육학회지, **23**, 제3호에 게재 예정 (2003).

[14] 한국표준과학원, *측정불확도 표현 지침*(한국표준과학원, 대전, 1998), pp.3-8.

[15] 대학수학회 편, *수학 용어집*, (청문각, 서울, 1994), p.8

[16] 국립국어연구원 편, *표준국어대사전*, (두산동아, 서울, 1999), p.812

[17] E. J. Borowski and J. M. Borwein, *The HarperCollins dictionary of mathematics*, (HarperPerennial, New York, 1991), p.22.

[18] 송진웅, 김혜선, 한국과학교육학회지, **21**, 76-88(2001).

부록 18. 중학생의 물리량에 대한 차수 어림능력 분석

I. 서 론

측정은 기본적인 탐구기능의 하나로서 과학교육과정에서 전통적으로 중요하게 다루어지고 있으며(Klopfer, 1971; AAAS, 1974; APU, 1989), 국내에서도 측정의 기능적인 측면을 구체적으로 다룬 연구들이 이루어졌다. 예를 들어 우종옥 등(1992)은 측정치를 바르게 읽기, 측정도구의 선택, 측정단위의 결정, 측정방법의 선택, 정밀도 수준의 결정, 측정의 간격과 구간의 결정, 유효숫자 결정 등을 측정기능의 항목에 포함시켰다. 권재술과 김범기(1994)는 계측기의 올바른 사용, 막대자를 이용한 사물 재기, 격자를 이용한 넓이 계산 등을 측정기능 평가를 위한 하위요소로 제시하였다. 또한 측정도구에 나타난 측정치를 바르게 읽고, 적절한 측정단위를 쓸 수 있다는 점을 측정기능 평가의 세부 항목으로 정한 연구도 있었다(김미경 등, 1996).

그러나 측정이 기초적인 과학 탐구기능의 하나로서 효과적으로 활용되기 위해서는 기능적인 측면뿐만 아니라 정성적인 어림능력이 필요하다. 예를 들어 사과의 부피를 측정하려면 어떤 메스실린더를 사용할 것인지를 결정해야 하는데, 이 경우에 사과의 부피에 대한 대략적인 어림은 측정을 쉽게 할 수 있도록 도와준다. 또한 어림은 측정을 한 후에 측정자가 오류를 파악할 수 있도록 근거를 제공한다. 나무의 밀도가 물의 밀도보다 작다는 사실을 아는 학생이 나무의 질량과 부피를 측정한 후 밀도를 $200g/cm^3$로 구했다면, 측정과정에서 오류가 있었음을 쉽게 발견하게 될 것이다. 쉐필드(Schofield, 1989)도 측정의 기능에 있어서 '어림하기'의 중요성을 강조하였는데, 측정의 도구를 선택할 때에 어림능력이 필요할 뿐 아니라 측정치에 대한 어림능력은 학생들의 이해정도를 보여주는 것이라고 주장하였다.

그런데 정작 측정교육이 이루어지는 초·중등 교육과정에서 어림교육은 거의 다루어지지 않고 있다(서정아, 2000). 제6차 교육과정을 살펴보면, 초 등학교와 중학교의 자연, 과학, 수학 교과 등에서 측정에 대한 개념과 기능 을 소개하고 있으며, 연습과 실험 등을 하면서 학습할 수 있도록 구성되어 있다. 초등학교 교육과정은 주로 길이, 시간 등과 같은 기본량(base quantity)을 제시하고 있고, 중학교의 경우는 밀도, 속력 등과 같은 유도량 (derived quantity)[2]을 학습하면서 이를 측정하는 활동이 함께 포함되어 있다. 그러나 어림활동은 극히 적어서 초등학교 과정에서는 물리량의 어림, 무게 비교 활동 등을 다루고, 중학교는 2학년 과정에서 원자와 분자의 크 기 비유, 저항과 전력값의 비교 등을 소개하는 정도에 불과하다. 이러한 경 향은 제7차 교육과정의 경우에도 크게 다르지 않다.

어림에 관하여 국내외에서 선행된 연구들은 그다지 많지 않으며, 현재 국 내 중등 과학교육에 대한 직접적인 자료를 제공하기에는 연구대상이나 조사 영역이 제한적이다. 송진웅과 김혜선(2001)은 기본 물리량(base physical quantity)에 대한 어림의 정확성과 어림하는 방법을 조사하였는데, 물리 를 전공으로 하는 대학생과 대학원생을 주 대상으로 하였다. 영국의 APU(1989)는 기초적인 물리량에 대한 어림능력을 포함하고 있으나, 밀도 나 속력 등의 유도량에 대한 어림능력은 연구에서 제외하였다.

이러한 선행 연구들의 특성을 감안하여 이 연구에서는 기본량과 유도량 에 대한 중학생의 어림능력을 알아보고자 하였다. 선행 연구와 교육과정 분석을 기초로 하여 연구자는 어림능력을 측정도구 없이 물리량의 크기를 대략적으로 알아내는 능력으로 정의하였다(Bright, 1979; Schofield, 1989;

---

2) 한국표준과학연구원(http://www.kriss.re.kr)은 base quantity와 derived quantity를 각각 기본량과 유도량으로 표기하고 있으므로, 이 글에서는 이 용어들을 사용하였다. 참고로 한국물리학회에서 발간한 물리학용어집(1995) 에는 base quantity가 포함되지 않았으나 base를 바탕으로 번역하고 있고, 물리학용어집을 중심으로 편찬된 최신물리학용어사전(1997)은 base quantity 를 '바탕양'으로 표기하고 있다. 또한 편수자료(1994)는 이 용어를 다루고 있지 않아서 용어 선정에 대한 추후 논의가 필요하다.

Fortgang, 1995; Micklo, 1999; 서정아, 2000). 이 연구는 어림능력에 대한 기초적인 조사 연구로서, 실물을 보지 않고 물리량의 차수를 어림하는 능력을 집중적으로 다루었다. 본 연구의 구체적인 목표는 다음과 같다.

첫째, 물리량에 따른 중학생의 차수 어림능력을 조사하여 특징을 분석한다.
둘째, 중학생의 차수 어림능력을 학년과 성별에 따라 비교하여 분석한다.

Ⅱ. 이론적 배경

1. 어림의 분류와 정확도

선행 연구들을 살펴보면 어림의 대상이 무엇인지에 따라, 혹은 어림하는 방법에 따라 어림을 세분하고 있다. 톰슨(Thompson, 1979)은 모여 있는 것의 개수를 어림하기, 계산 결과를 대략적으로 어림하기, 측정값을 어림하기로 어림을 구분하였다. 브라이트(Bright, 1979)는 어림의 영역을 측정값의 명시 여부에 따라, 단위의 제공 여부에 따라, 그리고 실물을 보고 어림하는지의 여부에 따라 총 8개 영역(=2x2x2)으로 구분하였다. 또한 대상과 결과에 따라서 구분하면, 사물을 보고 측정값을 어림하는 경우가 있고, 반대로 측정값을 보고 그 값의 크기를 표현하는 경우가 있다. APU(1989)는 전자를 '어림(estimation)', '후자를 되돌리기(roundabout)'로 구별하여 어림능력을 평가하였다.

위의 선행 연구들을 근거로 하여 본 연구에서는 실물을 보지 않고 물리량의 크기를 대략적으로 알아내는 어림능력을 알아보고자 하였다. 이는 톰슨(Thompson)의 분류 중에서 측정값 어림에 해당하며, 브라이트(Bright)의 분류 중에서 측정값을 알려 주지 않고 단위가 제공되지 않은 상황에서 실물을 보지 않고 하는 어림에 해당한다. 어림에 대한 국내 연구는 탐색적인 수준에서 이루어지고 있으므로, 본 연구는 어림에 관한 기초 연구의 하나로서 이와 같이 설정하였다.

어림의 정확도에 대한 논의는 어림의 분류에 대한 논의와 함께 어림 연구를 위하여 필요한 기초적인 토대에 해당한다. 정확도에 대한 연구는 측정 분야에서 중요하게 다루어지고 있는데, 측정 결과의 신뢰성을 나타내기 위하여 오차, 정확도, 정밀도, 불확도 등의 개념이 사용되고 있으며, 측정값이 참값에 가까울수록 타당하며 신뢰성이 있다고 표현한다(한국표준과학연구원, 1998). 그러나 이와 반대로 어림은 실제로 정확한 값을 구하기가 어렵거나 무의미한 경우에 사용할 수 있다. 예를 들어 "사람 몸의 세포의 개수는?"이라고 묻는 문제가 있다고 하자. 이에 대하여 정확하게 측정값을 구하는 것은 현재의 과학기술능력으로 불가능하다. "우주의 크기가 얼마일까", "원자의 부피는 얼마일까?" 등의 문제들도 마찬가지이다. 이 경우에 정확한 값보다 대략적으로 차수를 어림한 값이 오히려 생물학, 우주론, 고체 물리학, 입자물리 등의 분야에서 유용하게 사용되고 있다. 이처럼 각 학문분야의 목적과 필요에 따라 어림의 정확도에 대하여 요구하는 바가 다르다.

이처럼 어림의 정확도에 대한 기준은 연구의 대상과 목적에 따라 다를 수 있으나, 어림 연구를 위하여 어림의 정확도에 대한 실제적 기준이 필요하다. 따라서 어림활동의 한 예로서 차수 어림활동을 제시하였던 선행 연구들을 참고하여(Crane, 1969; Memory & Jenkins, 1977), 이 연구에서는 어림의 정확도를 평가할 때 차수를 옳게 어림한다면 어림을 정확하게 한 것으로 판단하고, 이를 바탕으로 평가 문항을 구성하였다.

2. 과학의 발전과정에서 측정과 어림의 역할

18, 19세기에 과학은 정량화의 과정을 도입하여 이론을 더욱 정교하게 만들면서 급격히 발달하였다. 측정은 이론을 검증하기 위하여 고안된 실험이나 물리학 상수를 결정하는 실험 등에서 필수적으로 활용되었고, 이렇게 검증된 이론과 법칙은 패러다임을 더욱 확고하게 하였던 것이다(Kuhn, 1962).

그런데 이런 과정에서 어림은 측정값의 물리적 의미를 판단하는 기준으

로 사용되어, 이론의 형성에 결정적인 기여를 하곤 하였다. 예를 들어 휴즈
(Hughes, 1959)는 중성자의 발견과정을 다음과 같이 적었다:

> 분명히 이 신기한 방사선이 수소 원자의 양성자를 이온화 장치 쪽으로
> 빠르게 떠밀고 있는 것이다. 관찰된 빠른 속도에서 양성자들을 스크린으로
> 부터 튀어나오게 하기 위해서는 γ선이 약 5000만 볼트를 가져야 하는데
> 이것은 핵에서 나온 어떤 알려진 γ선보다 높은 값이기 때문에 γ선은 아
> 님은 분명하였다(Hughes, 1959, p.27).

즉 과학자들은 현상을 일으킬 수 있는 γ선의 에너지를 대략적으로 알고 있
었으며, 이로 인하여 그 방사선의 정체를 쉽게 예측할 수가 있었던 것이다.
그 외에도 물리학자들은 전자나 양성자의 드브로이 파장에 대한 대략적인
차수를 비교하여, 원자내의 현상을 예측하기도 하였다(PSSC, 1965). 이처
럼 정확하지만 복잡한 계산보다 대략적인 어림이 오히려 물리적인 의미를
쉽게 파악하고 효율적으로 실험을 하도록 도와줄 수 있다.

2. 어림교육의 필요성과 학생의 어림능력

클레멘트(Clement, 1982)는 학생들이 정작 실험하고 있는 내용을 이해하
는 데 측정을 포함하는 정량적인 실험이 오히려 방해가 될 수 있다고 하였
다. 이런 문제는 실험실에서 측정을 할 때 학생들이 어림을 하지 않고 눈
금만 읽어서 기록하는 경우에 생긴다. 실제 과학 학습에서 측정기능의 향
상은 필수적이지만, 어림과정이 없는 측정은 단순히 기계적인 기능이 될
가능성이 높다.

반면에 측정값에 대한 어림은 측정도구를 선택하는 준비과정, 측정 중
자신의 측정값에 대한 점검, 반성과정 등에 긍정적인 영향을 줄 수 있다.
이런 측면을 강조하는 과학자와 과학교육자들은 물리를 배우는 학생들에게
어림하기를 가르쳐야 한다고 주장하고 있다. 예를 들어 로저스(Rogers,
1960)와 쉐필드(Schofield, 1989)는 어림이 측정하고자 하는 범위에 적절한

눈금의 선택, 측정도구의 선택, 측정값 평가 등과 같이 측정을 효율적으로 계획하여 수행하는 활동에 기여할 수 있다고 강조하였다. 모리슨(Morrison, 1963)은 어림능력의 향상을 통하여 학생들이 자신감과 직감을 가지고 실험에 임할 수 있다고 제안하였으며, 쿤즈(Kunz, 1971)는 어림활동을 하면서 학생들이 물리량의 값을 경험적으로 이해하고 물리적 감각을 기를 수 있다고 지적하였다. 송진웅과 김혜선(2001)은 물리 학습에서 어림은 과학세계와 실세계를 연결해주는 역할을 할 뿐만 아니라, 물리적인 사고의 본질적인 측면과 관련이 있으며, 구성주의에 기초한 물리학습의 전형적인 형태라고 주장하였다.

  그러나 선행 연구들을 살펴보면, 실제로 학생들은 기본적인 물리량에 대한 어림조차 제대로 하지 못하는 것으로 나타났다. 스틴(Steen, 1997)은 학생들이 광년, 시간, 마이크론 등의 단위들을 배우기는 하지만, 관련된 상황에서 그 단위들을 적절히 사용할 수 있는지의 여부는 알 수 없다고 지적하였다. 또한 메모리와 젠킨스(Memory & Jenkins, 1977)는 물리를 배우려는 대학 신입생뿐만 아니라 대학원생조차도 차수를 어림하는 능력이 부족함을 밝혔다. 또한 포르트강(Fortgang, 1995)은 학생들이 수학 시간에 계산과정을 배우면 물리에서도 당연히 적용할 수 있을 것이라는 일선 교사들의 가정을 언급하면서, 이는 매우 잘못된 가정이라고 비판하였다. 실제로 영국에서 기본적인 물리량에 대한 학생들의 어림능력을 조사한 쉐필드(Schofield, 1989)도 중등 학생이 매우 큰 오차 범위로 어림을 하고 있다는 결과를 발표하였다.

Ⅲ. 연구방법

1. 연구대상과 연구시기

  차수 어림능력 조사는 중학교 1학년 227명(남 129명, 여 98명)과 중학교

3학년 221명(남 107명, 여 114명)을 대상으로 2월에 실시되었다. 이 학생들은 서울에서 중간 수준의 사회·경제적 환경에 해당하는 지역의 한 학교를 다니고 있었다. 총 대상 학생수는 448명이지만 각 문항별로 응답을 하지 않은 학생을 제외하였기 때문에, 분석대상 학생수가 문항마다 조금씩 달랐다. 이 학생들은 문항에서 다루는 개념을 모두 학습한 상태였으며, 시험 등에 의한 일시적인 학습효과를 최대한 줄이기 위하여 모든 정기고사가 끝난 학년 말에 조사를 하였다.

2. 연구도구와 분석 방법

학생들의 어림능력을 조사하기 위하여 연구자들이 어림능력 평가 문항을 제작하고, 6명의 과학교육 연구자로부터 내용타당도를 검증받았다. 차수 어림능력 조사는 학생들이 실물을 보지 않고 일상적인 경험에 근거하여 물체의 물리량을 어림한 후에, 참값에 가장 근사한 값을 고르는 방식으로 실시하였다. 길이, 질량, 속력, 부피, 밀도에 대하여 세 문항씩 질문하여 총 15문항으로 검사지를 구성하였고, 여섯 개의 보기 중에서 하나를 고르는 형태로 제작하였다.

이 연구에서 조사한 물리량은 다섯 가지로서 초등학교와 중학교의 교육과정에 자주 나오는 물리량 중에서 눈으로 관찰이 가능한 물리량을 대상으로 하였다. 길이와 질량은 대표적인 기본량이고 속력, 부피, 밀도는 유도량으로서 각 물리량의 차원은 순서대로 $[L/T]$, $[L^3]$, $[M/L^3]$이다. 물리량별로 어림능력을 비교하기 위한 방법으로 한 물리량에 대하여 세 문항을 질문한 후에 평균값을 구하였다. 세 문항에서 다루는 물리량의 크기를 소, 중, 대로 나누고 적어도 다섯 배 이상씩 차이가 나도록 하였다. 그러나 계속적으로 이렇게 문항이 배치될 경우에 학생들이 경향성을 파악하여 답을 선택할 수도 있으므로, 실제 검사지의 문항순서는 크기에 관계없이 무작위로 배치하였다.

또한 물리적으로 무의미한 근거를 바탕으로 학생들이 어림값을 선택하는 경우를 줄이기 위하여, 검사지를 작성하면서 다양한 방법을 사용하였다. 정답의 첫 숫자는 1, 2, 5 중에서 실제 참값에 가까운 것으로 정하였고, 나머지 보기의 첫 숫자도 1, 2, 5 중에서 하나로 배치하였으며, 정답들이 고르게 분포하도록 조정하였다. 그리고 보기의 차수는 1번 문항의 차수를 가장 크게, 6번 문항의 차수를 가장 작게 구성하였다. Figure 1은 실제 검사 문항의 보기이다.

---

1. Length: Choose the closest one to the true value.
(1) What is the length of a ten-carriage subway?
① 20000m   ② 5000m   ③ 200m   ④ 10m   ⑤ 5m ⑥ 0.2m

Figure 1. An example of the questionnaire.

그리고 어림능력의 차이를 명확히 구분하기 위하여 배점에 차등을 두었다. 예를 들어 Figure 1에서 실제 10량 지하철의 길이가 약 195m[3]이므로 정답은 ③번, 즉 200m이다. 이때 정답을 선택하면 5점, 다른 것보다 상대적으로 정답에 가까운 ②, ④의 답을 선택하면 2점, 그 다음으로 ①, ⑤에 대해서는 1점을 주었으며, 가장 차이가 큰 ⑥을 선택한 경우에는 점수를 주지 않았다.

위와 같은 방식으로 평가하여 얻은 점수를 토대로 물리량의 차원과 크기에 따른 차이를 정량적으로 분석하였다. 연구의 성격상 전체적인 경향성을 파악하고자 주로 서술통계를 사용하였으며, 학년과 성별에 따른 차이를 비교하기 위하여 양방적 t검정을 실시하였는데 기초적인 자료 조사 연구이므로 유의수준은 .05로 설정하였고, 통계처리를 위하여 SPSS for windows 7.0(1995)을 사용하였다.

---

3) 서울지하철공사 홈페이지 참고
   (http://www.seoulsubway.co.kr/index__intro6.htm).

Ⅳ. 연구결과

1. 물리량에 따른 중학생의 차수 어림능력

도구를 사용하지 않고 물리량을 어림하여 대략적인 차수를 추측하는 어림능력에 대한 실태를 조사한 결과를 Table 1에 제시하였다. 먼저 물리량별 차수 어림능력 평균을 비교하여 보면 물리량에 따라서 어림능력에 차이가 있음을 볼 수 있다. 평균적으로 길이 어림을 제일 잘하였는데 5점 만점에 평균이 4점 이상이었다. 반면에 밀도 어림능력은 2.48로 다섯 가지 물리량 중에서 가장 낮았다. 길이나 질량과 같은 기본량은 5점을 기준으로 평균값이 4점 안팎이었으나, 유도량의 경우는 평균값이 2.5에서 3 사이에 있었다.

전체 학생 중에서 정답을 선택한 학생 수의 비에 해당하는 정답률(Table 1에서 5점에 해당)을 비교해 보아도 길이의 경우에는 세 문항에서 모두 70%가량이 정답을 택하였다. 그러나 밀도의 경우는 세 문항에서 모두 30% 미만이 정답을 선택하였는데, 밀도를 배웠음에도 불구하고 제대로 어림하는 학생 수가 적음을 알 수 있다. 15문항에 대한 전체 대상 학생의 정답률은 48.7%로 절반에 못 미치는 것으로 나타났다.

Table 1. Results of order estimation

Quantity [Dimension]	Objects	Size of quantity	students	Distribution of students' choices				Mean score	S.D.	Average of one physical quantity
				Farthest from the right answer (0 point)	Far from the right answer (1 point)	Close to the right answer (2 point)	Closest to the right answer (5 point)			
Length [L]	Pencil	Small	438	0 (0.0)[a]	43 (9.8)	90 (20.6)	305 (69.6)	3.99	1.55	
	Classroom	Middle	431	0 (0.0)	11 (2.6)	99 (23.0)	321 (74.5)	4.21	1.36	4.12
	Subway	Large	444	0 (0.0)	19 (4.3)	97 (21.9)	328 (73.9)	4.17	1.40	
Mass [M]	Shoe	Small	444	5 (1.1)	43 (9.7)	112 (25.2)	284 (64.0)	3.80	1.63	
	Chair	Middle	437	4 (0.9)	17 (3.9)	138 (31.6)	278 (63.6)	3.85	1.45	3.91
	Car	Large	442	1 (0.2)	17 (3.9)	112 (25.3)	312 (70.6)	4.07	1.45	
Speed [L/T]	Ants	Small	424	10 (2.4)	51 (12.0)	249 (58.7)	114 (26.9)	2.64	1.49	
	Walking man	Middle	430	3 (0.7)	52 (12.1)	179 (41.6)	196 (45.6)	3.23	1.65	3.05
	Subway	Large	416	6 (1.4)	39 (9.4)	176 (42.3)	195 (46.9)	3.28	1.65	
Volume [L³]	Watermelon	Small	435	10 (2.3)	245 (56.3)	111 (25.5)	69 (15.9)	1.87	1.44	
	Garbage bag	Middle	429	16 (3.7)	66 (15.4)	147 (34.3)	200 (46.6)	3.17	1.77	2.82
	Bus	Large	426	1 (0.2)	25 (5.9)	185 (43.4)	215 (50.5)	3.45	1.58	
Density [M/L³]	Styrofoam	Small	433	12 (2.8)	130 (30.0)	194 (44.8)	97 (22.4)	2.32	1.53	
	Orange	Middle	433	11 (2.5)	92 (21.2)	206 (47.6)	124 (28.6)	2.60	1.59	2.48
	Iron nail	Large	437	10 (2.3)	118 (27.0)	185 (42.3)	124 (28.4)	2.54	1.62	
Total		Small	2174	37 (1.7)	512 (23.6)	756 (34.8)	869 (40.0)	2.92	1.53	
		Middle	2160	34 (1.6)	238 (11.0)	769 (35.6)	1119 (51.8)	3.41	1.56	
		Large	2165	18 (0.8)	218 (10.1)	755 (34.9)	1174 (54.2)	3.50	1.54	
		Sum	6499	89 (1.4)	968 (14.9)	2280 (35.0)	3162 (48.7)	3.28	1.54	

[a]Number of students(%).

또한 모든 문항에서 적어도 25%의 학생들은 물리량의 차수를 제대로 파악하지 못함을 볼 수 있다. 예를 들어 정답률이 두 번째로 높은 지하철의 길이를 묻는 문항에서 ②번 5000m나 ④번 10m라고 응답한 학생(Table 1에서 2점)이 전체의 20%를 넘었다. 그리고 참값과 차수가 많이 차이가 나서 0점이나 1점을 얻은 학생들의 비율을 비교해 보면, 기본량에 해당하

386

는 길이나 질량의 경우는 전체의 10% 안팎으로 부피나 밀도와 같은 유도
량에 비하여 그 비율이 작았다. 특히 수박의 부피를 어림하는 문항의 경우
에 참값과 차수가 크게 달랐던 ② 1000L나 ③ 500L(Table 1에서 1점)를
선택한 학생이 반수를 넘었다.

앞서 제시한 전체 결과 중에서 물리량의 크기별로 어림능력 평균을 비
교하여 그래프로 나타낸 것이 Figure 2인데, 물리량이 클수록 대체로 차수
어림을 잘하는 경향을 볼 수 있다. 구체적으로 살펴보면, 길이의 경우에 연
필보다 교실이나 지하철의 어림능력 평균이 높았고, 질량의 경우도 자동차,
의자, 신발의 순서대로 어림을 잘하였다. 특히 속력과 부피의 경우는 물리
량의 크기에 따라서 차이가 상대적으로 크게 나타났는데, 개미의 속력을
제외한 나머지 두 개의 물리량은 평균 3을 넘었다. 또한 부피 어림에서 가
장 작은 참값을 가졌던 수박은 평균이 1.87로, 조사한 물리량 중에서 가장
낮았으나, 나머지 두 물체의 부피는 평균 3점을 넘었다. 밀도의 경우도 밀
도값이 가장 작은 스티로폼의 어림능력 평균이 셋 중에서 가장 낮았다.

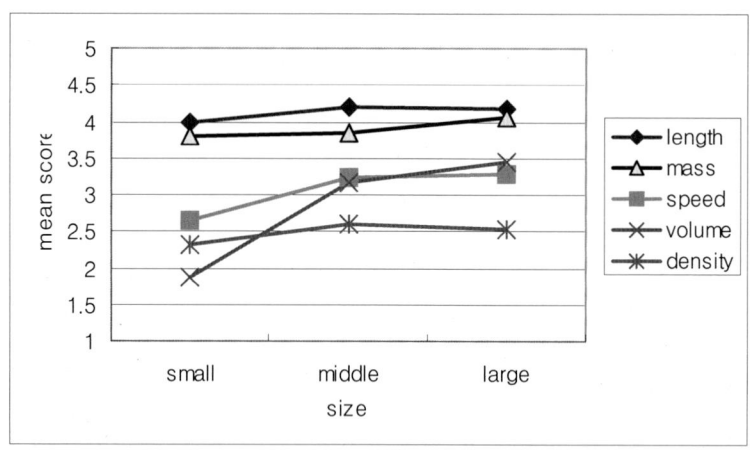

Figure 2. Mean scores by size of quantity.

3. 학년과 성별에 따른 차수 어림능력

Table 2는 학년에 따른 차수 어림능력을 비교한 결과인데, 전체적으로 뚜렷하게 학년별 차이가 나타나지는 않았다. 통계적으로 유의미한 차이가 나타난 문항은 자동차의 질량과 수박의 부피에 관한 문항으로서 3학년이 1학년보다 잘 하였다($p < .05$). 그 외의 문항에서는 통계적인 차이가 나타나지 않았지만 평균값을 비교해 보면 길이, 질량, 속력, 부피의 경우는 3학년이 1학년보다 높았으나, 밀도의 경우는 오히려 1학년의 평균값이 3학년보다 조금 높게 나타났다.

Table 2. Comparison of order estimation by grade

Quantity [Dimension]	Objects	Size of quantity	Grade	Students	Mean score	S.D.	t Value	Average of one physical quantity
Length [L]	Pencil	Small	7	221	3.95	1.60	-0.55	Grade 7: 4.11 Grade 9: 4.14
			9	217	4.03	1.50		
	Classroom	Middle	7	217	4.22	1.35	0.19	
			9	214	4.20	1.38		
	Subway	Large	7	224	4.17	1.41	-0.12	
			9	220	4.18	1.40		
Mass [M]	Shoe	Small	7	225	3.79	1.66	-0.17	Grade 7: 3.86 Grade 9: 3.96
			9	219	3.81	1.61		
	Chair	Middle	7	224	3.89	1.55	0.52	
			9	213	3.81	1.54		
	Car	Large	7	225	3.90	1.53	-2.56*	
			9	217	4.25	1.34		
Speed [L/T]	Ants	Small	7	219	2.63	1.56	-0.06	Grade 7: 3.01 Grade 9: 3.09
			9	205	2.64	1.42		
	Walking man	Middle	7	223	3.26	1.68	0.42	
			9	207	3.20	1.63		
	Subway	Large	7	212	3.15	1.65	-1.73	
			9	204	3.43	1.64		
Volume [L^3]	Watermelon	Small	7	217	1.70	1.35	-2.42*	Grade 7: 2.77 Grade 9: 2.89
			9	218	2.03	1.51		
	Garbage bag	Middle	7	213	3.13	1.80	-0.50	
			9	216	3.21	1.74		
	Bus	Large	7	216	3.48	1.59	0.35	
			9	210	3.42	1.59		
Density [M/L^3]	Styrofoam	Small	7	217	2.31	1.55	-0.10	Grade 7: 2.50 Grade 9: 2.47
			9	216	2.32	1.51		
	Orange	Middle	7	218	2.50	1.57	-1.32	
			9	215	2.70	1.61		
	Iron nail	Large	7	221	2.68	1.65	1.93	
			9	216	2.38	1.59		
	Total		7	3292	3.25	1.57	-1.72	
			9	3207	3.31	1.53		

* p<.05.

성별에 따른 차수 어림능력을 비교하여 Table 3에 제시하였다. 전체적인 평균값은 남학생이 여학생보다 높게 나타났는데, 특히 길이 어림에 관한 모든 문항에서 남학생과 여학생의 차수 어림능력은 통계적으로 유의미한 차이가 있었다. 질량, 속력, 부피의 평균을 비교해 보면 질량과 속력의 경우는 남학생이 높았고, 부피의 경우는 여학생이 조금 더 높았다. 그러나 귤의 밀도를 어림하는 문항에서는 여학생이 남학생보다 평균값이 더 높았다 ($p < .05$). 전체적으로 볼 때 기본량과 단순한 유도량인 속력의 경우는 남학생이, 3차원 이상의 유도량인 부피와 밀도의 경우는 여학생이 차수 어림을 잘 하는 경향이 있으나, 모든 개별 문항에서 통계적으로 유의미한 차이가 나타난 것은 아니었다.

Table 3. Comparison of order estimation by gender

Quantity [Dimension]	Objects	Size of quantity	Grade	Students	Mean score	S. D.	t Value	Average of one physical quantity
Length [L]	Pencil	Small	M	232	4.20	1.43	3.06**	M: 4.32 F: 3.90
			F	206	3.75	1.64		
	Classroom	Middle	M	229	4.42	1.22	3.46**	
			F	202	3.97	1.48		
	Subway	Large	M	234	4.35	1.29	2.83**	
			F	210	3.98	1.50		
Mass [M]	Shoe	Small	M	235	3.84	1.64	0.53	M: 3.97 F: 3.84
			F	209	3.76	1.62		
	Chair	Middle	M	234	3.92	1.51	1.05	
			F	203	3.77	1.57		
	Car	Large	M	234	4.16	1.42	1.28	
			F	208	3.98	1.48		
Speed [L/T]	Ants	Small	M	221	2.73	1.50	1.29	M: 3.11 F: 2.99
			F	203	2.54	1.48		
	Walking man	Middle	M	225	3.30	1.65	0.91	
			F	205	3.16	1.66		
	Subway	Large	M	216	3.30	1.61	0.16	
			F	200	3.27	1.70		
Volume [L³]	Watermelon	Small	M	228	1.85	1.41	-0.31	M: 2.79 F: 2.87
			F	207	1.89	1.47		
	Garbage bag	Middle	M	225	3.14	1.81	-0.34	
			F	204	3.20	1.73		
	Bus	Large	M	223	3.38	1.60	-1.01	
			F	203	3.53	1.57		
Density [M/L³]	Styrofoam	Small	M	231	2.29	1.55	-0.38	M: 2.45 F: 2.52
			F	202	2.35	1.51		
	Orange	Middle	M	229	2.44	1.49	-2.21*	
			F	204	2.77	1.69		
	Iron nail	Large	M	230	2.61	1.64	0.99	
			F	207	2.45	1.61		
Total			M	3426	3.33	1.52	-3.19**	
			F	3073	3.22	1.58		

* p<.05, ** p<.01.

V. 결론과 시사점

이 연구는 중학생들이 도구를 활용하지 않고서 일상적인 경험을 근거로 하여 물리량의 차수를 어림하는 능력을 조사한 것이다. 길이, 질량, 속력, 부피, 밀도에 대하여 어림한 결과를 살펴보면, 전체적으로 반 이상의 학생들은 차수 어림을 잘 하지 못하고 있었는데, 가장 정답률이 높은 문항에서도 25% 이상의 학생들은 참값보다 10배 이상 크거나 작게 어림을 하고 있었다. 또한 속력, 부피, 밀도의 일부 문항에서는 정답률이 30%가 되지 못하는 문항도 있었는데, 과학 시간에 길이나 부피를 배우고 측정을 하지만, 상당수의 중학생들이 1m, 1L가 어느 정도인지를 모르는 채로 과학 시간에 길이와 부피 계산을 하거나 해당 단위를 사용함을 보여 준다.

이렇게 물리량을 어림할 때에 차수가 다르게 어림을 하는 학생의 수가 많다는 사실은 어림교육이 시급함을 보여준다. 예를 들어 정육점에서 고기 300g을 사려는 학생이 이를 30g이나 3kg과 혼동한다면, 설사 학교 시험에서 질량의 개념을 알고 질량의 단위를 옳게 선택할 수 있다고 하여도 질량에 대한 교육이 제대로 이루어졌다고 단정지을 수 없다. 현재와 같은 방식으로 질량에 대한 개념 학습과 실제 양팔저울로 질량을 측정하는 실험을 통하여, 학습자는 질량에 대한 이론적 측면을 알고 실험실에서 질량을 측정할 수도 있다. 그러나 이것만으로 질량에 대한 과학 학습이 제대로 이루어졌다고 보기에는 한계가 있다. 그런데 물리량의 크기를 대략적으로 파악하는 어림능력은 물리량에 대한 개념적인 이해와 실제 실험과정에서 얻어지는 결과를 연결하는 과정이기 때문에 과학 학습에서 중요한 역할을 한다. 따라서 중학생들의 응답 결과는 어림에 대한 교육이 필요함을 보여주고 있다.

구체적으로 분석한 결과에 따르면 속력, 부피, 밀도 등에 대한 어림보다 길이, 질량에 대한 어림을 평균적으로 더 잘 하는 것으로 나타났다. 몇 개의 독립적인 차원이 결합된 유도량에 대한 어림보다 1차원에 해당하는 길이나 질량과 같은 기본량에 대한 어림을 학생들이 비교적 잘 하는데, 이는 물리량이 복잡해질수록 관련된 변수가 많아져서 어림하기도 쉽지 않기 때문이라고 생각된다. 그러나 이 연구에서 조사한 물리량은 눈으로 관찰이 가능한 몇 가지에 국한된 것이므로 일반화하기에는 한계가 있다.

또한 전체적으로 물리량의 크기가 클수록 차수 어림의 정답률이 높게 나타나는 경향이 있었다. 비록 물리량의 종류는 다르더라도, 대중소로 나누었을 때에 세 물체 중에서 가장 물리량이 작은 경우에 상대적으로 차수 어림을 제대로 하지 못 하였다. 물리량의 크기가 실제로 어림하는 데 영향을 미치는 요인의 하나로서 영향을 줄 수 있다는 시사점을 제공하므로, 더욱 구체적인 연구가 필요하다.

차수 어림을 할 때에 학년에 따른 차이는 크게 나타나지 않았다. 몇 문항에서 중학교 3학년 학생들이 1학년 학생보다 통계적으로 유의미하게 차이가 날 정도로 높았으나, 다른 문항에서는 오히려 3학년의 차수 어림능력 평균값이 1학년보다 낮은 경우도 있었으므로 이 연구의 결과만으로 경향성을 단정짓기는 어렵다. 그러나 조사한 물리량들이 대부분 초·중학교 과학 학습에서 반복적으로 다루어지는 물리량이라는 점을 고려하면, 중학교 교육과정에서 어림교육이 이루어지지 않기 때문에 학년별로도 어림능력에서 차이가 나지 않는 것으로 여겨진다.

성별에 따른 차이를 분석한 결과에 따르면 차수 어림능력은 성별에 따라서 차이가 있었다. 통계적으로 유의미한 차이는 길이와 밀도에서만 나타났지만 전체적으로 길이, 질량, 속력에서는 남학생이 차수 어림을 더 잘하였고, 부피와 밀도의 경우는 여학생의 평균값이 조금 더 높은 경향이 있었다. 이와 같은 결과들을 토대로 볼 때에 기본량이나 차원이 간단한 유도량은 남학생이, 차원이 복잡한 유도량은 여학생이 어림을 더 잘하는 것으로 보이나, 더욱 구체적인 해석을 위하여 후속 연구가 이어져야 할 것이다.

이 연구를 통하여 물리량의 차원과 크기에 따라서 차수를 어림하는 능력에 차이가 있으며, 학년에 따른 차이는 크지 않았으나 성별에 따라서 어림을 하는 경향이 다르다는 사실을 알 수 있었다. 그러나 전체적으로 물리량의 차수를 참값과 다르게 어림하는 학생수가 많다는 점은 물리량과 그 기본 단위에 대한 개념에 대하여 이해가 부족함을 보여주었다. 또한 이는 기능적인 측면을 강조하는 측정 교육이 가지는 한계점을 지적한 것으로도 볼 수 있다.

적 요

본 연구는 중학생들이 실물을 보지 않고 물리량의 차수를 어림하는 능력을 조사하였다. 기본량에 해당하는 길이와 질량, 유도량에 해당하는 속력, 부피, 밀도에 대한 차수 어림능력을 묻는 선택형 문항을 개발하였고, 서울지역 중학교 1학년과 3학년 학생 448명이 조사에 참가하였다. 전체적으로 반 이상의 학생들이 물리량의 차수를 참값과 다르게 어림하였는데, 차원이 복잡한 유도량이거나 상대적인 크기가 작을수록 차수 어림능력이 떨어졌다. 학년에 따른 차이는 크지 않았으나, 성별에 따라서 차수 어림능력에 차이가 있었고, 특히 남학생이 길이 어림을 잘하였다. 결론적으로 학생들의 차수 어림능력은 물리량에 따라 달랐고, 학년보다는 성별에 따른 차이가 나타났다. 이는 물리량과 단위에 대한 정성적인 이해가 부족함을 나타내며, 기능적인 측면을 강조하는 측정 교육이 가지는 한계점을 보여주었다. 따라서 실제 측정을 통하여 얻은 물리량의 정성적인 의미를 이해할 수 있도록 하기 위하여, 어림교육이 필요함을 시사하고 있다.

참고문헌

교육부.(1994). 편수자료 Ⅲ - 기초과학. 서울: 대한교과서 주식회사.

권재술·김범기.(1994). 초·중학생들의 과학탐구능력 측정도구의 개발. 한국과학교육학회지. 14(3). 251-264.

김미경·오희균·박종원.(1996). 물리 탐구 실험의 평가를 위한 도구의 개발과 분석. 한국과학교육학회지. 16(1). 51-60.

김인묵·엄정인·최준곤.(1997). 최신물리학용어사전. 서울: 탐구당.

서정아.(2000). 정량적 물리개념에 대한 어림활동과 측정활동이 문제해결과정에 미치는 영향. 서울대학교 박사학위논문.

송진웅·김혜선.(2001). 기본 물리량 어림의 정확성 및 방법에 대한 탐색. 한국과학교육학회지. 21(1). 76-88.

우종옥·이항로·이경훈.(1992). 대학 수학 능력 시험의 자연과학 탐구능력 평가를 위한 행동 요소의 추출과 평가 목표의 상세화 연구 II. 한국과학교육학회지. 12(2). 81-95.

한국물리학회.(1995). 물리학용어집. 서울: 청문각.

American Association for the Advancement of Science(AAAS).(1974). *Science-A Process Approach*. Washington; AAAS.

APU.(1989). *Science in Schools*. Age 15: Report No.1. Center for Studies in Science Education. University of Leeds.

Bright, G. W.(1979). Estimating physical measurement. *School Science and Mathematics*. 79(8). 581-586.

Clement, J.(1982). Students' preconceptions in introductory mechanics. *American Journal of Physics*. V50. 66-71.

Fortgang, A.(1995). The triangle of science. *Science Teacher*. 62(1). 32-36.

Hughes, D. J.(1959). *The Neutron Story*. 김영덕(역). 서울: 현대과학신서. 27쪽.

Klopfer, L. E.(1971). Evaluation of learning in science. *Handbook of Formative and Summative Evaluation of Student Learning*. Bloom, Hastings and Madaus(Eds). McGraw-Hill; New York.

Kuhn, T. S.(1962). *The Structure of Scientific Revolution.* 김명자(역). 서울: 동아출판사.

Kunz, K. S.(1971). Visualizing large numbers. *American Journal of Physics.* 39. 452.

Memory, J. D. & Jenkins, A. W.(1977). Estimating orders of magnitude. *The Physics Teacher.* V15, p.43.

Micklo, S.(1999). Estimation: it's more than a guess.(teaching estimation to grade school students). *Childhood Education.* 64(2). 203-211.

Morrison, P.(1963). Fermi questions. *American Journal of Physics.* V31. p.626.

Physical Science Study Committee.(1965). *PSSC Physics.* PSSC 번역위원회 옮김. 서울: 탐구당.

Rogers, E. M.(1960). *Physics for the Inquiring Mind: The Methods, Nature, and Philosophy of Physical Science.* Princeton, New Jersey: Princeton University Press.

Schofield, B.(1989). Use of apparatus and measuring instruments. *Assessment of Performance Unit.* Science at Age 13: A Review of APU Survey findings 1980-84. 55-71. London: Her Majesty's Stationary Office.

Steen, L. A.(ed.).(1997). The new literacy. Why numbers count. *Quantitative Literacy for Tomorrow's America.* College Entrance Examination Board.

부록 19. 어림활동이 문제 해결과정에서 개념 이해, 해답 예측, 계산에 미치는 영향: 속력과 밀도의 사례를 중심으로

Ⅰ. 서 론

물리 이론의 발달에서 어림과 측정은 중요한 역할을 담당하였다. 물리 개념은 정량화를 통하여 이론으로 발전하였는데(Hacking, 1983), 과학자들은 자신의 '경험'을 토대로 과학적 가설을 세우고(PSSC, 1965) 이를 측정 값과 비교하면서 이론을 추정한다. 일반적으로 과학자의 '경험'은 어림을 통한 대략적인 계산, 교육받은 짐작, 빨리 계산하기 등을 포함한다(Crane, 1969; Lobato, 1993). 예컨대 갈릴레이가 진자의 등시성을 검증한 과정 (PSSC, 1965), 러더포드가 원자핵의 존재를 밝힌 과정(Andrade, 1964) 등은 어림과 측정이 물리학 이론의 생성과 발전에 밀접하게 관련됨을 보여주었다. 이처럼 측정이 실세계에서 물리적인 현상을 다루는 반면에, 어림은 인간의 사고를 바탕으로 과학세계와 실세계를 연결시켜 주어 실제 현상에 대한 물리적인 이해를 도울 수 있다(송진웅과 김혜선, 2001).

역사적으로 과학교육 현장에서는 측정 등의 실험 교육이 강조되었지만, 어림교육은 별로 중요시되지 않았다. 다음과 같은 점에서 어림은 학생들의 문제 해결과정에 영향을 미칠 수 있다. 첫째, 물리량의 크기에 대한 어림은 물리량에 대한 학생의 정량적 개념과 밀접하게 관련된다. 한 학생이 메스실린더를 이용하여 물의 부피를 측정할 수 있더라도, 1L의 물을 1mL나 100L라고 어림하였다면 이 학생의 정량적인 부피 개념은 과학자와 다르다. 학생이 컵에 들어 있는 물의 부피를 어림한 후에 100kg, 100g 등으로 답하였다면, 그 학생이 부피와 질량에 대한 오개념을 지닌 것이라고 Schofield (1989)는 주장하였다. 또 다양한 물질의 밀도값을 서로 비교하는 과정은 밀도 개념의 학습에 도움이 될 수 있다. 예를 들어 가벼운 나무와 무거운

철의 밀도값을 비교하면서, 학생들은 밀도가 물체의 질량과 관련된다는 생각을 가질 수 있다.

둘째, 문제 해결에 관련된 연구(Crane, 1969; McMillan and Swadener, 1991; 홍미영과 박윤배, 1995; Fortgang, 1995)에 의하면 학생들은 물리 문제를 기계적으로 해결한 후에 계산한 물리량의 의미를 생각하지 않는 경향이 있다. 예를 들어, "폭포수의 물이 떨어지면서 50%의 에너지가 내부 에너지로 전환되었다면 온도가 얼마나 올라갈까?"라는 문제를 풀었을 때, 물의 온도를 계산한 값이 500℃ 이상으로 나와도 학생들이 이상함을 못 느끼는 경우도 있었다(Fortgang, 1995). 특히 관계식이나 숫자가 나오는 물리 문제의 경우, 그 문제의 현상적인 의미를 무시하고 수학적인 부분에 몰두하여, 물리가 아닌 산술 문제처럼 푸는 경우가 흔하다(Crane, 1969; Fortgang, 1995). 물리량의 크기에 대한 어림능력이 없다면 물리 문제는 단순한 계산에 불과하다. 그러나 어림능력이 있다면 문제의 해답을 예측할 수 있으므로, 정답과 다른 답이 나왔을 때 자신의 계산과정을 반성할 수 있다. 수학교육 분야의 연구에 따르면, 숫자 정보에 대하여 미리 예상하거나 대략 계산해보는 활동은 계산능력 향상에 효과적이었다(Lobato, 1993; 김옥경, 1997; Micklo, 1999).

이와 같이 계산이 필요한 문제에서 학습자가 물리량의 정량적인 크기를 알고, 관련 개념을 이해하며, 그 문제의 현상적 의미를 예측(Wilson, 1973; Mandell, 1980)하기 위하여 어림능력이 필요하다. 이에 본 연구는 과학 학습 현장에서 정량적으로 다루어지는 속력과 밀도 개념에 대하여 중학생을 대상으로 어림활동과 측정활동을 각각 실시한 후, 문제를 푸는 과정에서 학생들의 개념 이해, 해답 예측, 계산능력에 어떤 변화가 생기는지를 알아보고자 하였다. 이를 위하여 두 가지 접근 방식으로 연구를 시도하였다.

첫째, 어림활동과 측정활동이 각각 학생들의 개념 이해, 해답 예측, 계산 능력에 유의미한 영향을 미치는가?

둘째, 어림활동은 학생들이 개념을 이해하고 문제의 해답을 예측하는 과정에서 어떻게 도움을 주는가?

이 두 연구문제는 문제의 성격이 조금 다르므로, 첫 번째 연구에서는 정량적이고 통계적인 방법을 사용하였고, 두 번째 연구에서는 정성적이고 미시적인 방법으로 접근하였다.

II. 연구방법

1. 연구대상

연구대상은 서울 시내에 있는 중학교의 1학년 남학생 192명이었다. 속력 수업 참여 학생 수는 어림활동반이 93명, 측정활동반이 94명이었다. 밀도 수업 참여 학생 수는 어림활동반이 89명, 측정활동반은 93명이었다. 속력과 밀도 참여 학생들은 대부분 같은 학생들이었으나, 불성실 응답 등을 제외한 까닭에 개념과 활동반에 따라 학생수가 달라졌다. 전체 학생들을 대상으로 개념 이해, 해답 예측, 계산 영역에 대하여 사전, 사후에 주관식 지필검사를 실시하였다. 사례 분석은 밀도 수업에 참여한 어림활동반 학생들을 대상으로 하였으며, 이를 위하여 활동을 녹취하고 면담 분석을 실시하였다. 학생들의 이름은 어림활동반의 진이, 철수, 명오(모두 가명)이었고, 이 학생 제보자들은 모두 자발적으로 연구에 참여하였다.

2. 활동 내용

속력과 밀도 활동을 1999년 11월 중순부터 시작하여 12월 중순까지 실시하였다. 모든 활동은 45분 정규 수업에서 진행되었으며, 속력과 밀도 각각에 대하여 별도로 교실에서 이론 수업을 받은 후, 각 개념에 대하여 두 차시씩, 총 네 차시의 활동을 하였다. 그 과정을 요약하여 Fig. 1에 제시하였다.

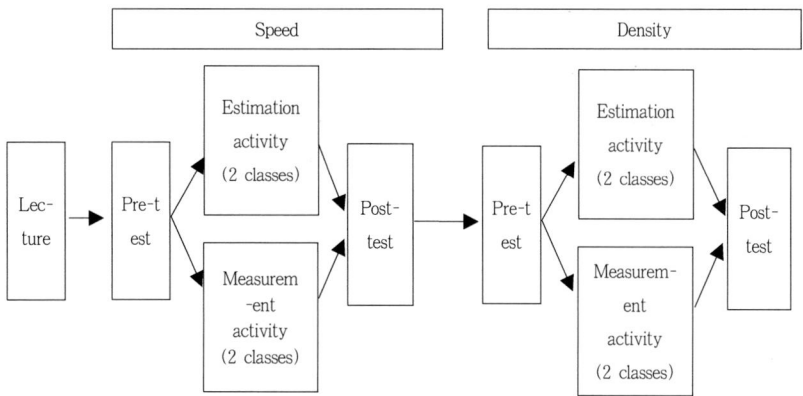

Fig. 1. The procedures in estimation and measurement group

　학생들은 모두 교실에서 개념에 대하여 이론 수업을 받은 상태였으며, 각 활동은 실험실에서 3명 1조를 이루어 조별로 이루어졌다. 어림활농은 물리량의 값을 비교하는 활동과 물리량의 값을 직접 어림하는 활동들로 이루어졌다. 학생들은 속력과 밀도에 대하여 각각 2시간씩 활동하였다. 첫 번째 시간의 수업은 학생들이 물리량의 값을 비교하는 활동을 통하여, 자료에 제시된 물리량의 크기를 직관적으로 이해할 수 있도록 구성되었다. 두 번째 시간의 수업은 학생들이 실제 물체를 보고 물리량의 크기를 어림하는 활동으로 이루어졌다.

　측정활동은 교과서에 제시된 측정 실험을 일부 수정하여 생활에서 쉽게 접하는 물체들의 물리량을 측정하는 활동들로 이루어졌다. 어림활동과 같이 측정활동도 속력과 밀도에 대하여 각각 2시간씩이었다. 속력에 대한 측정활동 시간에는 초시계, 자, 시간기록계 등을 이용하여 '친구가 걸어가는 속력 측정하기', '떨어지는 물체의 속력 측정하기' 등을 실험하였다. 밀도 측정활동에서는 윗접시 저울, 전자저울, 메스실린더 등을 이용하여 '고체의 밀도 측정하기', '액체의 밀도 측정하기' 등을 학생들이 조별로 실험하였다. 어림활동과 측정활동의 예를 Table 1에 구체적으로 제시하였다.

Table 1. Examples of contents of estimation and measurement activities about speed and density

Activities Lesson		Estimation	Measurement
S p e e d	1st lesson	· Comparing and estimating velocities of subway & tortoise, falling man · Comparing 1km/h and 1m/s · Comparing the velocities of various falling objects	· Marking on the floor at every 50cm · Measuring the speed of a walking student with stopwatch
	2nd lesson	· Estimating the speed of walking · Estimating the speed of the falling object	· Measuring the speed of a falling object with ticker-tape timer
D e n s I t y	1st lesson	· Comparing and estimating the masses of two 30cm cubes made of gold and ice · Comparing and estimating average densities of planets · Comparing and estimating weights of a golf ball and hummingbirds	· Measuring the mass of coins · Measuring the volume of coins · Calculating the density of coins · Comparing the density of coins with other materials on the worksheet
	2nd lesson	· Estimating a density of a man · Estimating a density of a bob · Estimating a density of wood · Estimating the range of densities of gases, liquids, and solids	· Measuring the mass of liquid · Measuring the volume of liquid · Calculating the density of the liquid

3. 자료 수집과 분석

이 연구는 경향성을 파악하는 첫 번째 연구와 미시적인 변화를 관찰하는 두 번째 연구로 나누어 볼 수 있다. 따라서 연구에서 사용한 자료도 크게 두 가지 형식이다. 지필 검사지를 통하여 전체적인 경향성을 파악하고,

학생들의 활동 중 대화 내용과 사전 사후 면담을 근거로 어림활동 후에 나타난 변화를 미시적으로 밝히고자 하였다.

1) 지필 검사와 분석

지필 검사를 개념 이해 영역, 해답 예측 영역, 계산 영역으로 나누었다. 속력과 밀도에 관하여 각각 6문항씩 연구자들이 만들었고, 과학교육전문가 세 명이 안면타당도를 검증하였다. 구체적으로 살펴보면, 먼저 개념 이해 문항을 통하여 학생들이 속력, 밀도에 대하여 지닌 개념을 평가하였다. 각 개념당 두 문항이며, 각 문항의 내용에 대한 대략적인 설명은 Table 2와 같다.

Table 2. Summary of questions about concepts

Concept	Question 1	Question 2
Speed	·Comparing the speeds of two objects in the picture	·Choosing the most speedy item in the problem
Density	·Comparing the densities of two objects of different size	·Comparing the mass of given objects with the same volume

해답 예측 영역의 평가를 위하여 역시 두 문항을 제시하였다. 속력과 밀도의 영역 문항에 대한 예는 Table 3과 같다. 계산을 하기 전에 대략적으로 어떤 답이 나올지 예측하는 능력을 평가하기 위하여 해답 예측 영역의 문항에 구체적인 값을 제시하지 않았다. 정확한 숫자가 제시되어 있지 않았기 때문에 학생들은 사전 지식이나 합리적인 가정을 세워 해답을 예측하여야 했다(Crane, 1969). 생각의 과정도 점수에 반영하였는데, 만일 학생들이 지하철의 속력이나 은과 금의 밀도를 실제와 다르게 어림하여 반대의 결과가 나왔더라도, 과정이 타당하고 합리적이면 옳은 답으로 간주하였다. 이와 같은 문항을 통하여 계산 문제를 접하였을 때 학생들이 풀이 과정을

예측하는 능력을 평가하고자 하였다.

Table 3. Example of questions about student's prediction ability of speed and density

Speed	A Subway started from Hanyang Univ. Station, and ran for two minutes, then arrived at Wangsimni Station. How far is it?
Density	One day, the king of Greece doubted whether his crown was made of pure gold or silver-mixed. The king asked Archimedes to examine it. He compared the volume of the crown with that of golden bar of the same mass as the crown, and found the crown contained silver. Which volume do you think was larger, the volume of the gold crown mixed with silver or the bar of pure gold of the same mass?

계산 영역의 문항은 위의 예측 문항과 동일하나 속력, 밀도값, 질량 등이 검사지에 제시된 형태이었다. 이는 일반적인 형태의 주관식 문항이며, 계산과정과 해답을 모두 점수에 반영하였다. 이 문항을 통하여 해답의 예측과 계산능력 사이에 어떤 관련성이 있는지를 알아보고자 하였다.

이렇게 얻은 결과를 평가 답안지 채점 후 점수의 변화를 통계적으로 알아보기 위하여 Windows 용 SPSS 7.0을 이용하여 분석하였다. 어림활동반과 측정활동반의 사전, 사후 검사를 비교하기 위하여 양측 t 검정을 하였고, 학생의 예측과 계산 결과의 관련성을 알아보기 위하여 카이제곱검정(χ^2)을 하였으며, Cramer V(ϕ계수)를 구하였다. 그리고 경향성을 엄밀하게 구별하기 위하여 유의수준(p)은 .01로 설정하였다.

2) 활동 녹취와 면담

학생들은 세 명이 한 조를 이루어 활동하였다. 어림활동의 사례 연구에 참여한 학생제보자들은 한 조를 이루어 활동을 하였는데, 책상 가운데에 마이크가 달린 녹음기를 설치하고 연구자 중의 한 사람이 지도 교사로서 그들의 활동을 관찰하였다.

모든 학생들에게 먼저 지필로 된 평가지를 사전과 사후에 풀도록 하였다. 그리고 학생제보자 세 명을 따로 불러서 각 학생이 그 문제를 어떤 식으로 풀었는지, 왜 그렇게 답을 적었는지에 대하여 더 자세히 설명하도록 요청하였다. 따라서 면담의 질문 내용은 지필 평가지에 나온 문제들과 동일한데, 학생의 답변 의도가 명확하게 드러나지 않을 때에는 연구자가 추가로 질문하였다.

Ⅲ. 연구결과와 토의

1. 어림활동과 측정활동이 개념 이해, 해답 예측, 계산능력에 미친 영향: 지필 검사 결과

1) 개념 이해

속력, 밀도 개념을 이해하고 있는지를 묻는 지필 평가 결과, 어림활동반과 측정활동반에서 모두 개념 이해 정도가 향상되었다(Table 4). 단위 시간 동안 물체가 이동한 거리를 속력으로 이해하고 바르게 비교한 학생 수가 어림활동과 측정활동을 한 후에 모두 증가하였다. 또 어떤 물질에서 떼어낸 물체의 밀도가 원래 물질의 밀도와 같다는 사실과, 서로 다른 물질로 이루어진 두 물체의 부피가 같더라도 밀도가 다르면 질량이 다르다는 사실을 설명할 수 있는 학생 수도 두 활동 반에서 유의미하게 증가하였다. 이 결과는 어림활동이나 측정 활동을 한 후에 속력이나 밀도에 대한 개념 이해가 유의미하게 향상되었음을 의미한다. 따라서 어림활동과 측정활동은 개념에 대한 이해를 돕는 데 모두 효과적이었다.

Table 4. Effect of the activities on students' conceptions of speed and density

	Activities	Number of students	Pre	Post	t
Speed	Estimation	n=93	$5.30^a(3.58)^b$	6.45(3.34)	-3.27**
	Measurement	n=94	6.04(3.18)	6.94(3.24)	-2.98**
Density	Estimation	n=89	4.36(3.53)	5.97(3.77)	-3.82**
	Measurement	n=93	4.40(3.48)	6.03(3.31)	-4.43**

[a]: average(full mark=10)　　　[b]: standard deviations　　　** $p < .01$

2) 해답 예측

예측 과정에 대한 평가 결과는 Table 5와 같다. 속력과 밀도 모두 어림 활동 후 예측 과정 점수가 유의미하게 증가하였고, 측정활동 후에는 유의미한 변화가 없었다. 계산 문제의 해답을 예측하기 위하여, 계산 문제에서 필요한 값들을 대략 어림하는 과정이 필요하였다. 그러나 학생들이 지하철의 속력이나 은과 금의 밀도를 실제와 다르게 어림하여 반대의 결과가 나왔다고 하더라도, 과정이 타당하고 합리적이면 옳은 답으로 간주하였다. 따라서 이 영역은 단순한 어림능력만을 평가한 것만은 아니며, 계산 문제를 이해하고, 해답을 예측하는 능력을 평가하는 문항이었다. 결과적으로 어림 활동반 학생들은 계산 문제에서 정확한 숫자가 주어지지 않아도 그 문제의 해답이 어떤 식으로 될지, 문제를 어떻게 풀어나가야 하는지를 알아내는 능력이 유의미하게 향상하였다.

Table 5. Effect of the activities on students' prediction of speed and density

	Activities	Number of students	Pre	Post	t
Speed	Estimation	n=93	$2.00^a(2.48)^b$	3.76(3.65)	-4.98**
	Measurement	n=94	2.31(2.89)	2.91(3.27)	-1.73
Density	Estimation	n=89	2.93(2.22)	4.34(3.29)	-4.39**
	Measurement	n=93	2.71(2.18)	3.23(2.68)	-1.48

[a]: average(full mark=10)   [b]: standard deviations   ** $p<.01$

3) 계산

계산능력을 평가한 결과, 계산 문제를 푸는 능력은 어림활동과 측정활동 간에 변화 경향의 차이가 없었다. 속력의 경우 어림활동반, 측정활동반 모두 사전 사후에서 유의미한 차이가 나타나지 않았다(Table 6). 반면 밀도의 경우 어림활동반과 측정활동반에서 모두 학생들이 밀도 계산을 더 잘하게 되었다. 다만 속력과 밀도 모두 어림활동반에서 향상한 정도가 측정활동반에서 향상한 정도에 비하여 크다는 공통점이 있었다.

Table 6. Effect of the activities on students' calculation of speed and density

	Activities	Number of students	Pre	Post	t
Speed	Estimation	n=93	3.34a(3.35)b	3.39(3.22)	-0.13
	Measurement	n=94	3.68(2.84)	3.13(3.09)	1.88
Density	Estimation	n=89	2.38(3.55)	4.17(4.21)	-4.62**
	Measurement	n=93	2.82(3.54)	4.37(3.83)	-3.21**

[a]: average(full mark=10)   [b]: standard deviations   ** $p<.01$

이와 같이 지필 검사 결과를 통하여 어림활동과 측정활동이 문제 해결 과정에 미치는 영향을 살펴보았을 때, 어림활동과 측정활동 모두 학생들이 밀도 개념에 대하여 이해하도록 도와주었다는 것을 알 수 있었다. 또 어림 활동은 예측능력의 향상에 효과적이었으나, 측정활동은 유의미한 차이가 없었다. 예측을 한 문항에 대한 계산 결과는 유의미한 차이는 아니었으나, 두 개념 모두 어림활동반에서 향상한 정도가 측정활동반에서 향상한 정도 에 비하여 컸다.

2. 어림활동이 문제와 관련된 개념 이해와 해답 예측에 미친 영향에 대한 사례 분석: 밀도를 중심으로.

위의 지필 검사 결과는 어림활동과 측정활동의 효과를 전체 학생들의 점수로만 비교한 것이기 때문에 각 활동이 학생들의 문제해결과정에 어떻 게 영향을 주게 되는지를 탐색하기에는 한계가 있었다. 따라서 이를 미시 적으로 알아보기 위하여 어림활동에 참여한 세 학생의 활동을 녹취한 자료 와 면담기록을 분석하였다. 일반적으로 학생들은 속력보다 밀도 어림을 어 려워하고(서정아 등, 2003), 이번 연구에서도 속력보다는 밀도 문제를 해결 하는 과정에서 어림활동의 효과가 더욱 잘 드러났으므로, 두 번째 연구는 밀도의 사례를 중심으로 기술하였다.

1) 학생제보자의 특성

세 명의 학생들은 밀도에 대하여 정확한 개념을 가지고 있지 않았다. 진 이는 어렴풋하게 밀도가 물체의 무게와 관련된다는 것을 알고 있었지만 밀 도, 부피, 질량의 관계를 정확히 이해하지는 못하였다. 밀도가 무엇인지 물 어보았을 때, 진이는 "똑같은 양이 있을 때 물체의 무게 같은 거."라고 설 명하다. 그러나 구체적인 질문을 하자 "작은 도막은 작으니까 밀도가 작고 요. 큰 거는 크니까 밀도가 크고 ……."라고 응답한 것으로 보아, 밀도가 물체의 크기와 비례한다고 생각하고 있음을 알 수 있었다. 또한 부피를 비

교하는 예측 2번 문제에 대하여 "금이 은 섞인 것보다 무겁다"라는 표현을
하여 부피와 무게의 개념을 혼동하고 있음을 드러내었다.

철수는 밀도를 "물체의 고유한 양"이라고 응답하였다. 예를 들어 큰 금
속 도막에서 작은 금속 도막을 떼어내었을 때 밀도가 안 변하는 이유를
"밀도는 물체의 고유한 양이기 때문에 양이 다르더라도 밀도는 같다."라고
하였다. 그러나 철수도 밀도, 부피, 질량의 용어를 정확히 알고 설명할 수
있는 것은 아니었다. 동일한 질량의 순금 덩어리와 은이 섞인 왕관의 부피
를 비교하는 문제에서 처음에는 "금이요. 은보다 무겁잖아요. 같은 무게라
고 할 때요. 은이요 더 가벼우니깐요."라고 응답하여 밀도, 부피, 질량의 관
계를 비교적 이해하고 있는 것으로 보였다. 하지만 곧이어 면담자가 밀도와
부피의 관계를 묻자 "부피 …… 잘 모르겠어요."라고 응답하였던 것이다.

명오는 밀도를 "부피 분에 질량"이라고 정의하였으나, 밀도를 과학적으
로 이해하지 못하였다. 예를 들어, 예측 2번에서 "금이 은보다 무겁기 때문
에 순금덩어리의 부피가 크다"라고 설명하였다. 즉 명오는 물리량을 혼동
하고 있었다.

이와 같이 세 학생들은 모두 밀도의 정의를 정확하게 설명할 수 없었으
며, 부피와 밀도의 관계를 명확히 설명하지 못하였다. 진이는 밀도가 크면
물질의 부피나 질량도 모두 커진다라고 생각하고 있었고, 철수는 밀도가
고유한 양이며 질량과 비례관계가 있다고 이해하고 있었으나 부피와 밀도
를 정확하게 설명하지 못하였다. 또 명오는 밀도를 관계식으로만 암기하고
있어서 정성적인 설명을 하지 못하였다.

본 연구에 참여한 학생들의 사전 특성을 요약하면 아래 Table 7과 같다.

Table 7. The summary of characteristics of interviewees before activities

Name	Characteristics of interviewees before activities
Jinee	Density is proportional to objects' size. Confusing the concepts of mass, volume, and density
Chulsu	Density is a kind of characteristics of material. Having difficulty in explaining the relation between volume, mass and density
Myongoh	Density is the mass over volume. Thinking weight is proportional to the volume of objects

2) 밀도값을 자신의 경험과 비교하여 이해하기

학생들은 물질의 밀도값을 보면서 자신이 대략 어림하였던 값과 비교를 하고, 어림값과 큰 차이가 나는 경우에 대하여 관심을 보였다. 예를 들어 아래의 대화 내용을 보면 진이, 철수, 명오는 금의 밀도가 $19.3g/cm^3$, 얼음의 밀도가 $0.92g/cm^3$로서 그 차이가 10여 g/cm^3라는 사실을 의외로 받아들였다.

명오: 금의 밀도하고 얼음의 밀도하고 별로 차이가 안 나는 것 같아.
철수: 뭐가 차이가 없나.
명오: 별로 그 생각보다 많이 안 나잖아. 10밖에 안 나잖아.
철수: 어떻게 19지 ……
명오: 난 맨 처음 100몇 차이가 나는 줄 알았다구.

사전 개념 조사 결과를 보면 진이, 철수, 명오는 밀도를 잘 이해하지 못하였거나, 부피나 질량과 혼동하고 있었다. 따라서 명오는 이 대화 중에 부피나 질량이 크기 때문에 밀도도 클 것으로 예상하고 밀도의 차이가 '100몇 차이가 난다'라고 언급한 것이다. 이는 학생들이 밀도를 어림하는 과제에서, 물체의 부피가 커지면 밀도값도 크게 어림한다는 어림 실태 조사 결과(서정아 등, 2003)와도 관계가 있다.

이와 유사한 예가 다음의 대화 내용에도 드러난다. 학생들은 벌새와 골프공의 질량을 비교하면서 이상하다고 느꼈는데, 수십 마리의 벌새의 부피를 고려해 볼 때 골프공보다는 훨씬 무거울 것으로 예상하였기 때문에 이를 이상하다고 여긴 것이다.

진이: 벌새 몇 마리가 골프공 하나의 질량에 해당하는가?
철수: 몇 마리일까?
(세어봄.)
철수: 벌새가 너무 많지 않냐? 골프공 하나에 ……

위와 같이 어림활동 과정을 통하여 학생들은 밀도가 질량이나 부피와 다른 개념이라는 것을 이해할 수 있었던 것으로 보인다.

3) 물리량의 관계에 대한 경험적인 이해를 통한 해답 예측능력의 향상

어림활동을 하는 학생들은 질량, 부피, 밀도 세 가지의 물리량을 구분하는 것에 그치지 않고, 그들 사이의 관계식을 경험적으로 이해하기 시작하였다. 특히 질량이 일정할 경우 부피와 밀도 사이의 반비례 관계를 경험적으로 이해하게 되었다. 어림활동 중에 학생들은 수십 마리의 벌새가 한 개의 골프공과 질량이 같다는 사실, 각 변이 30cm인 금덩어리의 질량이 성인 7명의 질량과 비슷하다는 사실 등을 접하였다. 학생들은 이를 통하여 질량이 같더라도, 밀도가 크다면 그 부피가 작을 것이라는 현상을 간접적으로 경험하였다. 이는 진이가 새롭게 알게 된 점으로서 "밀도가 클수록 부피가 작아진다"라고 언급한 것을 통하여 확인할 수 있다.

이와 같은 경험적인 이해를 바탕으로 계산 문제의 해답을 예측하는 능력이 향상하였다. 예를 들어 동일한 질량의 구리와 알루미늄 청동의 부피를 비교하는 문제의 해답을 예측하도록 하였을 때, 진이는 "구리의 밀도가 크기 때문에 같은 질량이라면 알루미늄 청동의 부피가 더 클 것이다"라고 하였으며, 철수 역시 "구리가 알루미늄보다 밀도가 클 것 같아서. 밀도는

부피가 적을수록 크기 때문에."라고 하였다. 만일 이 학생들이 "밀도는 부피 분의 질량이므로 질량이 일정할 경우 부피와 밀도가 반비례한다."라고 응답한다면, 이는 관계식의 의미를 수학적으로 암기하고 있을 뿐 그 관계식이 경험적인 세계에서 어떤 의미를 지니는지 설명하는 결과라고 보기는 어려웠을 것이다.

4) 해답의 예측과 계산과정의 관련 가능성: 진이의 사례를 중심으로

어림활동반의 진이는 어림활동을 통하여 밀도 개념과 해답 예측 점수가 상대적으로 많이 올라간 학생이었다. 사전 검사 결과 그는 개념 이해, 예측, 계산 문항을 모두 제대로 해결하지 못하였으나 사후에 모두 옳은 답을 선택하였다.

어림활동 전에 진이는 관계식을 잘 모르고 있었고, 방정식을 제대로 푸는 능력이 부족하였다. 예를 들어 1차 평가에서 부피와 질량을 이용하여 밀도를 계산할 때 "계산과정 $= \dfrac{질량}{동일한 \ 부피}$"라고 적었지만, 질량을 미지수로 놓고 계산하는 방법을 몰라서 답이 제대로 나오지 않았다.

어림활동을 한 후 진이는 부피가 동일한 순금반지(24k 반지)와 은을 섞은 금반지(18k 반지)의 질량을 비교하는 문제에서 "24k 반지가 더 무겁다. 금의 밀도가 은이 섞여 있는 것의 밀도보다 크기 때문이다."라고 설명하였다. 직접 이 문제에 대한 계산을 할 때 진이는 관계식을 제대로 적용하지 못하였다. 진이는 관계식을 "18k반지 $= \dfrac{17}{2} = 34g$", "24k반지 $= \dfrac{19}{2} = 38g$"라고 적었다. 하지만 진이는 이 이상한 식을 통해 정확한 답을 얻었고, 그 답은 진이의 예측과도 일치하였다.

두 번째 문제에서는 알루미늄 청동으로 만든 물체와 순수한 구리로 만든 물체가 동일한 질량일 때 부피를 예측하라고 하였다. 진이는 "구리의 밀도가 크기 때문에 같은 질량이라면 알루미늄 청동의 부피가 더 클 것으로 생각한다."라고 응답하였다. 그리고 계산 문제에서는 계산식을 "구리 $750 \div 8 = 93.6cm^3$, 알루미늄 $750 \div 7.5 = 100cm^3$"으로 적었다. 그리고 이 문제에

대하여 "밀도가 8이고 질량이 모두 750이니깐요 …… 밀도가 클수록 부피
가 작아지니까요"라고 설명하였다.

　위의 계산과정이나 면담을 통해 알 수 있듯이, 진이는 관계식을 완벽하
게 알고 정확한 방정식을 세워 계산을 한 것은 아니었지만, 예측은 올바르
게 하였고 답도 정확하게 나왔다. 진이가 사용한 관계식은 어림활동 전후
에 크게 변하지 않았고, 어림활동 전과 마찬가지로 불완전하였다. 반면 진
이의 예측은 어림활동 후 정확하게 바뀌었고 해답도 정확하게 나왔다. 즉
진이는 문제 해결과정에서 어림활동 후 형성된 개념으로 인해, 주어진 문
제를 정확히 이해하였고 그 결과를 옳게 예측한 것이다. 그리고 관계식이
부정확함에도 불구하고 자신의 예측과 일치하도록 계산을 하여 옳은 답을
구하였다고 볼 수 있다. 따라서 진이와 같이 방정식 계산에 서투른 학생들
이 어림을 통하여 계산 결과를 적절히 예측할 수 있다면, 물리 문제 풀이
에 있어서 계산능력의 부족으로 인한 어려움을 어느 정도 극복할 것으로
보인다.

　문제 해결과정에 대한 선행 연구는 초보자들이 문제를 해결할 때 시행
착오적이며 수단목표 접근법적 성향(means-end approach)을 지녔다고 하
였다(Larkin, 1980). 전문가들이 자신의 지식구조에 기인하여 문제를 구조
적으로 해결해 나가는 것과는 달리, 초보자들은 목표를 선정하면 그것의
해결을 위해 시행착오적으로 숫자를 대입하여 결과를 낸다는 것이다
(Larkin, 1980). 진이도 이와 같았다. 문제 해결과정에서 진이는 방정식을
푸는 능력이 부족하고 밀도 개념도 부정확한 초보자였다. 그는 자신이 예
측한 결과대로 답이 나오기를 원하였고, 식을 자신의 방식대로 푼 것으로
여겨진다.

　이와 같은 결과는 증거평가 연구에서 나타난 생각 의존 반응(theory-
based response)과 유사하다(Kuhn, et. al., 1988; 장병기, 1994). 이와 같은
결과를 일반화하기 위해 학생들이 문제를 풀 때 자신이 예측한 결과와 계
산결과가 일치하는 경우가 어느 정도인지 알아보았다. 지필 검사에 참여한
전체 172명의 학생들을 대상으로 밀도에 대한 예측 2번 문항(Fig. 2)의 예

측 결과와 계산 결과를 비교하여 보았다

---

2. Aluminum-bronze is a kind of alloy mixed copper with aluminum. For practical use, copper is mixed with about 5~12% aluminum.

   A factory made two kinds of accessories. One(A) is made from copper, and the other(B) is from aluminum-bronze. The masses of accessories are the same. Which accessory is larger in volume?

Fig. 2. The second question on prediction ability

"알루미늄 청동과 구리를 이용하여 질량이 동일한 두 가지의 부속품을 만들었을 때, 어느 부속품의 부피가 더 클까?"라는 내용의 문항이었다. 답을 알루미늄 청동이라고 하고, 그 이유를 알루미늄 청동의 밀도가 구리보다 작기 때문에 동일한 질량이 되려면 그 부피가 더 커야 할 것이라고 쓴 경우를 옳은 답으로 간주하였다. 또 이유 설명 과정이 과학적으로 타당하지만, 단지 구리의 밀도와 알루미늄 청동의 밀도를 잘 못 어림하여 답을 구리라고 유추하였다면 옳은 답으로 채점하였다.

이 문항에 대하여 예측 결과와 계산 결과를 비교한 것은 Table 8과 같다. 예측과 계산 문항의 정답 여부와 관계없이 예측 문항에서 응답지에 알루미늄 청동이라고 적은 학생들의 수는 101명(무응답 제외) 중에서 55명이었다. 한편 계산 문항에서 알루미늄 청동이라고 응답한 학생 수는 65명이었다.

그런데 학생들의 예측 결과와 계산 결과는 관련이 있었다. 알루미늄 청동이라고 예측한 학생 중에는 계산을 한 후 알루미늄 청동이 답이라고 응답한 학생이 더 많았고, 구리라고 예측한 학생 중에는 계산을 한 후 구리라고 답을 적은 학생이 더 많았다. 구체적으로 살펴보면, 알루미늄 청동이 답이라고 예측한 학생 55명(54. 5%) 중에는 알루미늄 청동이 답이라고 계산한 학생이 43.6%, 구리가 답이라고 계산한 학생이 10.9%이었다. 구리가 답일 것이라고 예측한 학생 46명(45.5%) 중에는 알루미늄 청동이 답이라

고 계산한 학생이 20.8%, 구리가 답이라고 계산한 학생이 24.8%이었다. 통
계적으로도 예측 결과와 계산 결과는 유의미한 상관이 있었다($\phi = .357$,
p<.01).

Table 8. Comparison of answers of prediction and calculation

Prediction / Calculation	Aluminum bronze	Copper	Total	chi-square (phi)
Aluminum bronze	44[a](43.6)[b]	21(20.8)	65(64.4)	12.88**
Copper	11(10.9)	25(24.8)	36(35.6)	($\phi = 0.357$)
Total	55(54.5)	46(45.5)	101(100)	

[a]: Number of students   [b]: Percent   ** p<.01

특히 예측을 구리라고 하였으나 계산 후 알루미늄 청동을 답이라고 쓴
학생들(20.8%)의 경우, 예측은 틀리게 하였지만 관계식을 이용하여 방정식
을 정확하게 해결한 것이라고 볼 수 있다. 즉 수학적인 능력이 있는 학생들
은 예측 결과와 무관하게 옳은 답을 낼 수 있음을 의미한다. 그러나 예측을
구리라고 한 46명(45.5%)의 학생 중 계산 결과도 구리라고 응답한 25명
(24.8%)은 수학적인 계산을 잘 못하는 학생이라고 볼 수 있는데, 이런 학생
들은 단순히 자신의 예측 결과와 일치하게 답을 적었다. 이와 같은 결과는
예측과 계산의 관련성이 수학적인 능력이 있는 학생들보다는 수학적 능력
이 부족한 학생들의 경우에 더욱 크게 나타날 수 있다는 것을 시사한다.

사례 분석 결과는 어림활동을 통하여 학생들이 밀도 문제와 관련지어
밀도 개념, 특히 밀도의 관계식과 밀도값을 경험세계와 관련지어 이해할
수 있음을 드러내었다. 비록 어림활동을 통하여 직접 문제를 계산하는 능
력의 변화를 가져온 것은 아니지만, 문제를 정성적으로 이해할 수 있었다.
그와 함께 수학적으로 능력이 부족한 학생들이 해답에 대한 예측능력을 지

닐 경우 밀도 문제를 쉽게 접근할 가능성이 있음을 알 수 있었다.

Ⅳ. 결론 및 논의

본 연구의 결과를 요약하면 다음과 같다. 속력과 밀도에 대한 개념 이해
와 해답 예측 과정을 지필로 평가한 결과, 어림활동과 측정활동이 모두 개
념을 정성적으로 이해하는 데 도움을 주었고, 특히 어림활동은 계산 문제
에서 해답을 예측하는 능력을 유의미하게 향상시켰다. 어림활동에 참여한
학생들에 대한 사례 분석 결과, 어림활동은 밀도 개념과 관련된 관계식이
나 값을 경험적으로 이해하도록 하여 문제를 해결하는 과정에서 해답을 예
측하도록 도와주었음을 알 수 있었다. 또 이처럼 해답 예측능력이 높아지
면 수학적인 능력이 부족한 학생도 밀도 계산 문제를 이해할 수 있었다.

결론적으로 어림활동은 속력과 밀도 개념을 이해하는 것에 도움을 주며,
개념과 관련된 관계식과 값 등을 경험적으로 이해하도록 하여 계산 문제의
해답을 예측하는 과정에 도움을 주었다.

이와 같은 연구결과는 측정교육과 어림교육을 새로운 관점에서 살펴볼
필요가 있음을 보여준다. 첫째, 어림능력은 과학 개념을 학습하고 측정을
여러 번 하여 저절로 생기는 것이 아니며, 예측능력을 향상시키는 데 효과
적이었다. 지금까지 과학교육 현장에서 어림능력은 개념 학습이나 측정활
동을 통하여 자연스럽게 형성되는, 부수적인 영역으로 여겨졌다. 개념 수업
에서는 구체적인 물리량의 실제적 의미보다 추상적인 이론 설명과 문제 풀
이가 강조되고 있으며, 측정교육에서는 대부분 측정 기술의 습득이 중시되
었다. 그런데 차수 어림능력을 조사한 결과(서정아 등, 2003), 과반수의 중
학생들이 생활 주변에서 쉽게 보는 물체의 물리량을 참값과 차수가 다르게
어림하였다. 또 서정아와 박승재의 연구(2003)에 따르면 어림활동은 측정
활동에 비하여 어림능력의 향상과 단위 이해에 유의미하게 효과적이었다.
그리고 이 연구에서는 어림활동이 측정활동보다 계산 문제의 해답을 예측

하는 과정에 효과적인 것으로 나타났다.

둘째, 어림활동은 추상적인 개념과 실제적인 측정을 연결짓는 다리 역할을 할 수 있다. 개념 학습과 측정은 모두 과학교육에서 중요한 역할을 한다. 그러나 개념을 배우고 측정을 하였다고 하더라도, 그 값의 물리적 의미를 이해하였다고 단정지을 수 없다. 그러나 어림은 근본적으로 물리량 값의 의미를 파악하는 과정을 포함하고 있으므로, 이를 바탕으로 예측하는 능력이 생기는 것이다. Larkin(1979)은 전문가들이 수식으로 문제 해결을 하기 전에 정성적인 사고 과정을 거친다고 하였는데, 어림은 정성적 사고 과정과 관련이 있을 수 있다. 과학활동에서 구체적인 사물이나 현상에 대한 측정값은 추상적이고 기호화된 수식에 대입되는데, 이때 나타나는 여러 수치들은 물리적인 의미를 지닌다. 수치의 물리적인 의미를 이해하는 과정이 과학에서 반드시 필요한 단계임을 감안한다면, 어림은 측정과 이론 사이를 연결해 주는, 다리와 같은 역할을 하는 것이다. 예를 들어 밀도를 단순히 부피 분의 질량으로 암기하는 것은 진정한 의미의 앎이라고 볼 수 없다. 밀도값을 보고 그것이 경험세계에서 어떤 물리적인 의미를 지니는지 설명할 수 있는 것은 단순 암기와는 다른 성격의 학습이다. 어림활동 후 면담을 할 때, 한 학생은 밀도의 이해에 대하여 이렇게 말하였다.

> "밀도에 대하여 뭔가 좀 알게 된 것 같아요. 음 …… 남에게 설명해 줄 수 있을 것 같아요."

참고문헌

김옥경(1997). 초등학교 6학년 학생들의 분수 개념 이해 및 분수 수업 방안에 대한 연구. 한국교원대학교 석사학위논문.

서정아, 박승재(2003). 중학생의 속력과 밀도에 대한 어림 및 측정 활동이 관련 사항 이해와 능력 함양에 미치는 영향. 새물리, 46(6), 305-313.

서정아, 조광희, 박승재(2003). 중학생의 물리량에 대한 차수 어림능력 분석. 한국과학교육학회지, 23(3), 229-238.

송진웅, 김혜선(2001). 기본물리량 어림의 정확성 및 방법에 대한 탐색. 한국과학교육학회지, 21(1), 76-88.

장병기(1994). 그림자 현상에 대한 학생의 생각과 제시된 증거 유형에 따른 추론 방식. 서울대학교 박사학위논문.

홍미영, 박윤배(1995). 문제의 특성에 따른 대학생들의 화학 문제 해결과정의 차이 분석. 한국과학교육학회지, 15(1), 80-91.

Andrade, E. N. da C.(1964). *Rutherford and the nature of the atom.* 안운선(역). 전파과학사: 서울.

Crane, H. R.(1969). Problems for introductory physics. *The Physics Teacher, 7,* 371-378.

Fortgang, A.(1995). The triangle of science. *The Science Teacher, 62(1),* 32-36.

Hacking, I.(1983). *Representing and Intervening: Introductory Topics in the Philosophy of Natural Science.* Cambridge University Press: NY, 233-245.

Kuhn, D., Amsel, E., O'Loughlin, M.(1988). *The Development of Scientific Thinking Skills.* Academic Press: CA.

Larkin, J. H.(1979). Processing information for effective problem solving. *Engineering Education, 70(3),* 285-288.

Larkin, J. H.(1980). Teaching problem solving in physics: The psychological laboratory and the practical classroom. In D. T. Tuma & F. Reif(Eds.) *Problem Solving and Education: Issues in Teaching and Research.* Wiley: NY, 111-125.

Lobato, J. E.(1993). Making connections with estimation. *Arithmetic*

Teacher, 40(6), 347-351.

Mandell, A.(1980). Problem solving strategies of sixth-grade students who are superior problem solvers. *Science Education, 64(2),* 203-211.

McMillan, C. Ⅲ & Swadener, M.(1991). Novice use of qualitative versus quantitative problem solving in electrostatics. *Journal of Research in Science Teaching, 28(8),* 661-670.

Micklo, S.(1999). Estimation: it's more than a guess. *Childhood Education, 75(3),* 142-145.

PSSC(1965). *PSSC Physics.* PSSC 번역위원회(역). 탐구당: 서울, 7.

Rogers, E. M.(1960). *Physics for the inquiring mind: the methods, nature, and philosophy of physical science.* Princeton University Press: NJ.

Schofield, B.(1989). Use of apparatus and measuring instruments. *Assessment of Performance Unit. Science at Age 13: A Review of APU Survey findgings 1980-84.* Her Majesty's Stationary Office: London, 55-71.

Wilson, J. T.(1973). *An investigation into the effects of generating hunches upon subsequent search activities in problem-solving situations.* Paper presented at the 46th annual meeting of National Association for Research in Science Teaching.(Eric Document Reproduction Service No.ED 079 064).

· 저자 ·

서정아   · 약 력 ·
(徐貞兒)
서울대학교 사범대학 물리교육과 졸업
서울대학교 대학원 교육학 석사
서울대학교 대학원 교육학 박사

現 광진중학교 교사

· 주요논저 ·

「힘과 운동에 대한 중고등학생의 연역추론 과제 수행의 분석」
「초, 중학생의 눈금 읽기 능력 및 측정도구와 단위에 관련된 개념 조사」
「중학생의 속력과 밀도에 대한 어림 및 측정활동이 관련 사항 이해와
능력 함양에 미치는 영향」

외 다수

문제해결 과정에서 어림과
측정활동의 역할

· 초판 인쇄 | 2006년 7월 30일
· 초판 발행 | 2006년 7월 30일

· 지 은 이 | 서정아
· 펴 낸 이 | 채종준
· 펴 낸 곳 | 한국학술정보㈜
경기도 파주시 교하읍 문발리 526-2
파주출판문화정보산업단지
전화 031) 908-3181(대표) · 팩스 031) 908-3189
홈페이지 http://www.kstudy.com
e-mail(e-Book사업부) ebook@kstudy.com
· 등 록 | 제일산-115호(2000. 6. 19)
· 가 격 | 27,000원

ISBN 89-534-5462-X 93370 (Paper Book)
89-534-5463-8 98370 (e-Book)